딸에게 들려주는
헌법 이야기

딸에게 들려주는
헌법 이야기

선의 평범성을 꿈꾸며,
아빠가 들려주는 친절한 헌법 이야기

이득진 지음

"헌법은 놀랍고 아름다운 선물입니다. 그런데 그건 단지
양피지 한 장에 불과합니다. 그 헌법에 힘을 부여한 것은
국민의 참여와 국민이 만든 선택입니다."

– 미국 제44대 대통령 버락 오바마

GIST PRESS
광주과학기술원

"헌법, 놀랍고 아름다운 선물"

나라를 "나라답게" 만드는 힘

어떤 나라가 나라다운 나라일까? 우리는 어떤 나라를 꿈꾸고 기대해야 할까? 아빠는 이 물음이 대한민국이라는 운명공동체에 속해 있는 우리가 우리들에게 가끔씩은 물어야 할 질문 같아. 특히 세상을 살다 보면 이와 같은 질문에 응답하여야 할 역사적 부름 같은 것과 마주칠 때가 있기도 해. 사실 오늘날 대한민국은 이런 질문과 역사의 부름 앞에 수많은 사람들이 뜨겁게 응답하고 대응하면서 만들어진 나라라는 생각이 든단다. 아빠는 우리 삶 속에서 어느 때 툭 하고 던져지고 그 답을 요구할지도 모를 이 질문에 대해서 너와 이야기해보고 싶구나.

그렇게 오래되지 않은 사건부터 이야기를 풀어보자. 2016년 겨울, 대한민국은 무척이나 뜨거웠단다.

대한민국의 18대 대통령이었던 박근혜는 대통령이 되기 오래 전부터 개인적으로 친분이 있었던 최순실이 국정에 개입하고 권한을 행사하도록 허용했어. 최순실은 대통령의 권한을 마음껏 활용하여 자신의 마음에 드는 사람이 공직에 임명되도록 인사에 관여하고 이익이 되는 각종 사업에 개입하는 등 정당하게 사용해야 할 대통령의 권력을 자신의 이익을 채우기 위한 수단으로 사용했단다. 당연히 국가가 제대로 운영될 리가 없었지. 결국 한 언론사의 집요한 추적 끝에 박근혜 – 최순실의 밀월관계가 밝혀지고 그간의 잘못된 권력 행사가 낱낱이 드러나게 되었단다. 국민들은 날마다 광장에 모여서 대통령의 하야[1]를 요구하는 거대한 목소리를 내기 시작했고, 대통령이 스스로 물러나는 것을 거부하자 대통령을 탄핵[2]해 달라고 국회에 요구했지. 광장에 모인 많은 우리나라 국민들은 대통령이 권한을 일개 개인에게 넘겨주어 행사하도록 한 어처구니없는 현실을 안타까워하고 한탄하며 "이게 나라냐"라는 구호를 외치기도 했고 우리 헌법 제1조 제1항 "대한민국은 민주공화국이다"라는 구호를 함께 외치기도 했단다.

이와 같은 국민들의 강력한 요구에 국회는 헌법이 정한 기준에 따라 2016년 12월 8일, 박근혜 대통령을 대통령의 지위에서 내쫓는 첫 단계인 헌법재판소에 탄핵을 신청^{탄핵소추}하는 것을 압도적인 찬성으로 통과시켰어.[3] 국회에서 탄핵을 신청하면 헌법재판소에서 탄핵 여부를 결정하는데 우리 헌법재판소는 치열한 재판과 심사 끝에 다음 해인 2017년 3월 10일에 재판관 8명의 일치된 의견으로 박근혜 대통령을 파면하기로 결정했단다.

---

1   대통령직에서 스스로 물러나는 것을 말해.
2   대통령이나 국무총리, 국무위원 등을 그 직위에서 파면하는 제도야.
3   대통령 탄핵소추안은 300명 중 200명 이상이 찬성하면 통과되는데, 당시 234명이 찬성했어.

좌 광화문 광장의 촛불집회, 2017.3.16. ⓒ 동아일보
우 촛불집회에 등장한 구호 '국민이 헌법이다' ⓒ 뉴시스

아빠는 이 탄핵소추 과정을 지켜보면서 박근혜 대통령의 잘잘못을 떠나서 우리나라의 주인인 국민이 주인답게 대통령의 과오에 대해서 스스럼없이 목소리를 내었다는 점이 대단하다는 생각이 들었단다. 또 한편으로는 대통령이 결정적인 잘못을 했을 때 대통령직에서 물러날 수 있도록 미리 정해두었던 국가적 약속이 잘 지켜진 점 또한 무척 자랑스러웠지. 이것은 대통령이 대통령답지 못하고 국민에게 해가 될 때, 강제로 대통령의 자리에서 물러나게 한 우리 헌법이 훌륭하게 작동한 일이거든.

박근혜 대통령이 국정을 운영하던 나라는 나라답지 못했지만 국민이 만들어내고 지켜낸 나라는 참 나라다운 나라였단다. 대통령 탄핵이라는 이 사건을 헌법을 중심에 놓고 풀이해보자면 국민은 헌법을 불렀고 대한민국은 민주공화국이다!, 헌법이 응답한 박근혜 대통령의 탄핵! 전 세계적으로도 유례없는 모범적인 사건으로 평가할 수 있을듯해.

그런데 이런 성숙한 주인의식과 헌정질서[4]의 존중이 절대 하루아침에 이루어진 것은 아니야. 혹시 "민주주의는 피를 먹고 자란다.[5]"라는 말을 들어본 적이 있니? 이 유명한 말은 성숙한 민주주의는 아무런 희생 없이 그냥 주어지는 것이 아니라 필연적으로 수많은 사람들의 희생과 헌신에 의해서만 얻을 수 있다는 걸 의미해. 그리고 아빠는 이 말이 우리나라 민주주의의 성숙 과정에도 딱 들어맞는 명언이라고 생각해.

그럼 차근차근 거슬러 올라가면서 이야기를 해볼게.

1979년 12월 12일, 대한민국의 몇몇 장군이 자기들이 거느린 군인들을 동원해서 군사반란을 일으켰단다. 군사반란을 일으킨 주축은 전두환으로, 이후 대통령이 되어 자기 혼자서 권력을 휘두르는 독재체제를 만들어 약 7년간 집권했어. 그러고도 계속해서 독재를 이어가려고 했지. 독재에 반대하는 국민들을 잡아서 고문하고 공산주의자로 몰아서 가두거나 박해를 가했지. 그 와중에 1987년 1월에 당시 대학생이었던 박종철이 국가정보기관에 끌려가 잔인한 고문에 의해 사망하는 사건이 발생했어. 전두환 정부는 이를 은폐하려고 온갖 수단을 동원하였지만 박종철의 검안의,[6] 신문기자, 교도관, 종교단체 등의 용기 있는 행동으로 전두환 정권의 악행이 그대로 세상에 밝혀지게 되었단다. 이에 참을 수 없었던 우리나라의 많은 국민들은 전두환 독재정권에 반발하였고, 민주화 요구가 더욱 거세지게

---

4   헌법에 따라서 민주주의 정치가 이루어지는 것을 말해.
5   토머스 제퍼슨이라고 미국 독립선언문 작성자이자 미국 제3대 대통령의 말이야.
6   시체를 검사하는 의사를 말해.

되었지. 그리고 1987년 6월에 대규모의 민주화 요구 시위가 일어났어. 하지만 전두환 정권은 민주화 시위를 더욱 폭력적인 방법으로 진압하려고 하였고, 1987년 6월 10일, 대학생 이한열이 경찰이 쏜 최루탄7을 머리에 직격으로 맞아 사망하는 일이 벌어졌단다.

국민들은 크게 분노했어. 대규모의 집회가 전국 곳곳에서 불붙듯이 일어났고, 갈수록 거세졌지. 결국 전 국민적 민주화 요구 열기를 더 이상 버티지 못한 전두환 정권은 항복을 선언6·29 선언하게 돼. 이날을 우리는 '6월 항쟁', '6·10 민주화 항쟁' 등으로 부르고 6월 10일을 민주화운동 기념일로 제정하여 기리고 있지. 이와 함께 헌법도 이 6월 항쟁의 결과로 독재 체제 유지를 위한 내용이 삭제되고 민주화 요구에 맞게 개정되었어. 이때 개정된 가장 중요한 내용은 바로 국민들이 대통령을 직접 투표로 뽑을 수 있게 된 거야. 대통령은 당연히 투표로 뽑는 게 아니었냐고? 불행히도 그 전까지는 아니었어. 한 반의 반장도 투표로 뽑는 마당에 그 중요한 대통령을 국민들이 직접 투표로 뽑지 못한 경우도 많았단다.

아빠는 6월 항쟁을 생각할 때면, 오늘 우리가 누리는 민주주의가 이처럼 많은 분들의 목숨까지 내놓은 희생과 분연히 일어난 수많은 국민들의 눈물로 비싸게 치른 대가라는 것을 다시 한번 되새기게 돼.

이제, 조금 더 시간을 거슬러 올라가볼까? 이번에는 민주주의의 씨앗은 심었지만 열매를 거두지 못한 조금은 아픈 이야기가 될 것 같구나.

---

7   눈이나 호흡기 등을 따갑게 자극하는 화학물질이 들어간 탄환이야.

앞에서 전두환 등 장군들이 군사반란을 일으켜 정권을 장악하고 약 7년 동안 독재체제를 유지했다고는 이야기했지? 그런데 이 군사반란이 있고 나서 이를 저지하려는 국민들의 움직임이 있었단다. 특히 1980년 5월, 광주에서는 대규모의 조직적인 독재 반대 집회가 있었어. 이때 전두환은 군대를 동원하여 민주주주의 실행을 요구하는 광주 시민들에게 무자비한 국가폭력을 휘둘렀단다. 외부와의 연락과 소통을 모두 차단시킨 채, 광주에 대규모의 군대를 투입한 거야. 집회에 참가한 시위대뿐만 아니라 광주 시민 전체를 적으로 몰아 무차별적인 진압 작전을 벌였어. 민주화를 열망하던 광주 시민들에게 무자비한 국가 폭력이 가해지면서, 결국 광주 시민의 민주화 요구는 중단될 수밖에 없었단다. 그 와중에 수많은 사람들이 죽거나 다쳤고, 수십 년이 지난 현재까지도 그 시신조차 찾을 수 없어 여전히 실종 상태인 사람들도 많이 생겼단다.

비록 그날 광주의 민주화 요구는 잔인한 국가의 폭력 앞에 사그라졌지만 앞서 말한 6월 항쟁의 정신으로 이어지게 된 거란다. 많은 분들이 흘린 눈물과 절규, 쏟은 피의 희생이 우리 민주주의 성장의 밑거름이 된 것이지.

자, 이제 더 시간을 거슬러 올라가 1960년으로 가보자. 당시 대통령은 이승만으로, 1948년 대한민국의 정부 수립 이래 약 12년 동안 대통령의 자리에 있었어. 이승만 대통령도 자신이 혼자 권력을 휘두르는 독재 정치를 계속해오고 있었지. 시간이 지날수록 국민들의 불만도 커지고 있었던 건 당연한 상황이었단다. 그럼에도 이승만 정권은 독재 정치를 더 오래 유지하려는 데 골몰하고 있었고 이를 달성하기 위해 선거일정까지 앞당겨서 결국 1960년에 3·15 부정선거[8]를 저지르게 돼. 국민들의 눈앞에서 이런 어이없는 일이 벌어지자 우리 국민들은 더 이상 참을 수 없었지. 광주와 마산 등에서 불법선거에 항의하는 집회가 일어났고, 마산에서는 경찰이 시위대를 진압하면서 총을 쏘아 고등학생 등 11명이 사망했단다. 그날 실종된 김주열이라는 고등학생은 실종된 지 한 달여 만에 마산 앞바다에서 최루탄에 맞아 죽은 채로 발견되었는데[9] 이에 마산 시민들의 분노가 폭발하게 되어 마산에서 두 번째로 대규모 항의 시위가 일어나고 서울, 대구, 부산, 청주, 대전, 제주 등 전국적으로 시위가 번져나가게 돼. 이승만 정권은 시위대에게 무차별 총격을 가하고 서울에서만 100여 명이 사망하게 된단다. 이때 사망자는 대부분이 대학생과 고등학생이었어.

'피의 화요일'이라 부르는 4월 19일의 무자비한 진압에 시위는 살짝 위축되었지만, 여기에서 그쳤을까? 아니. 4월 25일에는 학생들의 피에 보답하라는 서울대학교 교수단의 시위가 시작되었고 여기에 초등학생까지 가세한 시위로 번졌어. 더 이상 국민들의 기세를 감당할 수 없게 된 이승만 대통령은 스스로 대통령의 자리에서 물러나게 돼. 이상의 사건을 '4·19 혁명'이라고 부른단다.

민주주의는 정말 피를 먹고 자라는 것 같지 않니?

이제 이야기를 마무리해보자. 처음 부분에서 어떤 나라가 좋은 나라인지 물었지? 아빠의 긴 이야기를 들으면서 어떤 생각이 들었니?

---

8 미리 투표함에 이승만으로 기표된 표를 넣는 방법 등을 사용했어.
9 이번에도 또 최루탄이야? 최루탄의 역사는 참 유구하구나!

어떤 사람들은 아빠가 이제까지 이야기한 우리 현대사의 여러 사건에 대해 다른 시각으로 평가를 하곤 해. 역사를 마주하는 시각이 다른 점은 당연하고 평가 역시 다를 수 있다고 생각해. 하지만 아빠가 지금까지 들려준 이야기는 특정한 정치세력, 정치성향을 가진 사람들에 관한 이야기가 아니야. 바로 나라다운 나라에 대한 이야기를 하는 거야. 나라다운 나라, 좋은 나라란 민주화된 국가, 즉 국민이 나라의 주인으로서 존중받고 국민은 나라의 주인답게 행동하는 나라가 아닐까? 국가는 국민이 주인이라는 점을 존중하고 주어진 임무에 충실해야 하는데 국가가 그 임무를 망각하고 국민의 자유와 권리 위에 군림하려 할 때 국민들이 침묵하지 않고 분연히 일어설 수 있는 나라가 바로 나라다운 나라인거지.

나라다운 나라에 대한 이야기는 한편으로는 값비싼 희생으로 빚어낸 헌법에 대한 이야기이기도 하단다. 민주주의가 한걸음 성장할 때마다 힘겹게 얻은 민주주의가 역사 속의 한 장면에 머물지 않고 확고하게 보장되도록 우리는 헌법을 만들고 함께 발전시켜왔어. 이와 같은 노력이 있었기에 지난 2017년에 헌법이 정한 절차와 원칙에 따라 박근혜 대통령의 탄핵 결정이 가능했다고 생각해. 이제는 헌법이 한낱 종잇장에 불과했던 지난 시절을 지나서 민주주의의 보증수표가 되었다고 할 수 있겠구나. 하지만 이 훌륭한 보증수표가 부도수표가 되지 않기 위해서는 깨어있는 국민들의 참여와 헌법을 수호하겠다는 의지가 계속적으로 뒷받침되어야만 한단다. 이런 정신을 훌륭하게 표현한 말이 있는데 들어볼래?

"헌법은 놀랍고 아름다운 선물입니다. 그런데 그건 단지 양피지 한 장에 불과합니다. 그 헌법에 힘을 부여한 것은 국민의 참여와 국민이 만든 선택입니다."

- 미국 제44대 대통령 버락 오바마

"헌법의 힘은 전적으로 이를 수호하고자 하는 각 시민들의 결단에 달려있다. 각각의 시민이 헌법의 수호를 위해 자신이 감당해야 할 몫에 대한 의무를 느낄 때 비로소 헌법의 권리가 보장된다."

- 알버트 아인슈타인

그럼, 이제 본격적으로 우리에게 주어진 놀랍고 아름다운 선물인 헌법에 대한 이야기를 해볼까?

헌법재판소에 세워져 있는 '헌법의 수호자' 상
ⓒ 헌법재판소

어서와,
헌법은 처음이지?
- 헌법의 개념

아빠 헌법을 건물에 비교하면 바로 건물의 기초와 같단다. 헌법은 우리나라를 어떤 모습과 어떤 형태로 만들 것인지, 어떤 가치를 중요하게 생각하는지를 담은 가장 기본적인 약속이란다.

딸 아빠~ 저는 그렇게 중요한 약속을 한 적이 없는데요?

"헌법은 바로 이거다"라고 한마디로 이야기하는 건 쉽지 않아. 그래서 여러 가지 방향에서 헌법이 무엇인지 설명을 하려는 시도들이 옛날부터 있어왔어. 많은 설명 방법 중에서 아빠는 "한 나라의 주인인 국민들이 어떤 나라를 만들 것인지, 어떤 가치를 중요하게 생각하는지를 정해놓은 가장 기본적인 약속"이라는 설명이 마음에 드는구나.

그럼 이해하기 쉽게 우리가 살고 있는 집을 예로 들어볼게.

집을 짓는 걸 본 적이 있지? 집을 지을 때 제일 먼저 기초를 놓고, 기둥과 벽을 세우고 지붕을 올리게 되지. 그리고 전기, 수도, 난방시설 같은 설비도 들이고 외벽과 내벽도 단열재나 마감재, 벽지를 붙여서 집을 완성한단다. 집이 완성되기까지는 수많은 자재와 부품들이 각기 결합되어 비로소 건물다운 모습을 갖추게 되지. 그런데 그 건물에서 잘 보이지는 않지만 건물의 크기, 모양, 구조를 결정하는 것은 바로 건물의 기초란다. 당연히 기초가 튼튼하지 못하면 건물 역시 튼튼하지 못하다는 것은 쉽게 알 수 있겠지?

헌법은 바로 한 나라의 기초와 같단다. 헌법은 우리나라를 어떤 모습과 어떤 형태로 만들 것인지, 어떤 가치를 중요하게 생각하는지를 담고 있어. 그리고 헌법이 담고 있는 가치를 기초 삼아 그 위에 실제 생활에 적용하는 법도 만들고 여러 제도도 만들어서 대한민국이라는 집국가을 만드는 거야.

헌법은 우리 대한민국에서 가장 기본적인 약속이기에 우리 법체계에서 가장 상위에 있는 법이란다. 또한 헌법이 아래에 거느리고 있는 수많은 법령은 헌법의 정신과 내용을 준수해야 하는 것이 당연하겠지? 헌법의 내용과 정신을 따르지 않는 법은 "헌법을 위반한다거나 헌법에 합치하지 않는다"라는 판결을 받게 돼.[10]

그런데 집의 기초가 밖에서는 잘 보이지는 않는 것처럼 헌법이 우리나라에서 어떤 역할을 하고 있는지 잘 느끼기는 힘들 거야. 하지만 기초가 없는 집이 없듯이 헌법은 잘 보이지 않지만 든든하게 우리나라가 나라답게 세워지도록 지탱해주는 근본이란다. 집의 기초가 약하면 집 전체가 약해지듯이, 헌법이 국가의 기초로서 제대로 된 역할을 못해주면 대한민국 전체가 흔들릴 수 있겠지?

그럼 이 이야기의 처음으로 돌아가보자. 헌법은 쉽게 말해 일종의

---

10   이런 판단은 헌법재판소에서 하고 있단다.

유진오의 대한민국헌법 초안과 사법부
제출안 ⓒ 행정안전부 국가기록원(기록
물 소장처: 고려대학교 박물관)

국가적인 약속이라고 했잖아. 그럼 이 약속은 누가 어떻게 만든 것
일까?

대한민국헌법은 대한민국 제1대 국회1948.5.31.~12.18.에서 만들어
졌단다.[11] 제1대 국회는 대한민국 최초로 실시된 1948년 5·10 총선
거에서 선출된 국회의원 198명으로 구성되었어. 우리나라 최초의
헌법은 1948년 7월 12일에 국회에서 의결하고 7월 17일에 국회의장
이승만의 공포로 제정되었단다. 그 후에 여러 차례 개정이 이루어졌
고 가장 최근의 개정이 아홉 번째 개정으로, 1987년 10월 29일에 앞
서 이야기한 '6월 항쟁'의 결과로 이루어진 개정이었단다.

모든 국민들이 한자리에 모여 약속하는 게 불가능하기 때문에[12]
현대의 국가들은 대표제대의제라는 방법을 사용하고 있단다. 자신들
의 뜻을 표현해줄 대표자국회의원를 뽑아서 대표자들이 모인 국회에
서 국민의 뜻을 결정하도록 하는 것이지. 우리 헌법도 이런 대의제

11 헌법을 만드는 것이 주 임무여서 제헌국회라는 이름으로 부르기도 해.
12 매우 많은 사람이 한 번에 모이려면 시간적, 공간적 제약뿐만 아니라 뜻을 모으는 게 불가능하
    겠지?

에 따라서 제정되고 개정되어 왔단다.[13]

그런데 헌법의 제정과 개정 일자를 보면 너도 그렇고 아빠도 —87년이면 아빠는 초등학생이어서 역시 투표권이 없었단다.— 전혀 그 과정에 참여한 적이 없는데 왜 헌법이 우리에게도 적용되고 중요한 의미를 가질까? 현재 우리나라 국민 절반 이상이 개정 당시에 투표권이 없어서 개정 과정에도 전혀 참여하지 못했는데 헌법은 그럼에도 불구하고 우리 국가 공동체의 기본적 약속이라는 원칙은 변함이 없을까? 어떻게 생각하니?

어려운 질문이고 논란의 여지가 있지만, 아빠가 오래 고민하고 내린 결론을 말해줄게. 헌법의 제정과 개정은 과거의 일이고 우리가 참여할 수 없었지만 그 헌법이 만들어낸 질서와 헌법에서 발원한 국가공동체로서의 삶이 그 자체로서 현재형이기 때문이 아닐까. 헌법은 한번 정해지면 고정되어 움직이지 못하는 딱딱한 법전에만 머물러 있는 것이 아니라, 나라 곳곳에서 국민들과 함께 살아 숨 쉬며, 함께 호흡하는 그런 존재란다. 그래서 헌법은 한편으로는 과거의 약속이지만 하나의 국가공동체로 연결된 현재에도 유효한 약속이라는 생각이 드는구나. 그리고 물론 헌법의 변천[14]과 개정에 의해 헌법은 현재에도 부단하게 현세대와의 새로운 약속을 받아들일 준비가 되어있단다.

비슷한 경우를 역사적 비유를 들어 설명해볼까? 일본은 아직까지도 일제강점 때 우리나라를 식민지화하는 과정에서 저지른 온갖 악

---

13   어떤 때에는 국회를 통과한 헌법 개정안을 국민들이 투표해서 찬반을 결정하기도 했어.
14   헌법의 의미를 현실에 맞게 변화시키는 것을 말해.

행에 대해서 사과하지 않고 있단다. 그 이유는 일차적으로 자신들의 선조가 저지른 악행을 인정하지 않기 때문이야. 그리고 다음으로는 그런 잘못이 있었다 하더라도 전 세대가 저지른 잘못이니 그 일과 상관없는 현재 세대가 왜 사과해야 하느냐는 거지.

언뜻 맞는 말처럼 보이지만 화가 좀 나지 않니? 여기에도 비슷한 답을 해줄 수 있을듯해. 과거에 저지른 일이지만, 과거의 일을 인정하고 받아들여서 과거와 현재의 세대가 분리된 공동체가 아니라 하나의 공동체라는 책임의식을 가져야 하고, 이는 과거에 국한된 문제가 아닌 현재의 문제라고 말이야. 대조적으로 2차 세계대전 때 600만 명에 달하는 유태인들을 학살했던[15] 독일인들이 자신들도 과거와 연결된 하나의 국가공동체라는 책임의식하에 전 세대가 저지른 일에 대해 자신들 세대의 현재형의 일인 것처럼 반성하고 다시는 이런 일이 없어야 한다고 스스로에게 다짐하는 것처럼.

어떠니? 헌법이 무엇인지 좀 감이 잡히니? 물론 아직은 명확하지 않을 거야. 그래도 지금까지 한 이야기를 한번 정리해보자.

헌법은 ① 한 나라의 주인인 국민들이 어떤 나라를 만들 것인지, 어떤 가치를 중요하게 생각하는지를 정해놓은 가장 기본적인 약속이이야. ② 헌법은 한 국가 법질서에서 최고의 규범이야. ③ 모든 국민이 한자리에 모여 합의를 이룰 수 없기에 대표제^{대의제}에 의해서 그 약속을 만들어냈단다. ④ 마지막으로 그 약속이 비록 과거의 약속이긴 하지만 현재와 교류하며 지금도 여전히 유효한 약속이 될 수 있는 거란다.

---

15   이것도 무려 70여 년이 더 지난 일이야.

홀로코스트 추모의 날 독일풍경, 2018.1.28. ⓒ 연합뉴스

국가가 헌법을 만들까?
헌법이 국가를 만들까?
- 헌법의 시작과 유래

02

아빠 우리나라 헌법은 사실 우리의 고유한 역사 속에서 생겨난 것은 아니고 서양
     의 헌법을 옮겨다 심었다고 할 수 있어. 그리고 헌법은 인류역사에서 근대
     에 들어서야 비로소 출현하게 되었단다.

딸   헌법이 그렇게 중요한 거라면서, 헌법이 없던 아주 먼 옛날에는 어떻게 살
     았어요?

   사람 간의 생활에 적용되는 일반적 법률이나 규칙은 인류가 사회
를 이루면서부터 시작되었을 거야. 인류 최초의 성문화된 법[16]은 고
대 메소포타미아 지역[17]의 함무라비 법전인데, 기원전 1750년경에
제정되었지. 이 법전은 의외로 많은 282개의 조문으로 구성이 되어
있고 그중 제196조 "눈에는 눈, 이에는 이"라는 조문이 가장 널리 알
려져서 이 법전을 대표하는 말이 되었어.

   함무라비 법전같이 사람 간의 생활에 적용되는 일반적 법률의 역
사에 비하면 헌법이라 부를 수 있는 규범의 등장은 비교적 최근의
일이란다. 즉, 근대의 시민사회[18]에 이르러서야 성립하게 되었어.

---

16 문서에 글로써 기록된 법을 말해.
17 현재의 이란, 이라크 지역이야.

근대 이전의 국가에서는 국가의 주권자주인였던 왕이 통치 질서나 지배 질서를 규정하고 명확히 하기 위해서 통치규칙을 만들었다고 할 수 있어.[19] 말하자면 국가의 기틀을 잡고 국가 운영을 체계적으로 하기 위해 "국가 스스로 필요에 의해서 통치 규칙을 만든 것"이라고 할 수 있지. 근대 이전 국가의 헌법에는 기본권 조항과 같은 내용은 거의 들어있지 않아서 진정한 의미의 헌법이라고 말하기 어렵구나. 특히 앞 장에서 말한 것처럼 헌법이 국가적 약속이라는 측면에서도 보면, 군주가 일방적으로 정해놓은 명령 같은 것은 더욱 헌법이라 부르기 어렵겠지?

이런 정신을 잘 표현해주는 말을 소개해볼게.

"권리의 보장이 확보되어 있지 않고 또 권력의 분립이 제정되어 있지 않은 사회는 헌법이 없다."

- 1789년 프랑스 인간과 시민의 권리선언 제16조

결국 제대로 된 헌법이 없던 근대 이전의 시기에는 개인의 자유나 권리를 보장해줄 아무런 장치가 없었던 셈이야. 그래서 나라의 주인이었던 왕이 제한 없이 힘을 행사하고 국민들의 자유와 권리를 마구 침해해도 말릴 방법이 거의 없었던 거지. 물론 마그나 카르타[20]와 같이 왕의 권력을 제한하거나 귀족과 같이 특정한 계층의 사람들에게 자유를 부여해주는 정도의 약속이 있기는 했어. 하지만

---

18 왕이나 소수의 귀족이 주인이 아닌 우리 같은 국민들이 주체로서 등장하게 된 사회를 말해.
19 이런 통치 규칙을 두고 '고유한 의미의 헌법' 이라고 부르기도 해.
20 1215년에 영국 왕 존이 귀족들의 강압에 의해 승인한 문서로 대헌장으로 번역돼.

좌 함무라비 법전 ⓒ Shutterstock
우 프랑스의 '인간과 시민의 권리선언' ⓒ 위키피디아

이는 국민 모두에게 보편적으로 주어진 자유나 권리가 아니고 왕과 귀족 또는 영주 간에 체결한 매우 제한적인 약속에 불과하기에 이 또한 진정한 의미의 헌법이라고 부르기는 어렵단다.[21]

　그러던 것이, 근대 시민사회로 접어들면서 새로운 국면을 맞이하게 돼. 근대로 접어들면서 종교 개혁, 계몽사상, 사회계약설 등은 사람들에게 인권이나 권리의식을 더욱 강하게 만들어주었어. 또한 신대륙 발견과 상업·기술의 발전에 힘입어 시민계급이 많아지고 힘이 강력해졌단다. 그러자 시민계급은 군주가 자기 마음대로 통치하

21　다만 17세기에 이르러서는 봉건 귀족의 권리를 넘어서서 일반 국민의 권리로 확장되었어.

는 것인치(人治)에 저항하면서 법에 의한 통치법치(法治)를 요구하게 돼. 그리고 시민계급의 이와 같은 요구는 여러 혁명[22]을 거치면서 서양의 많은 나라에서 관철[23]된단다. 군주와 시민의 타협된 결과를 문서 형태의 헌법으로 만들게 된 것이지. 문서로서 통일된 헌법전이 비로소 인류 역사에 등장한 거야. 헌법으로 군주의 권력을 제한하고 개인의 자유와 권리를 지키려는 시도가 성공하여 진정한 의미의 헌법이 탄생된 것이지.

이 시기의 헌법을 조금 어려운 표현이지만, '입헌주의적 헌법'이라 부른단다. 헌법을 세워서입헌하여 국가군주의 권력을 제한하고 개인의 자유와 권리를 보장하겠다는 정신을 담은 헌법이야. 이를 국가와 헌법과의 관계로 정의해보면, 국가가 이미 존재하고 있는 상태에서 헌법을 만들어낸 것으로 이해할 수 있고 '국가가 헌법을 만들었다'라고 말할 수 있어.

근대를 지나 현대로 넘어오면 입헌주의적 헌법이 더욱 발전하게 된단다. 국가가 헌법을 만드는 게 아니라 국가가 헌법에 의해 만들어지고 국가의 활동이 헌법이 정한 바에 의해서만 정당해지는, 오히려 '헌법이 국가를 만드는' 단계로 발전한 것이지. 풀이해보면, 국가적 약속인 헌법이 있어야만 국가라 할 수 있고 국가가 성립된 후에는 헌법이라는 국가적 약속에 의해서만 국가가 운영되어야 한다는 정신이 확립된 거야.

---

22 대표적으로 1789~1794년에 일어난 프랑스 대혁명을 들 수 있어.
23 어려움을 뚫고 목적을 이루어내는 것을 말해.

과거 입헌주의적 헌법에서의 주인공이 시민[24]에 한정되었다면, 현대에 와서는 그동안 입헌주의적 헌법 아래에서 주권자의 지위에서 배제되었던 노동자나 농민, 여성 등도 모두 국민으로서 동등한 권리를 갖게 되었어. 바로 국가권력이 국민 모두에게 있다는 국민주권의 시대가 열린 거야.

우리 헌법에서도 이와 같은 정신을 분명히 밝히고 있단다.

■ 헌법 제1조 ■
① 대한민국은 민주공화국이다.
② 대한민국의 주권은 국민에게 있고, 모든 권력은 국민으로부터 나온다.

우리 헌법 이야기가 나와서 말인데, 그럼 대한민국헌법은 언제 어떻게 성립되었을까? 앞서 1장에서 간단히 설명한 것처럼 대한민국헌법은 대한민국 제1대 국회에 의해 1948년 7월 17일 처음으로 제정되었어.

우리나라는 서양의 여러 나라처럼 입헌주의 헌법을 가지지 못하고 서양이 만들어낸 헌법을 그대로 옮겨온 경우란다. 우리의 의복이나 집의 형식이 서양에서 온 것처럼 말이야. 그렇다고 해서 안타까워하거나 부끄러워할 필요는 전혀 없어. 우리가 살고 있는 집이 단순히 서양 집을 따라한 것이 아니라 서양식 집을 우리에게 맞게 변

---

24 부르주아(bourgeois) : 원래 의미는 '성 안의 사람'이라는 뜻으로 일정 수준 이상의 자산이 있던 국민을 의미해.

형해서 우리나라 환경에서 살기 좋은 집으로 바꿔가고 있는 것처럼,[25] 헌법도 우리한테 맞게 잘 맞추어서 운영해가고 있으니까. 우리나라 국민의 주인 의식과 헌법을 수호하려는 정신이 처음 헌법이 발원한 서양에 못지않게 성숙한 것만으로도 우리를 보다 더 자랑스럽게 여겨도 좋을듯해.

그럼 이번에 이야기 나눈 내용을 정리해볼까? ① 헌법은 인류 역사에서 비교적 최근에서야 등장했어. ② 고대나 중세 시대에는 통치를 편하게 하기 위해 통치 규범을 만들기도 했는데 이를 '고유한 의미의 헌법'이라고 부르기도 해. ③ 근대에 들어서 군주의 권력을 제한하는 '입헌주의 헌법'이 등장했고 이는 '국가가 헌법을 만드는 현상'으로 이해할 수 있어. ④ 현대는 오히려 헌법에 의해서만 국가가 성립되고 국가 활동이 정당화되는 '헌법이 국가를 만드는 현상'으로 정의할 수 있어. ⑤ 우리나라는 서양에서 헌법을 가져와서 모방했지만, 현재는 우리 고유의 헌법과 헌법정신을 잘 만들어가고 있다고 볼 수 있어.

---

25   예를 들어 우리나라 전통 난방 방식인 온돌을 서양식 주택에 맞게 바닥 난방으로 변형해서 활용하는 것을 들 수 있어.

헌법은 꼭 문서로 기록되어야만 헌법일까?
- 성문헌법과 불문헌법

아빠 　대부분의 나라는 헌법을 법전에 문서로 기록하고 있어. 하지만 영국처럼 몇몇 나라는 헌법이라는 이름하에 하나로 기록된 법전이 없기도 하단다.

딸 　그럼 문서로 기록되지 않은 헌법은 그 내용을 어떻게 알아요?

　　만약 네가 친구와 내일 놀기로 약속했다고 하자. 그런 경우에 서로 새끼손가락을 걸고 약속할 수는 있지만 "내일 ○○○와 ○○○이는 2021년 ○월 ○일에 어디서 만나 놀기로 약속함"이라고 종이에 쓰고 서로 서명까지 하지는 않지? 하지만 집을 사거나 파는 것처럼 매우 중요한 약속을 해야 하는 경우는 어떻게 해야 할까? 말로 서로 약속한다면, 나중에 시간이 지난 후 그런 약속이 있었는지 증명할 수도 없고 기록도 남아 있지 않겠지? 그래서 중요한 사항을 계약할 때는 종이에 내용을 기록하고 서로 도장을 찍거나 서명을 해서 남겨둔단다.

　　헌법도 마찬가지란다. 헌법처럼 중요한 국가적 약속이 제정되면, 당연히 기록하여 확실히 내용을 증명하고 또 널리 전체 국민에게 알려야 할 필요가 있겠지? 그래서 대부분의 나라에서는 헌법을 법전에 기록하여 헌법전을 가지고 있는데 이렇게 문서에 기록된 헌법을 성문헌법이라고 해.

그런데 대부분의 국가와 달리 헌법전이 없는 국가도 있어. 소수이기는 하지만 대표적으로 영국이 여기에 해당하지. 헌법전이 없기 때문에 글로써 성립되지 않은 헌법이라는 뜻으로 '불문헌법'이라고 불러. 그래서 극단적으로 "영국에는 헌법이 없다"라고 표현하기도 해.

하지만 헌법이 아예 없으면 민주주의가 훌륭히 정착되고 성숙한 나라로서의 영국은 없을 거야. 영국은 한 권의 책 또는 문서로 된 헌법전 대신에 대헌장마그나 카르타(Magna Carta), 권리청원, 권리장전, 왕위계승법, 의회법, 국적법, 인권법 등의 문서와 헌법적 법률, 헌법관습법이 결합하여 헌법으로 작동하고 있어. 결국 영국에는 헌법이 없다는 뜻은 헌법이라는 이름이 붙은 단일한 법전이 없다는 뜻일 뿐이야. 특히 불문헌법국가에서 중요한건 헌법관습법인데, 오랜 시간을 거치면서 헌법으로 인정할 만큼의 중요한 가치로서 국민적인 승인과 동의가 있는 약속이라 할 수 있지.

그런데 성문헌법을 가지고 있는 우리나라는 관습헌법이 전혀 없다고 할 수 있을까? 예를 들어 우리나라 수도서울, 우리나라 말국어, 국기태극기, 국가애국가, 국화무궁화에 대해서 우리 헌법전에는 아무런 규정도 두고 있지 않단다.[26] 그런데도 불구하고 우리나라 국민들은 당연히 우리나라 수도는 서울이라고 하고, 애국기를 함께 부르고, 무궁화를 우리나라 꽃이라고 하잖아? 헌법에는 정해놓지 않았지만 국민

---

26 다만, 국어는 국어기본법에, 국기는 대한민국국기법에 규정을 두고 있단다.

마그나 카르타에 서명하는 존 왕
© Shutterstock

들이 당연히 인정하고 공감하는 이런 내용을 관습헌법이라고 이해
할 수 있을까?

우리 헌법재판소에서는 수도인 서울을 다른 곳으로 옮기려 한 신
행정수도건설을위한특별조치법[27]의 헌법 위반 여부를 판단하면서
관습헌법의 필요성도 인정하고 서울을 수도로 하는 것은 관습헌법
에 해당한다는 판단을 내렸어. 즉, 헌법에 기록되지 않은 수도에 대
한 사항은 헌법에 기록되어 있지 않아도 헌법으로 인정할 수 있을
정도로 국민적 동의가 성립되었다고 본 거야. 그 결과 관습헌법에
해당하는 수도를 헌법의 아래에 있는 법을 제정해서 옮기는 것은 위
헌이라 판단하고, 수도를 옮기려면 헌법의 개정에 의해서만 가능하

---

27 과거 우리 법의 이름은 일본 법령의 붙여쓰기 관행을 따라했었단다.

다고 결론을 내렸어.

자. 위의 헌법재판소의 결정을 쉽게 이해할 수 있게 우리집에서 생활 규칙을 약속하고 정한다고 가정해보자. 예를 들어 "가족 간에 서로 존중한다", "자기 할 일을 스스로 한다" 등 이런 규칙을 정한 후에 이를 큰 종이 같은 곳에 적어놓고 서로 지키기로 할 수는 있겠지. 그런데 "우리 집의 안방은 어디로 한다", "우리 집에서는 한국어를 사용한다"와 같이 모두가 당연히 알고 있거나 굳이 기록하지 않아도 될 사항이 있을 수 있겠지? 헌법재판소에서도 헌법전에 모든 것을 다 기록할 수 없고 기록할 필요가 없다는 논리를 바탕으로 하고 있단다. 즉, 서울이 우리나라 수도라는 것은 너무 당연해서 헌법전에는 없지만 국민들이 다 알고 있고 국민들의 약속으로 볼 수 있기 때문에 불문헌법에 해당한다고 본 거야. 따라서 헌법 아래에 있는 법률을 가지고 헌법을 바꾸려고 했기 때문에 수도를 옮기는 것이 헌법에 위반된다고 판단하였던 거지.

그렇다면 문서로 기록되지 않은 관습헌법의 내용은 어떻게 알 수 있을까? 자연스럽게, 위 사건처럼 관습헌법의 존재와 확인은 헌법재판소에서 하게 된단다. 즉, 여러 학자 등에 의해서 관습헌법이 어떤 것인지 제시될 수는 있겠지만 결국은 헌법재판소에서 최종적으로 관습헌법의 성립 여부를 판단하게 될 거야. 이런 결론에 대해서 헌법재판소가 어떻게 보면 이미 관습헌법으로 존재하고 있는 헌법이 있는지를 확인하는 것이기는 하지만, 한편으로는 불문의 헌법을 만들어내는 모습이기도 해서 적지 않은 비판의 목소리가 있는 것도 사실이야.

쉽게 읽는 헌법재판소
2004.10.21. 2004헌마554 결정

우리나라는 성문헌법을 가진 나라로서 우리 헌법전(헌법을 기록한 문서, 책)이 헌법의 법원(법의 원천)이 된다. 그러나 성문헌법이라 하여도 그 속에 모든 사항을 빠짐없이 완전히 넣는 것은 불가능하다. 또한 헌법은 간결하고 여러 많은 뜻을 줄여서 담는 것을 추구하기 때문에 헌법전에 기록되지 않은 사항도 불문헌법 내지 관습헌법으로 볼 수 있다. 특히 모두가 알만큼 당연하거나 합의가 이미 된 내용 및 보편적인 헌법원리 같은 경우는 글로 기재하지 않는 경우도 있다.

관습헌법은 국민이 인정하고 사라지지 않을 것이라고 인정할 만큼 반복되고 명확하게 옛날부터 계속 해오던 것이라면 성립된다.

수도가 서울이라는 것은 너무나 당연하여 국민들이 역사적, 전통적으로나 의식적, 무의식적으로 알고 있기에 헌법에 기록하여 넣을 필요가 없었다. 따라서 서울이 수도라는 것은 전통적으로 존재해 온 관습헌법이며, 불문헌법에 해당한다.

관습헌법도 성문헌법과 같기 때문에 헌법에서 정하는 개정절차(제130조)에 의해서만 개정될 수 있다.

따라서 수도를 옮기는 것은 헌법을 개정해야 하는 일인데도, 법률로 정한 것은 헌법 제130조의 국민투표권을 침해한 것이어서 헌법에 위반된다.

이제 이번 내용을 마무리하면서 정리해볼까? ① 대부분의 나라는 헌법을 제정하면 헌법전이라는 문서의 형태로 기록을 하면 성문헌법 국가가 되는 거야. ② 그런데 드물게 영국과 같은 몇몇 국가는 하나의 헌법전이 없고 헌법에 준하는 여러 법률, 헌장, 관습헌법이 하나로 뭉쳐서 헌법을 이루기도 해. ③ 헌법전이 있는 우리나라는 불문헌법이 전혀 없을까? 헌법재판소에서는 우리나라는 성문헌법국가이지만 불문헌법=관습헌법이 있을 수 있다고 보고 있어. ④ 대표적으로 헌법재판소는 우리나라의 수도는 서울이라는 점은 관습헌법이니까 헌법이 아닌 법률을 만들어서 서울에서 다른 곳으로 수도를 옮길 수는 없다고 선언했어.

"국가는 시민의 하인이지 주인이 아니다"
- 국가의 존재 이유

아빠　미국의 제35대 대통령 존 F. 케네디는 국가가 존재하는 이유에 대해서 이런 명언을 남겼단다. "국가는 시민의 하인이지 주인이 아니다"

딸　　그럼 시민이 국가가 마음에 들지 않으면 교체하거나 다른 국가를 선택할 수 있는 거예요?

　이번에는 헌법과 떼려야 뗄 수 없는 국가에 대해서 함께 생각해볼까? 국가에 대해서 이야기하자면 국가가 무엇인지, 언제부터, 어떻게 생겨났을지, 국가는 왜 있어야 하는지, 국가라고 부르기 위해서는 무엇이 필요한지 등 많은 이야기를 할 수 있단다. 이번 장에서는 그중에서도 국가를 어떻게 이해하고 바라볼 것인지, 국가가 왜 있어야 하는지에 대해서 한번 이야기해볼까 해.

　1983년 노벨문학상을 받은 윌리엄 골딩의《파리 대왕》이야기로 시작해보자.《파리 대왕》의 줄거리는 다음과 같아. 핵전쟁을 피하기 위해 어디론가 비행기로 탈출하던 한 무리의 소년들이 사고로 바다 한가운데 있는 무인도에 도착하게 돼. 이 무인도에서 랄프라는 소년을 중심으로 한 무리가 만들어지고, 랄프를 시기하던 잭이라는 소년이 또 한 무리를 만들게 된단다. 잭의 무리는 동물 사냥에 맛을 들이면서 난폭해지고, 급기야 새끼가 있는 암퇘지를 잡아 머리를 베어 괴물에게 재물로 바치는 괴이한 행동까지 하게 돼. 그러다 이제는 잭의 무리가 동물이 아니라 랄프 무리를 공격해서 랄프 무리의 소년들이 하나둘씩 죽고, 결국 랄프 혼자 남게 돼. 잭의 무리는 혼자 남은 랄프마저 잡으려고 온 섬에 불을 놓는데, 지나가던 영국 군함이 이 불의 연기를 발견하게 된단다. 이 소설은 군함의 승무원들이 섬에 올라와서 남은 소년들과 만나는 것으로 그 끝을 맺고 있단다. 이 이야기의 핵심은 인간에게 숨겨진 악한 본성이 있고, 인간의 악한 본성이 통제되지 않을 때 얼마나 인간사회가 충격적으로 변할 수 있는지 보여주는 데 있다고 생각해.

인간의 악한 본성을 잘 드러낸 것이 소설 《파리 대왕》이라면, 현실 속에서는 소말리아[28]라는 나라가 있단다. 이 소말리아가 세계적으로 유명해진 계기가 있는데, 바로 '소말리아 해적' 때문이란다. 소말리아는 1991년에 국민들의 자유를 억압하던 독재정권을 무너뜨리게 되었는데, 문제는 독재정권을 무너뜨린 후 자기들끼리 집권하려고 서로 싸우는 내전 상태로 들어가게 되었어. 독재정권이 무너진 후 제대로 된 정부가 들어서지 못해서 소말리아는 독재정권이 있던 시절보다 더 참혹한 시기로 접어들게 된 거야. 여러 편으로 갈라져 싸우면서 최소한의 질서도, 국민들끼리 서로 존중하는 마음마저도 사라져버린 것이지. 매일같이 서로 싸워대는 판에 먹고, 입고, 자는

---

28 아프리카 대륙의 북동부에 있는 나라로 인도양과 홍해에 접해 있어 주변 바다로 많은 선박들이 지나다닌단다.

UNOSOM 임무 당시 모가디슈의 테크니컬(technical)(1992 or 1993) ⓒ 위키피디아

평범한 생활마저 불가능한 것은 당연했지. 먹고 사는 것이 막막해지자 수많은 소말리아 사람들이 근처 바다를 지나는 배들을 마구 약탈하게 되었고, 그 결과 소말리아 해적들이 국제적으로 악명을 떨치게 되었단다.

소말리아의 상황과 같이, 제대로 된 정부가 없거나 국가가 없어진다면 어떻게 될지를 잘 알려주는 사례는 세계 곳곳에서나 혹은 지나온 역사 속에서 쉽게 찾을 수 있단다.

인간의 악한 본성과 이로 인한 사회 현상에 주목하여 국가의 필요성을 역설한 사람이 있는데 토마스 홉스Thomas Hobbes라는 영국 사람이란다. 홉스는 1651년에 출간한 《리바이어던》이라는 책에서 사람들이 국가 없이 살던 자연 상태는 "만인의 만인에 대한 투쟁"이라고 정의하고 있단다. 즉, 홉스는 국가라는 질서 유지자가 없는 세상은 사람들 스스로 생존을 위해 서로 다투고 죽고 죽이는 참혹한 세계라고 보았지. 아까 이야기한 소말리아와 같은 상황을 잘 포착한 거야. 그래서 홉스는 사람들은 서로 간에 해치지 않겠다는 계약을 체결하고 그 약속을 어긴 사람을 혼내주고 약속을 어기지 않도록 억제하기 위해 국가가 필요하다고 보았어. 그러기 위해 국가는 이런 혼돈과 무질서를 바로잡기 위해 국가가 리바이어던[29]처럼 무서운 존재가 되어 질서를 바로 잡아야 한다고 주장한 것이지. 그리고 그런 국가의 주인주권자은 한 명의 사람이어야 하는데 바로 왕, 군주가 되어야 한다고 주장했어.

이런 홉스와 달리 존 로크John Locke[30]는 다른 생각을 가지고 있었어. 로크는 국가가 없는 자연 상태에서 개인은 평등하고 자유로운 존재라고 생각했어. 그런데 그런 개인끼리 다툼이나 분쟁이 생겼을 경우에 이를 해결해줄 국가가 필요하다고 본 거야. 그래서 로크가 생각하는 국가는 홉스의 국가처럼 무자비하고 무서운 국가가 아니고 개인들의 분쟁을 해결하고 개인의 자유와 평등을 지켜주는 국가여야 하는 것이지. 만약 국가의 주인인 왕이 이런 약속을 어기거나 개인의 자유를 침해한다면 왕을 교체할 수 있다고까지 생각한 거야. 어디까지나 국가는 국가를 구성하는 각 개인들의 필요에 의해서 만들어진 것이니까.

이와 같은 로크의 생각은 후에 미국의 독립 혁명, 프랑스 혁명의 정신으로 이어지고, 그 혁명의 정신이 세계 각지로 퍼져나가면서 오

---

29   리바이어던은 성경 욥기 41장에 나오는 바다 괴물을 말해.
30   홉스와 비슷한 1600년대 후반에 영국에서 활동한 철학자이자 정치사상가야.

늘날까지도 우리 민주주의 정신에 스며들어 있다고 평가할 수 있을 듯해.

홉스와 로크의 생각이 다르긴 하지만 중요한 점은 둘 다 국가가 바로 국민을 위해서 존재한다고 본 점이야. 국민이 자신들의 무질서와 기본적 생존을 위해서 국가를 만들어냈다는 홉스의 생각이나 국민들 간의 분쟁의 해결과 자유롭고 평등한 상태 유지를 위해 국가를 만들어냈다는 로크의 생각 모두 국가의 중요한 임무를 설명하고 있어. 즉, 국민이 국가를 위해 존재하는 것이 아니고, 국가가 국민을 위해 존재 한다는 거야.

그리고 현대로 접어들면서 국가는 홉스나 로크가 이해하는 단순히 무질서 상태를 방지하고 국민의 자유와 권리를 보장해주는 것 이상의 임무가 있다고 이해되고 있어. 예를 들면, 기본적인 생활에 필요한 돈이 없는 사람이나 신체적 어려움 때문에 생활이 곤란한 사람, 노약자와 같이 특별한 보호가 필요한 사람이 있지? 그런 사람들까지 인간다운 삶을 살도록 국가가 보호하고 필요한 부분을 채워줘야 한다는 생각이 받아들여진 거야. 이런 국가를 두고 '사회복지국가'라고 부를 수 있어.

이런 관점에서 미국의 대통령 존 F.케네디가 국가가 시민의 하인이라고 한 것은 국가가 국민들에게 필요한 부분을 채워주고 봉사하는 존재라는 의미를 잘 표현했다고 생각해. 국가가 국민의 복지와 인간다운 삶, 더 나은 삶을 위해서 최대한 좋은 제도를 만들고 국민들에게 혜택을 주도록 노력하는 존재라고 이해하면 좋을 것 같아.

정리해보자면, ① 국가가 없다면 기본적이 생활마저도 불가능한 무질서 상태가 될 거야. ② 이런 상황을 잘 이해한 사람은 약 400년 전에 살았던 홉스라는 사람으로 무질서 상태를 극복하고 개개인의 생존을 보장하기 위해 국가가 필요하다고 보았어. ③ 홉스는 질서유지를 위해 국가가 무서운 바다 괴물처럼 행동해야 한다고 보았지만 로크라는 사람은 국가는 자유롭고 평등한 상태를 유지하기 위한 본연의 목적에 충실해야 한다고 보았어. ④ 그 결과 로크는 국가가 그 역할을 다하지 못할 경우 왕이나 정부의 교체가 가능하다고 해. ⑤ 마지막으로 현대 국가는 단순히 국민의 자유를 보장하는 정도에 그치는 게 아니라 인간다운 삶을 살아가도록 적극적인 조치들을 해주는 사회복지국가의 임무까지 추가되었어.

현실 속의 리바이어던
- "가혹한 정치는 호랑이보다 무섭다"

05

아빠 우리나라도 정부 설립 후에 홉스가 말하는 리바이어던의 모습을 하고 있었던 적이 꽤나 많았단다.

딸 국가가 어떻게 괴물의 모습을 하게 돼요?

앞 장에서 이야기했던 홉스의 리바이어던 생각나지? 그런데 실제 우리나라에서도 그런 상상 속의 괴물인 리바이어던이 현실에서 어떤 모습일지 보여주는 사건들이 꽤나 있었단다. 이번 이야기는 우리나라가 나라답지 못했던, 가슴 아픈 이야기가 될 듯하구나.

1948년 대한민국 정부 수립 이후에 국가는 우리나라를 위협하는 공산주의자로부터 국민의 안전과 국가의 존립[31]을 지킬 필요성이 있었단다. 하지만 필요한 정도의 조치를 넘어서거나 자신들의 이익을 위해, 즉 자신들의 독재정권을 유지하기 위해 국민을 보호해야 할 국가가 오히려 국민에게 상상도 못할 폭력을 행사한 사건들이 수

---

31 생존하여 자립하는 것

차례 반복해서 일어났단다.

대표적으로 우리 가족이 좋아하는 제주도에서 있었던 일을 이야기해볼까 해. 제주도는 여행을 갈 때마다 아름다움이 가득한 곳이어서 네가 상상하기 어렵겠지만 깊은 아픔이 서려있는 곳이야. 또 이이야기는 1947년쯤부터 시작된 일에 관한 것이니까 네가 느끼기엔무척 오래전 일 또는 너와 전혀 상관없는 일이라고 느낄 수도 있겠다. 하지만 제주도에서 일어난 이 사건이 대표적으로 국가가 잘못한일이고 반드시 알고 가야 할 사건이기에 이야기해볼까 한단다.

1945년에 일본에서 해방된 이후 우리나라[32]는 미국[33]에 의해서임시적인 통치가 시작되었지. 이 당시에 우리 사회는 공산주의 노선을 지지하는 사람과 자유주의를 지지하는 사람의 이념 대립이 극심했고 서로 간에 무력을 사용한 충돌도 빈번하게 일어났었단다. 이런혼란과 충돌 가운데서 1948년 4월 3일 제주도에서 공산주의자 약350명이 무장을 하고 경찰서 등을 공격하면서 비극이 시작되었어.이 공격에 대응해서 미군정과 이제 막 수립된 대한민국 정부는 경찰과 군대, 공산주의 반대 단체[34] 등을 동원하여 혹독한 진압작전을 펼쳤어. 이 과정에서 공산주의 무장단체에 소속되지 않은 아무런 잘못이 없는 사람들까지도 공산주의자로 몰려 많은 사람들이 희생되었어. 희생자 수가 최소 3만 명에서 많게는 8만 명이라는 말이 있는데,

---

32 이 시기 우리나라를 대한민국이라고 부를 수 있을지, 즉 대한민국 건국 시점을 임시정부 수립일(1919.4.11.)로 보아야 할지 대한민국 정부수립일(1948.8.15.)로 보아야 할지 아직까지 논쟁 중이란다.
33 정확하게는 미군에 의한 미군정이 시작되었어.
34 대표적으로 북한에서 남한으로 내려온 청년들로 구성된 서북청년단이 있어.

제주 4·3 평화공원에 있는 희생당한 모녀를 기리는 작품, '비설(飛雪)' 희생자 변병생 모녀의 기념조각, 강문석, 고길천, 이원우, 정용성 作(2002)

당시 제주도 인구가 총 30만 명이라고 하니 그들의 희생이 얼마나 극심했는지 상상조차 되지 않는구나. 당시 진압대의 잔혹한 행위는 그 정도가 너무 지나쳐서 차마 표현하지 못하겠구나. 1947년부터 1954년까지 제주도에서 일어난 이 처참하고 잔혹한 사건을 보통 '제주4·3사건'이라 부른단다.

이후로도 제주4·3사건과 유사하게 국가가 국민을 대상으로 폭력을 행사하는 일이 반복되는데, 여순사건, 6·25전쟁을 거치면서 보도연맹사건, 경산코발트탄광 학살사건, 거창양민학살사건 등이 있단다. 각 사건마다 반공의 기치[35]가 등장했고, 국가가 공산주의자라고 의심하거나 공산주의자에 협력하였거나 아니면 공산주의자

---

35 내세우는 태도나 주장을 말해.

로 지목되기만 해도 그 사람들에게 가차 없이 폭력을 행사하는 사건들이 반복해서 일어났지.

이렇게 국가가 보호해야 할 국민을 대상으로 오히려 폭력을 저지르는 것을 '국가폭력'이라고 한단다. 그런데 '국가폭력'은 대한민국이 처음 시작되어 혼란했던 시기뿐만 아니라 이후로도 계속적으로 발생했단다. 비교적 가까운 시기에 벌어진 사건이 '5·18광주민주화운동'이란다.

그리고 이외에도 민주주의를 요구했던 수많은 국민들을 잡아서 공산주의자로 혐의를 씌우고 폭력을 가했던 사례들은 오늘날의 대한민국이 있기까지 수없이 많이 반복되어 왔단다.

그런데 문제는 지금까지 이야기했던 '국가폭력'에 대한 국민들의 평가가 너무나도 다르고 치우친 평가를 하는 국민도 적지 않다는 점이란다. 예를 들어 학교 폭력을 생각해볼까? 힘이 세다고 막무가내로 친구들을 때리고 괴롭히는 행동을 하는 학생이 있다고 해보자. 아무도 이 학생이 폭력을 휘두르는 데 찬성하는 사람은 없겠지? 아니 찬성하지 않는 정도가 아니고 폭력을 휘두르는 학생에게 분노하고 강한 처벌을 요구할 거야. 그리고 때때로 뉴스에서 힘이 센 사람이 약한 사람에게 힘을 행사하거나 말로 사람을 괴롭히는 사건들을 볼 수 있잖아. 이런 때면 우리 국민들은 언제나 한결같이 약한 사람을 괴롭히는 사람을 비난하고 잘못되었다고 목소리를 내지.

하지만 이상하게도 정치에 관한 일정한 생각이나 태도라는 안경이 씌워지면 '국가폭력'에 대한 생각이 달라지는 국민들이 꽤 있단다. 좀 더 구체적으로 말해볼까? 제주4·3사건이나 5·18광주민주화

운동의 가장 중요한 부분은 국가가 보호하고 지켜야 할 대다수의 국민을 오히려 적으로 몰고 잔인한 폭력으로 많은 희생자를 만들었다는 점이야. 물론 제주4·3사건에서 공산주의 무장대에 대한 진압을 반대하는 것은 아니야. 당연히 국가의 책임으로 해야 할 일이라고 생각해. 그런데 어떤 사람들은 죄 없는 국민을 무참히 살해한 것까지도 적을 죽인 영웅적인 행동으로 묘사하거나 위대한 결단으로 평가하기도 한단다. 나아가서 당연히 죽어 없어져야 할 사람을 죽인 것으로 지지하는 입장을 취하기도 해.

또한, 아직까지도 커다란 국가폭력을 저질렀던 이승만, 박정희, 전두환 등 전직 대통령에 대한 국민들의 평가 역시 서로 많이 다르단다. 어떤 사람이든 좋은 점, 나쁜 점이 있고 어떤 대통령이든 잘한 점과, 잘못한 점과이 있기 마련인데, 어떤 부분을 부각시켜 보느냐에 따라 평가가 어느 정도는 달라질 수는 있겠지.

아빠도 우리나라가 중요하게 여기는 민주주의의 가치는 다양한 생각과 관점을 존중하는 것이라도 생각해. 하지만 그렇다고 민주주의 자체, 국민 한 명 한 명의 가치인권 내지는 기본권를 무시하는 행동과 태도까지도 수용하는 것은 아니라고 봐. 그래서 아빠는 거대하고도 지속·반복되었던 '국가폭력'에 대해서 책임자들의 반성과 처벌이 확실히 이루어지고 국민들에게 '국가폭력'은 부당하다는 올곧은 생각이 확실히 자리 잡고 강화되어야 한다고 생각해.

최소한 이 부분은 국민들이 동의할 수 있어야 한다고 생각한단다. 우리나라가 어느 시기에는 나라가 나라답지 못했다는 것을 인정하는 것에서부터 시작해서 억울하게 희생당한 국민들에 대해서 안타까움과 아픔을 공유하는 것에까지 이르러야 한다고 봐. 그래야만 다시는 이런 무시무시한 국가폭력이 반복되지 않을 수 있음은 물론이고, 과거의 사건으로 그치지 않고 현재에도 상처를 안고 있는 많은 분들의 치유와 회복이 비로소 시작될 수 있으리라 생각해.

그럼 이제 호랑이보다 더 무서운 '국가폭력' 이야기를 정리해볼게. ① 대한민국은 종종 국가 본래 임무인 '국민의 보호'를 잊고, 오히려 국민에 대한 '국가폭력'을 저질러 왔단다. ② 제주4·3사건, 여수순천사건, 보도연맹사건, 경산코발트학살사건, 거창양민학살사건 등이 혼란한 국가위기 속에서 '국가폭력'을 행사한 대표적 사건이야. ③ 그리고 4·19항쟁, 5·18광주민주화운동 등의 민주주의 요구를 탄압하는 데에도 국가적인 폭력을 행사했고, 정권에 반대하는 개인들을 공산주의자로 혐의를 씌우고 탄압하기도 했단다. ④ 이와 같은 국가 폭력의 핵심은 지켜야 할 국민을 오히려 적으로 만들고 탄압한 것으로 이해해야 한단다. ⑤ 그리고 '국가폭력'에 대한 평가는 민주주의의 관점에서 부당하다는 국민들의 기본적 동의가 성립되어야 할 부분이고 책임자들의 철저한 반성이 있어야만 비로소 상처의 치유와 회복이 시작될 수 있을 것이라 생각해.

대한민국헌법의
자기소개 · 다짐 읽기
- 헌법 전문 읽기

아빠   자, 드디어 이제 헌법을 함께 읽어 보기로 할까? 그럼 우리 헌법에서 가장 먼저 등장하는 전문(헌법의 본문 내용 앞에 있는 글)을 읽어줄게.

> "유구한 역사와 전통에 빛나는 우리 대한국민은 ⋯⋯ 1948년 7월 12일에 제정되고 8차에 걸쳐 개정된 헌법을 이제 국회의 의결을 거쳐 국민투표에 의하여 개정한다."

딸   아빠. 문장이 화려하고 장엄하긴 한데, 읽다가 숨 넘어 가겠어요.

  헌법의 본문으로 들어가기에 앞서서 헌법에 대해 설명하는 문구가 있는데 이를 두고 '앞에 있는 글'이라는 뜻에서 헌법의 전문前文이라고 한다. 아빠는 헌법 전문을 읽다가 깜짝 놀랐어. 이 긴 헌법의 전문이 단 하나의 문장으로 되어 있어서 말이야. 아마도 헌법 제정 당시에는 이런 만연체[36]의 웅장한 표현이 일반적이어서 헌법 전문도 이렇게 쓰여졌을 거라고 조심스레 추측해본단다.

  그런데 아빠는 한 문장으로 된 이 긴 전문이 헌법의 자기소개 내지는 다짐처럼 읽히는 구나. 그럼 이 전문을 조금 읽기 쉽게 끊어서 풀어볼게.

---

36   많은 단어를 사용하여 문장을 화려하고 장황하게 표현하는 방법을 말해.

아주 오래된 역사와 전통으로 빛나는 우리 대한민국 국민은 3·1운동으로 세운 대한민국임시정부 법의 전통과 불의에 맞서서 저항한 4·19민주이념을 이어받는다. 우리 대한민국 국민은 우리나라의 민주개혁과 평화적인 통일의 사명을 받아들여 정의·인도[37]와 동포를 사랑하는 마음으로 민족의 단결을 튼튼히 하겠다. 우리 대한민국 국민은 모든 사회적인 나쁜 버릇과 불의를 깨뜨려 버리겠다. 우리 대한민국 국민은 자율과 어울림을 바탕으로 자유민주적 기본질서를 더욱 강하게 하여 정치·경제·사회·문화의 모든 영역에서 모든 사람에게 기회의 차별이 없도록 하고 능력을 최대로 나타나게 하겠다. 우리 대한민국 국민은 자유와 권리에 따르는 책임과 의무를 다하게 하여, 안으로는 국민생활이 차별 없이 나아지도록 하고, 밖으로는 영원한 세계평화와 인류의 공동 번영에 도움이 되도록 하여 우리들과 우리들 자손의 안전과 자유와 행복을 영원히 확보할 것을 다짐한다. 우리 대한민국 국민은 1948년 7월 12일에 제정되고 8번 개정한 헌법을 이제 국회의 의결을 거쳐 국민투표에 의해서 개정한다.

그럼 시점을 바꾸어서, 헌법 전문이 스스로 들려주는 자기소개와 다짐을 들어볼까?

"유구한 역사와 전통에 빛나는 대한국민은 … 헌법을 … 개정한다."

➡ 나(헌법)를 만들거나 고칠 수 있는 사람들은 이 땅의 주인이자 역사의 주인공인 대한민국 국민이야.

---

37 사람으로서 지켜야 할 도리를 말해.

"3·1운동으로 건립된 대한민국임시정부의 법통과 불의에 항거한 4·19민주이념을 계승하고"

➡ 나(헌법)는 1919년 3·1운동으로 건립한 대한민국 임시정부로부터 시작되어, 4·19 혁명의 민주주의 정신을 이어받았어.

"평화적 통일의 사명에 입각하여 정의·인도와 동포애로써 민족의 단결을 공고히 하고"

➡ 나(헌법)는 전쟁이나 무력 사용을 통해서 통일하지 않고 (북한) 동포를 사랑하는 마음으로 통일을 하도록 노력할거야.

"4·19민주이념", "조국의 민주개혁", "자율과 조화를 바탕으로 자유민주적 기본질서를 더욱 확고히 하여"

➡ 나(헌법)는 민주주의 정신에 바탕을 두고 있고, 민주주의를 사랑해.

"정치·경제·사회·문화의 모든 영역에 있어서 각인의 기회를 균등히 하고", "국민생활의 균등한 향상을 기하고"

➡ 나(헌법)는 특정한 사람이나 특정한 집단만 잘 사는 게 아니라 모두가 함께 잘 살 수 있는 사회국가(사회복지주의)를 꿈꿔.

"항구적인 세계평화와 인류공영에 이바지함으로써"

➡ 나(헌법)는 우리끼리만 잘 먹고 잘 사는 것이 목표가 아니고 세계의 평화와 온 인류가 함께 번영하는 데에도 도움이 되려고 노력

할거야(국제평화주의).

"우리들과 우리들의 자손의 안전과 자유와 행복을 영원히 확보할 것을 다짐하면서"

➡ 내(헌법)가 만들어진 목적은 대한민국 현재 국민과 미래 국민 모두의 안전, 자유, 행복을 위해서야.

"1948년 7월 12일에 제정되고 8차에 걸쳐 개정된 헌법을 이제 국회의 의결을 거쳐 국민투표에 의하여 개정한다."

➡ 나(헌법)는 8차례 개정되었고 이번 개정이 9번째 개정이야.

어때? 이렇게 하니 조금 더 헌법이 친숙해지지 않니?

그럼 다른 일반 법률에는 이런 전문이 없는데 굳이 헌법 전문이 있는 이유가 무엇일까? 사실 헌법 전문이 헌법에서 꼭 필요한 것은 아니야. 헌법 전문이 없는 나라들도 꽤 있지.[38] 아마도 근대 입헌주의 헌법의 효시[39]인 1787년 미국헌법에서 건국이념을 담은 짧은 전문을 둔 것을 본받아 많은 나라에서 전문을 두게 되었고 우리 헌법도 이를 본뜬 것이 아닐까 해.

그럼 헌법 전문은 헌법의 일부일까 아닐까? 헌법 전문의 내용을 가지고 헌법재판소에서 어떤 판단을 내리거나 재판을 할 수 있을까? 대부분의 학자와 헌법재판소는 헌법 전문을 헌법의 일부로 볼 수 있

---

38 벨기에, 네덜란드, 덴마크, 노르웨이, 오스트리아, 이탈리아 등이 대표적이야.
39 맨 처음 시작됨을 뜻해.

다는 입장이야. 그리고 나아가 어떤 학자들은 헌법 전문이 헌법의
이념을 담고 있는 헌법 중의 헌법, 최고 규범으로 볼 수 있다고도 해.

쉽게 읽는 헌법재판소
2006.3.30. 2003헌마806 결정

헌법 전문은 헌법의 이념 내지 가치를 제시하고 있는 헌법규범의 일부이다.
(헌법 전문은) 헌법규범으로 효력이 있어서 헌법소송에서 헌법 전문의 내용을
가지고 재판을 할 수 있고 동시에 헌법이나 법률해석의 기준이 된다.

(헌법 전문은) 법을 만드는 권한의 한계와 정책결정의 방향을 알려주며, 나아
가 모든 국가기관과 국민이 존중하고 지켜야 하는 최고의 가치이다.

　정리해보면, ① 헌법 전문은 헌법의 이념과 가치를 줄여서 담아
놓은 헌법의 자기소개, 목표, 다짐과 같은 것이라고 이해할 수 있어.
② 그렇기 때문에 헌법 전문도 헌법의 중요한 일부분으로 볼 수 있
지. ③ 헌법의 일부이기 때문에 헌법재판소의 재판에서 얼마든지 기
준으로 쓸 수 있단다.

07 북한 주민은 대한민국의 국민일까?
- 헌법의 적용 범위(사람)

아빠 대한민국헌법은 대한민국이라는 국가 공동체에서 만들어낸 약속이야. 그래서 대한민국 사람에게 적용되는 것이지. 그럼, 북한에 사는 사람들에게는 적용될 수 있을까? 다르게 말하면, 북한 사람들을 대한민국 국민이라고 할 수 있을까?

딸 북한에 사는 사람은 북한 국민 아니에요?

헌법은 "한 나라의 주인인 국민들이 어떤 나라를 만들 것인지, 어떤 가치를 중요하게 생각하는지를 정해놓은 가장 기본적인 약속"이라고 했었지. 그래서 헌법은 그 약속에 참여하지 않은 다른 나라 사람, 다른 나라 땅에는 적용할 수 없는 게 원칙이란다. 아무리 한 나라의 헌법이 모든 나라 사람들이 인정할 만큼 옳고 좋은 내용을 담고 있더라도 다른 나라에는 효력이 없다는 뜻이지.

그럼 대한민국헌법은 '대한민국 국민에게', '대한민국의 땅(영역) 안에서' 적용되는 것이겠지? 대한민국헌법은 어떤 사람이 대한민국의 국민이 될 것인지를 법으로 정하도록 하고 있어.

■ 헌법 제2조 ■

① 대한민국의 국민이 되는 요건은 법률로 정한다.

그렇게 만들어진 법이 바로 국적법이고, 국적법은 사람이 태어날 때, 아빠나 엄마가 한국인이면 그 아이도 한국인이 되도록 하고 있어. 이렇게 부모의 국적을 따르는 방식을 어려운 말로 '속인주의屬人主義'라고 해. 이와 대조적으로 자기 나라 땅에서 태어났을 경우, 부모의 국적과 상관없이 자기 나라 국민이 되도록 하는 방식이 있어. 이를 '속지주의屬地主義'라고 한단다. 대표적으로 미국과 같은 나라가 속지주의 방식으로 국적을 부여하고 있어.

그럼 우리와 같은 동포인 북한 사람들은 대한민국 국민이라고 볼 수 있을까? 이 질문은 평상시에는 별다른 고민을 할 필요가 없는 문제인데, 북한 사람들이 우리나라로 오는 경우에 특별히 고민이 되는 문제라고 할 수 있어. 북한 사람들은 북한[40] 국적으로 살아가고 있거든. 그런데 경제적 어려움이나 이런저런 이유에서 우리나라로 넘어오거나 우리나라에서 살려고 할 때, 북한 국적의 사람들이 외국 국적을 가진 사람들인지, 우리나라 국민인지가 헷갈리곤 해.

이에 대해서 우리 대법원은 소위 '이영순씨 사건'에서 다음과 같이 이야기해주고 있어.[41]

북한에서 태어난 이영순 씨는 6·25 전쟁 중에 아버지와 어머니를 모두 잃고 1960년경부터 중국에서 살다가 한국계 중국인 남편을 만나서 결혼하였어. 1992년 7월에는 중국인 남편과 함께 중국 여권을 가지고 30일 동안 여행하는 목적으로 신고하고 우리나라로 입국하게 돼. 하지만 실제는 우리나라에서 30일을 넘어 수년간 살면서

---

40 정확한 국가의 명칭은 조선민주주의인민공화국이야.
41 대법원 1996.11.12. 선고 96누1221판결

식당, 여관 등에 취업해서 일했단다. 이에 우리나라 정부[42]는 이영순 씨가 우리나라 국민이 아닌 외국인이며 출입국관리법을 위반했다는 이유로 우리나라에서 쫓아내기로 결정했어. 이영순 씨는 대한민국에 살고 싶어서 이에 따르지 않고 본인은 대한민국 국민임을 주장하며 소송을 하게 돼.

소송 결과 우리 대법원은 북한에서 태어난 북한 주민들도 1948년 7월 17일에 우리나라 헌법이 제정됨과 동시에 대한민국 국적을 취득했다고 봤어. 조선 사람을 아버지로 해서 태어난 이영순 씨도 태어나면서부터 당연히 대한민국 국민이 되었다는 것이지. 결론적으로 대한민국 국민인 이영순 씨를 쫓아내기로 한 법무부의 결정은 잘못되었다는 점을 확인해주었단다.

쉽게 읽는 대법원
1996. 11. 12. 선고 96누1221 판결

조선 사람을 아버지로 하여 출생한 사람은 남조선과도정부법률 제11조 국적에관한임시조례에 따라 조선국적을 얻었다가 제헌헌법의 공포(확정하여 널리 알리는 것)와 동시에 대한민국의 국적을 가지게 된다.

만약 어떤 사람이 북한 국적을 가지고 태어나서 북한대사관으로부터 신분증(해외공민증)을 받았다 해도 그와 같은 상황은 대한민국 국적을 가지고 유지하는 데 아무런 영향을 줄 수 없다.

---

42 출국 조치를 결정한 부처는 법무부 산하의 서울외국인보호소란다.

소송에 승소한 뒤 기뻐하는 이영순 씨
1995.12.11. ⓒ 연합뉴스

　대한민국헌법은 ① 대한민국의 국가공동체에서 만들어진 것이기 때문에 대한민국 국민과 대한민국의 영역[43]에서만 적용할 수 있단다. ② 그럼 우리나라 국민은 어떻게 정해질까? 헌법은 그 대답을 법률에 미루고 있고, 그렇게 만들어진 법률이 국적법이야. ③ 우리 국적법은 부모 중 한 명이 대한민국의 국민이면 그 자녀도 대한민국의 국민이 된단다. 속인주의를 적용하고 있는 것이지. ④ 그리고 북한 주민도 우리 헌법이 공포되는 것과 동시에 대한민국 국적을 취득하게 되었어. 그 결과 우리나라에 들어오거나 살고 싶다면 외국인이 아니라 이 나라의 주인의 자격으로 얼마든지 원하는 대로 할 수 있단다.

43　다음 장에서 이야기 할 영토, 영해, 영공을 말해.

08 백두에서 한라까지, 해 뜨는 동해에서 해 지는 서해까지
- 헌법의 적용 범위(영토)와 통일

딸 오늘 학교에서 독도에 대해서 배우고 노래도 들었어요.

"울릉도 동남쪽 뱃길 따라 200리. 외로운 섬 하나 새들의 고향
그 누가 아무리 자기네 땅이라고 우겨도 독도는 우리 땅."

아빠 재미있는 노래를 배웠구나.
아빠는 대한민국의 영토를 생각하면 떠오르는 노래가 있단다.

"찢기는 가슴 안고 사라졌던 이 땅에 피울음 있다.
부둥킨 두 팔에 솟아나는 하얀 옷에 핏줄기 있다.
해 뜨는 동해에서 해 지는 서해까지
뜨거운 남도에서 광활한 만주벌판 ♬"

이번에는 우리나라 헌법이 적용되는 영토에 대해서 이야기해볼
까? 우리 헌법은 뭐라고 하고 있는지 먼저 들어보자.

■ 헌법 제3조 ■
대한민국의 영토는 한반도와 그 부속도서로 한다.

우리 헌법은 동아시아에서 압록강과 두만강 아래의 튀어나와 있
는 땅반도과 그 땅에 딸려있는 섬을 모두 한반도의 영토라고 하고 있
구나. 쉽게 우리나라 지도를 생각하면 될 듯해. 재미있는 부분은 우

리나라는 섬이 많은데[44] 헌법에서 그 섬들도 우리 영토임을 명시하고 있다는 점이야. 특히 영토 조항을 헌법에 두지 않는 나라가 61개 국이고 단순하게만 언급하고 있는 나라도 38개국인데, 우리나라 헌법은 비교적 상세하게 영토가 어디인지를 밝히고 있는 셈이지.

우리 영토의 서쪽 끝 격렬비열도 ⓒ 충청남도청

그 결과 우리 헌법 제3조에 의해서 일본이 자기네 땅이라 우기는 독도가 대한민국 영토로 비교적 명확하게 인정할 수 있는 것과 비교해서, 일본은 아무런 영토 조항을 두고 있지 않은 점도 알아둘 필요가 있겠구나. 즉, 일본 헌법은 어디서부터 어디까지가 일본의 영토인지를 명확하게 밝히지 않고 있단다.[45]

영토는 단순히 육지, 땅만을 의미하지는 않아. 육지에서 일정 범

---

44 남한에만도 약 3,300개의 섬이 있다고 해.
45 그래서인지 일본은 독도를 비롯해서 센카쿠 열도, 쿠릴 열도 등도 자기 땅이라는 주장을 펼치며 다툼을 만들고 있는지도 모르겠다.

위까지의 바다를 영해라고 하는데, 보통 육지에서 12해리,[46] 즉 육지에서 약 22km까지가 영해란다. 그리고 영공은 영토와 영해 위의 하늘을 의미해. 이렇게 영토, 영해, 영공이 결합해서 한 나라의 헌법이 적용되는 영역이 정해지는 것이지. 그런데 어느 정도 높이까지의 하늘을 영공으로 볼 것인지는 명확하게 정해진 바가 없단다. 앞으로 이 부분이 나라 간에 문제가 될 수 있겠다는 생각이 드는구나.

그리고 한 가지 더! 하늘의 비행기나 바다 위의 선박은 어느 나라의 헌법이 적용될까? 예를 들어 우리나라 국적의 비행기가 미국에 갔다고 해보자. 비행기는 미국에 있으니까 미국 헌법의 적용을 받게 될까? 단순하게 답하자면, 비행기나 선박도 사람처럼 소속 국가국적가 정해지는데 대한민국의 국적을 가지면 그 비행기나 선박도 대한민국의 영토가 되는 거야. 비록 미국의 영공 위를 날고 있다 하더라도 대한민국 국적기라면 비행기 안은 대한민국 영토가 되는 것이지. 그럼, 대한민국 비행기나 선박을 많이 만들수록 그만큼 대한민국 영토가 더 늘어나게 되겠지?

그런데 제헌헌법 때부터 있었던 헌법 제3조는 1972년 7차 개정에서 헌법 제4조 평화통일 조항이 들어오면서부터 어떻게 이해해야 할지 혼선이 생겼단다. 헌법 제4조를 먼저 보도록 하자.

■ 헌법 제4조 ■
대한민국은 통일을 지향하며, 자유민주적 기본질서에 입각한
평화적 통일 정책을 수립하고 이를 추진한다.

---

46 해리는 바다에서 거리를 나타내는 단위로 1해리는 1.852km야.

헌법 제3조에 따르면 한반도 전체가 대한민국 영토니까, 북한 정권은 불법으로 대한민국 영토를 점거한 집단에 지나지 않아. 헌법 제3조를 충실히 해석하면 북한은 교류하거나 대화의 상대가 아니라 어찌 보면 타도[47]해야 할 대상인 거지. 헌법 제4조는 이런 해석에 제동을 걸게 된단다. 북한의 존재를 인정하고 무력을 사용한 방법이 아니라 함께 평화적인 방법으로 통일을 해야 한다고 정했어.

이런 헌법 제3조와 헌법 제4조의 충돌, 현실과의 괴리[48]에 대해서 어떻게 보아야 할지에 대해서 의견들이 분분하단다. 제3조가 더 중요하다는 입장, 제4조가 더 중요하다는 입장, 제3조와 제4조를 동시에 조화롭게 해석하려는 입장, 북한을 반국가단체와 통일의 동반자의 이중적 지위를 가진다고 보는 견해 등이 있단다. 헌법재판소는 이 입장을 따르고 있는데 한번 살펴보고 가도록 하자.

아빠의 지극히 개인적인 생각으로는 제3조와 제4조는 각각의 의미와 역할이 있다고 생각해. 제3조가 '백두에서 한라까지', 즉 한반도가 원래 우리 대한민국의 영토임을 선언함과 동시에 지금은 분단되었지만 한반도 전역이 대한민국의 헌법의 영향 아래 들어오게 하라는 통일의 당위성을 부여해주는 것이 아닐까 해. 제4조는 통일의 당위성을 이어받아 무력 사용에 의한 방법이 아니라 평화적인 방법으로 통일해야 함을 의미하는 것으로 해석하는 것이 자연스럽다는 생각이 들어.

---

47   쳐서 거꾸러뜨린다는 뜻이야.
48   서로 어그러져 동떨어진다는 거야.

쉽게 읽는 헌법재판소
1997.1.16. 92헌바6 등 결정

현 단계에 있어서의 북한은 조국의 평화적 통일을 위한 대화와 협력의 동반자임과 동시에 남한을 공산화하겠다는 의도도 변함이 없어서, 우리 자유민주주의 체제를 뒤집어엎으려고 일을 꾸미고 있는 반국가단체라는 성격도 함께 갖고 있다.

(우리나라는) 헌법의 전문과 제4조의 자유민주적 기본질서를 기본으로 평화적 통일 정책을 수립하고 이를 추진하는 법으로 남북교류협력에관한법률 등을 제정·시행하고 있다.

(우리나라는) 다른 한편, 국가의 안전을 위태롭게 하는 반국가활동을 규제하기 위한 법으로 국가보안법을 제정·시행하고 있다.

위 두 법률은 상호 그 법의 목적과 규제 대상이 달라서 남북교류협력에관한법률 등이 공포·시행되었다 하여 국가보안법의 필요성이 소멸되었다거나 북한의 반국가단체성이 소멸된 것은 아니다.

대한민국헌법은 ① 대한민국의 영토는 한반도와 한반도에 딸려 있는 섬까지로 하고 있어. ② 그리고 영토에서 약 22km까지의 바다는 영해로, 우리 헌법의 효력이 미치는 곳이야. 영공은 영토와 영해의 하늘을 의미하지. ③ 한편 헌법 제4조는 평화통일원칙을 정하고 있어. ④ 이때, 헌법 제3조와 헌법 제4조의 관계가 문제가 되는데, 헌법 제3조는 북한을 대한민국의 반국가단체로 보게 되고, 헌법 제4조는 북한을 인정하고 통일의 동반자로 보게 된다는 점 때문이야. ⑤ 두 조문의 관계는 다양한 의견들이 있지만 우리 헌법재판소는 양자 모두의 성격을 긍정하되 적용되는 대상이 다르다는 입장에 서 있어.

칼을 쳐서 보습을 만들고, 창을 쳐서 낫을 만들고
- 헌법의 국제평화주의

아빠   1차 세계대전이 한창이던 1914년, 크리스마스를 즈음해서 서부전선 곳곳에서는 영국 - 프랑스 연합군과 독일군이 비공식적으로 정전을 하게 돼. 양군의 참호 사이에 생긴 무인지대에서 양측의 병사들이 만나 공동으로 전사자의 장례를 치르거나, 캐롤을 함께 부르고 음식이나 기념품도 교환하며, 심지어 축구경기까지 했다고 해.

딸   군복만 벗으면 그렇게 좋은 친구로 지낼 수도 있었는데, 서로를 증오하고 꼭 그렇게 죽여야 하는 이유는 무엇이었을까요?

    혹시 학교에서 친구랑 다툰적 있지 않니? 친구랑 다투면 속상하고, 화가 나기도 하고 수업에 집중하기 어려울 만큼 마음이 불편하기도 하지? 국가 간의 다툼도 비슷한 것 같아. 특히 국가 간에 발생하는 전쟁은 국가와 사회, 그리고 가족과 한 인간 삶까지도 철저하게 파괴하게 돼. 그래서 아빠는 평화는 인간이 인간다운 삶을 살아가는 데 있어서 가장 기본적인 요소가 아닐까 생각해. 미래를 그린 많은 영화들이 전쟁 끝에 폐허가 된 지구를 배경으로 하는 것도 충분한 근거가 있는 상상인 것 같아. 과거 우리는 수많은 전쟁을 경험했고, 전쟁이 얼마나 처참하게 서로를 파괴하고 인간을 인간답지 못하게 하는지 경험했으니까. 이처럼 우리가 적극적으로 평화를 추구하지 않으면 인류가 공멸할지도 모른다는 생각을 잘 나타낸 표현이 있어.

"우리가 전쟁을 끝내지 않으면, 전쟁이 우리를 끝내리라."

- 미국 제35대 대통령 존 F. 케네디

우리 헌법은 이런 정신을 받아들여 침략적인 전쟁을 하지 않고, 국제평화를 추구할 것을 다짐하고 있단다. 또한 국가 간의 약속인 조약과 여러 나라가 공통적으로 인정하고 있는 국제적인 규칙을 존중하여 우리나라 법률과 같은 효력을 갖는 것으로 정하고 있단다. 즉, 우리가 우리만의 약속이 중요한 것이 아니라 다른 나라와의 약속도 중요하게 여기겠다는 것이지. 더 나아가 우리가 약속에 참여하지 않았더라도 많은 나라에서 인정받는 약속이라면 우리도 그 약속을 지키겠다는 의지를 나타내고 있어.

■ 헌법 제5조 ■
① 대한민국은 국제평화의 유지에 노력하고 침략적 전쟁을 부인한다.

■ 헌법 제6조 ■
① 헌법에 의하여 체결·공포된 조약과 일반적으로 승인된 국제법규는 국내법과 같은 효력을 가진다.

여기서 눈여겨볼 것은 우리 헌법이 침략적인 전쟁을 하지 않겠다는 것이지 우리나라를 침략하거나 공격하는 전쟁까지도 방어하지 않겠다는 뜻은 아니라는 점이야. 즉, 헌법이 의미하는 국제평화주의가 전쟁에 대비해 아무런 준비도 하지 않고 공격해오는 적에 대해서 대응하지도 않겠다는 것은 아니라는 것이지. 그런 무대응에 의한 평화는 진정한 평화가 아니라 굴종[49]과 다름없지 않을까?

이와 관련해서, 이웃 나라 일본의 경우를 한번 살펴보는 것도 필요해 보여. 일본은 독일과 함께 대표적인 2차 세계대전의 전범 국가이자 우리를 식민지화해서 온갖 수탈과 압제를 저지른 국가인 것은 잘 알고 있지? 일본은 2차 세계대전에서 패망하면서 전쟁의 포기를 선언하고, 군사력을 보유하지 않으며, 교전권[50]까지 부인하는 규정을 헌법에 두었단다. 물론 일본 스스로의 생각과 의지를 가지고 군대 보유를 포기한 것은 아니고 승전국인 미국의 압력에 의해서 포기하게 된 것이지만.

■ 일본 헌법 제9조 ■

① 일본 국민은 정의와 질서를 기조로 하는 국제 평화를 성실히 희구하며, 국제 분쟁을 해결하는 수단으로서 국권이 발동되는 전쟁과 무력에 의한 위협 또는 무력의 행사는 영구히 포기한다.

② 전항의 목적을 달성하기 위하여 육해공군, 그 밖의 전력을 보유하지 아니한다. 국가 교전권은 인정하지 아니한다.

헌법만 놓고 본다면 일본은 참 평화를 사랑하고 다른 나라에 너그러운 나라로 보이지 않니? 하지만 이런 일본 헌법의 규정에도 불

---

49   남에게 굽혀서 복종하는 것을 말해.
50   한 나라가 다른 나라(들)에 맞서 싸울 수 있는 권리를 의미해.

구하고, 일본은 '자위대[51]'라는 이름을 가진 사실상의 군대를 두고 있어. 게다가 자위대에 지출하는 군사비의 규모는 매년 세계 10위권 이내에 든단다. 단순히 일본이 자신들을 방어하는 수준의 군대가 아니라 타국 혹은 원거리에서도 능동적이고 적극적인 군사 활동까지도 가능한 수준의 전력을 보유하고 있다고 볼 수 있어.

결국 이렇게 일본이 군사강국이라는 현실에도 불구하고 군사력을 보유하지 않으며, 교전권을 부인하는 헌법 규정의 괴리 때문에 계속해서 개헌론이 일어나고 있고, 최근 일본 정권의 우경화[52]현상과 맞물려 개헌론이 더 힘을 얻고 있단다.

세계평화의 관점에서 이렇게 일본이 군사적인 긴장을 강화하는 조치는 매우 바람직하지 못하다고 생각돼. 특히 같은 전범국가인 독일과 달리 일본은 과거 전쟁범죄에 대한 진지한 반성과 사과보다는 그때에 대한 향수가 더 진한 것 같아서 우려된단다. 과거 역사에서 알 수 있듯이 우리나라는 침략적 전쟁보다는 타국의 침략에 의해 항상 전쟁의 격랑[53] 속으로 말려들어가곤 했으니까 말이야.

북한의 위협이 여전하고 한반도를 둘러싼 군사적 긴장이 높기 때문에 우리를 방어하고 지킬 수 있는 상태에 있어야 해. 과거 수많은 외부로부터의 침입으로 인해 참혹했던 우리의 역사를 기억하는 한 우리도 강한 군대를 보유하고 언제든지 침략에 맞설 준비는 해놓아야 하겠지. 그래도 칼을 쳐서 쟁기의 날을 만들고, 창을 쳐서 낫을

---

51 자신을 지키기 위한 부대라는 뜻이야.
52 극단적인 민족주의, 배타주의로 변화되는 것을 말해.
53 거센 파도란 뜻이야.

전범기인 욱일기를 달고 있는 일본 해상자위대 군함
ⓒ 연합뉴스

만들어 평화로운 시대를 만들어 가겠다는 의지는 변함이 없어야 하지 않을까. 결국 서로 적대감을 높이며 국가 간에 전면적인 전쟁을 벌일 경우에, 전쟁만이 유일한 승자이지 그 누구도 승자라고 말하기 어려울 테니까.

자, 이번 장을 마무리해볼까? 대한민국헌법은 ① 국제평화주의를 수용하고 침략하는 전쟁을 하지 않겠다고 선언하고 있어. ② 그리고 다른 나라와 맺은 조약이나 다른 많은 나라에서 승인한 국제법규도 우리나라의 법과 같이 인정하겠다고 하고 있단다. ③ 이웃 나라 일본의 경우, 평화주의에 기초한 군사력의 보유와 교전권 포기를 헌법에 규정했지만 강력한 군사력을 보유하고 있고 오히려 헌법을 현실에 맞게 개정하자는 의견이 강하게 제기되고 있어. ④ 우리도 침략적 전쟁이 아닌 스스로를 지킬 수 있는 전쟁은 항상 준비되어 있어야 해. 역사는 평화가 '약자의 말로 지킬 수 있는 것이 아니고 힘이 있을 때 비로소 지킬 수 있는 것'임을 일깨워주고 있어.

대한민국 국군이여, 조국은 그대를 믿는다!
- 국군의 정치적 중립의무

아빠 대한민국 정부 수립 이후에 정치적 중립을 지켜야 할 군인들이 두 번이나 군사반란(쿠데타)을 일으켜서 정권을 잡았단다. 그들의 군사독재 아래서 많은 국민들은 긴 시간 고통을 받았단다. 다시는 반복되어서는 안 될 역사이지. 그래서 대한민국 국군은 신성한 국토방위의 사명과 함께, 정치적 중립 의무를 부여받아. 다시는 그런 슬픈 역사가 반복되지 않기를 바라면서, 아빠가 군 입대를 해서 훈련을 받았던 교육사령부의 큰 돌에 새겨져 있던 문구를 되새겨주고 싶구나.

"조국은 그대를 믿는다!"

딸 아빠, 설마 또 군대 이야기 하려는 거 아니죠?

우스운 질문이지만 대한민국에서 가장 힘이 센 조직은 어디일까? 대통령? 사법권을 가진 검찰? 아니면 법을 만드는 국회? 무엇보다도 실제로 무력을 보유하고 있는 군대가 가장 힘이 센 건 아닐까? 우리와 휴전선으로 대치하고 있는 북한에는 무려 약 110만 명의 군인들이 있고, 그런 북한의 침략을 막기 위해서 대한민국의 군대 또한 막강한 전력을 보유하고 있는 것이 사실이야.

만약, 그렇게 막강한 힘을 보유하고 있는 군대가 우리나라의 특정 정치 집단이나 혹은 자기들의 집권[54]을 위해서 그 힘을 잘못 쓰면 어떻게 될까? 있어서는 안 될 그런 일이 불행히도 우리 역사에 있었단다. 그것도 두 번이나.

먼저는 앞에서 이야기했던 1960년 4·19 혁명 직후로 돌아가보자. 이승만 대통령이 4·19 혁명의 결과 하야했다고 했지? 성공한 민주혁명의 열기는 1960년 8월, 새로운 민주적 정부의 탄생까지 이어졌지. 그런데 민주적 정권은 9개월 밖에 가지 못했단다. 1961년 5월 16일 육군 소장[55]이었던 박정희를 중심으로 한 군인들이 군사반란쿠데타을 일으킨 거야. 박정희는 군사반란이 성공하자 헌법의 효력을 중단시키고 행정부, 국회, 대법원 등의 모든 국가권한을 국가재건최고회의로 넘겨버리게 돼. 물론 국가재건최고회의의 권한은 군사반란의 주역인 박정희가 가지고 있었지. 이와 같은 일련의 사건을 '5·16 군사정변', '5·16 쿠데타' 등으로 부른단다. 그후 박정희는 대통령이 되어 독재체제를 만든 뒤 왕처럼 권력을 휘둘렀어. 이런 독재정치는 1979년 10월 26일 박정희의 심복[56]이었던 김재규에 의해서 박정희 대통령이 사망할 때까지 무려 약 16년 동안 지속되었단다. 그 기간 동안 우리나라는 산업화를 이루고 눈부신 경제성장을 이루긴 했지만, 민주주의가 철저하게 외면 받고 국민의 인권은 무시되었으며, 인간다운 삶과 민주화를 요구하던 수많은 사람들에게 잔인한 국가폭력이 가해졌던 시기이기도 했단다.

그런데 박정희 대통령이 죽고 나서 대한민국에 민주화가 이루어지고 군대에 의한 독재정치가 막을 내렸을까? 불행하게도 그 또한

---

54   특정 정치세력이 정권을 잡는 것을 말해.
55   장군의 계급 중 하나로 별 두 개를 달고 있으며, 육군의 경우 소장이 독립된 전술작전을 수행할 수 있는 부대 단위인 사단의 장 직책을 맡는단다.
56   마음 놓고 일을 맡길 수 있는 믿음직한 사람을 말해.

아니었어. 박정희 대통령의 5·16 군사반란 이후에 전두환 등 당시 젊은 몇몇 청년 장교들이 만든 '하나회'라는 사조직이 있었는데, 박정희를 공개적으로 지지하면서 박정희의 마음을 얻게 되었단다. 그래서 이들은 박정희의 도움으로 승진도 빨리하고 군의 주요 자리들을 자기들끼리 주거니 받거니 하면서 차지했어. 1979년 10월 26일에 박정희 대통령이 사망하자, 전두환의 주도로 하나회가 움직이기 시작했어. 드디어 1979년 12월 12일, 역시 당시 육군 소장이었던 전두환을 중심으로 본인들이 거느린 군대를 동원해 군사반란을 일으켰단다. 이 군사반란도 성공하여 1980년 8월, 전두환이 대통령이 되기에 이르렀어. 이 사건을 '12·12사태', '12·12 군사반란'이라고 하지. 전두환 대통령의 약 7년 반의 재임기간 역시 국민의 인권 보장과 민주화 요구는 무시된 채, 박정희 대통령 재임시절과 다름없는 군사독재가 지속되었어.

이처럼 우리나라의 과거 헌정사를 보아도 그렇고 민주주의가 아직 튼튼히 자리 잡지 못한 아프리카나 아시아, 남미의 여러 국가를 보아도 헌법, 그리고 헌법이 주도하는 민주적인 정치 질서의 가장 큰 위협은 바로 그 나라의 군대라는 슬픈 현실을 직면하게 되는구나. 그래서인지 우리 헌법은 국제평화주의를 천명[57]하면서 동시에 국군의 정치적 중립성을 명시하여 강조하고 있단다.

---

57 입장을 드러내서 밝히는 것이야.

② 국군은 국가의 안전보장과 국토방위의 신성한 의무를 수행
함을 사명으로 하며, 그 정치적 중립성은 준수된다.

또한 헌법은 대통령에게 군통수권[58]을 부여하고 있고_{헌법 제74조 제1}
_항 국무총리나 행정부의 장관이 될 수 있는 국무위원은 군인이 할 수
없도록 하여_{헌법 제86조 제3항, 제87조 제4항} 군의 정치적 중립성 보장을 위
한 장치를 마련해두고 있단다.

그리고 장교로 임관[59]할 때는 아래와 같이 헌법을 준수할 것을 선
서하여 마음속에 새기도록 하고 있어.

■ 군인복무규율 제5조 제2호 ■

나는 대한민국의 장교로서

국가와 국민을 위하여 충성을 다하고

헌법과 법규를 준수하며

부여된 직책과 임무를 성실히 수행할 것을 엄숙히 선서합니다.

하지만 앞서도 이야기했지만, 아무리 헌법과 법률 등에 많은 내
용을 기록해놓아도, 헌법을 지켜가겠다는 국민들의 강력한 의지가
없다면 헌법과 법률은 그저 글자가 찍혀 있는 종이에 불과할 뿐이겠
지? 아빠는 먼저 이 땅에 더 튼튼하게 민주주의가 뿌리내리고, 군대
가 군사반란을 꿈꾸지 못할 정도의 민주주의가 성숙해지면 더 이상

---

58 군 전체를 지휘·통솔하는 권한을 말해.
59 사관생도, 사관후보생, 장교 후보생 등이 교육·훈련과정을 마치고 장교로 임명되는 것을 뜻해.

2019년 해군사관학교 장교 임관식 선서 장면 ⓒ 한국경제신문

과거와 같은 불행은 반복되지 않을 거라고 생각해.

또한 군인들 역시 자기들 손에 쥐어진 무기와 힘의 원천이 대한민국의 주인인 국민들에게 있음을 자각하고 국가와 헌법에 충성하는 것이 군인의 본분이라는 것을 명심해야 할 거야.

국가와 국토방위에 신성한 사명을 띤 그들에게, 앞선 시대의 깊은 상처와 어두움을 안겨주었던 역사가 되풀이 되지 않도록 다시 한 번 당부의 말을 하고 싶구나.

"조국은 그대를 믿는다!"

군대 이야기가 나오니 좀 감정적으로 이야기가 흘러버렸네. 그럼 이번 내용을 정리해볼까. ① 어쩌면 민주화가 확실히 뿌리내리지 않는 국가의 헌법에 가장 위험한 세력은 일부 권력욕을 가진 군인이 아닐까 해. ② 대한민국의 헌정사는 1961년의 5·16 군사반란과 1979년의 12·12 군사반란이라는 두 번의 군사반란에 의해서 흐트러지고 어두운 역사를 지나게 되었단다. ③ 우리 헌법은 군인의 정치적 중립의무를 두고 있고 하위의 법률 등에도 정치적 중립의무를 부여하고 있단다. ④ 하지만 무엇보다 헌법을 수호하겠다는 국민적 의지와 군인 개인 개인이 군인이기에 앞서 민주적 시민으로서의 의식이 중요하다는 생각이 드는구나.

구감역:
개가 관직을 받아 공무원이 되다!
- 직업공무원 제도

아빠 개가 공무원이 된다면 어떻게 될까? 인명구조견이나 경찰견, 군견 이야기
      가 아니고 지금으로부터 약 150년 전 조선 말기에 이야기인데, 개가 실제
      로 공사를 감독하는 '감역'이라는 벼슬을 받아서 공무원이 된 이야기가 나
      온단다. 개가 벼슬을 받았다고 해서 개 구(狗) 자를 합쳐서 구감역(개에게
      내린 감역 벼슬이라는 뜻)이라는 말이 생겨나게 되었지.

딸   개가 공무원이 되면 어떤 일을 해요?

   국가는 국정을 운영하고 수많은 사무를 담당할 사람을 필요로 하
게 된단다. 바로 국가의 사무를 담당하는 사람들을 공무원이라고 하
고, 공무원에 대해서 헌법은 다음과 같이 언급하고 있어.

   ■ 헌법 제7조 ■
   ① 공무원은 국민전체에 대한 봉사자이며, 국민에 대하여 책임
      을 진다.
   ② 공무원의 신분과 정치적 중립성은 법률이 정하는 바에 의하
      여 보장된다.

   공무원은 봉사자이며, 국민 전체에 대해 책임을 진다는 표현은
현대 국가에 들어서야 등장했는데, 매우 고마운 표현이라는 생각이

들어. 역사적으로 과거 관리들은 왕의 신하로서, 귀족 혹은 양반이었으며 국민들 위에 왕의 위임을 받아 왕 대신에 군림[60]하는 존재였단다. 이런 관리의 학정과 수탈로 인해 국민들은 삶이 무척이나 힘들고 어려웠어. 물론 선정을 베푼 관리가 없는 건 아니었지만 우리 역사를 뒤돌아보면 국민에게 모질게 대한 관리가 훨씬 더 많았던 것이 사실이란다.

왕이 관료를 임명하는 공무원 제도는 더욱이 타락하고 변질되기 쉬웠겠지? 재미있는 예로 개가 관직을 받았던 이야기까지 찾을 수 있어. 약 150년 전 조선의 마지막 왕인 고종이 갓 왕이 되었던 무렵의 이야기인데, 당시 관직은 왕이 일을 잘할 사람을 정해서 임명하는 게 아니고 돈을 많이 내는 사람한테 팔았단다. 각 관직마다 값이 매겨져 있고 더 많은 돈을 내는 사람에게 관직을 내주는 상황이었지. 참 황당하지? 하지만 구한말의 망해가는 조선의 안타까운 현실은 여기에서 그치지 않아. 한 발 더 나아가서 관직을 사고 파는 것뿐만 아니라 허울[61]뿐인 관직을 내어 주고 돈을 억지로 걷는 지경에까지 이르렀는데, 이제 이와 관련된 재미있는 일화를 들려줄게.

충청도의 어느 마을에 강씨 성의 나이 든 과부가 있었는데, '복구'라는 이름의 개를 키우며 홀로 살고 있었지. 그런데 강제로 돈을 걷으려고 마을을 돌고 있던 관리들이 마침 강씨 성의 과부가 '복구야'라고 개를 부르는 소리를 들은 거야. 관리들은 '복구'가 사람인줄 착각하고 '강복구'라는 이름으로 감역[62] 자리를 만들고는 돈을 내라고

---

60   압도적인 힘을 가지고 지시하고 명령하는 것을 말해.
61   속이 제대로 차 있지 않는 껍데기를 의미해.

강씨 성을 지닌 과부에게 요구한 것이지. 이를 두고 한자로 '개 구狗' 자를 써서 '구감역'이라는 말이 생겨나게 된단다. 그 후에 강씨 성을 지닌 과부는 복구에게 "비록 네가 개지만 관직을 받았으니 함부로 대할 수 있겠냐?"라며 감투[63]를 씌워 주었다는 이야기까지 전해져 내려온단다.

이처럼 왕이 관료를 임명하던 시대는 공정하게 국가와 국민을 위해 일하는 공무원 제도가 운영되기가 쉽지 않았어. 돈을 주고 공무원이 된 사람이 나라와 국민을 위해 일하는 대신 본인의 사욕을 채우는 데 혈안이 된 건 당연한 일이었겠지. 더욱이 조선 말에는 이런 문제가 심각해지면서 국가의 기본 행정을 망가뜨리고 관리들의 학정에 국민들의 기본적인 생존마저도 위협받고 있었기에 위 이야기를 단순히 웃고 넘길 수만은 없을 듯해.

과거 서구 공무원 제도의 발전 과정을 보면 군주제를 벗어나 국민이 주권자인 시대가 열리면서 변화를 겪는데, 이때의 공무원 제도를 '엽관제'라고 부른단다. 엽관제란 사냥꾼이 짐승을 사냥하려고 혈안이 된 모습을 의미해. 당시 선거에서 승리한 세력이 집권하면서 자신의 입맛에 맞는 사람들을 골라 공무원으로 임명하게 되는데, 이때 서로 공무원 자리를 얻으려고 다투고 아우성치는 모습을 비유적으로 표현한 말이라 할 수 있어. 엽관제는 과거 왕이 다스리던 시절에 국민에게 군림하던 공무원의 지위를 한 단계 아래로 변화시켰다는 발전은 있었어. 하지만 여전히 자신에게 공무원 자리를 준 사람을

---

62   공사를 감독하는 관리야.
63   말총이나 가죽, 헝겊 등으로 만든 관리들이 쓰던 모자를 뜻해.

구한말 대표적인 탐관오리 조병식 ⓒ한국일보

위해서 일하는 한계도 가지고 있었지.

그래서 선거 결과에 크게 영향을 받지 않고 안정적으로 국가사무를 수행할 공무원이 필요하다는 생각이 절실해졌고, 그 결과 등장한 것이 직업공무원 제도야. 특별한 잘못이 없으면 공무원은 신분이 보장되지만 정치적인 중립을 지켜야 하고 국민 전체에 대해서 봉사하고 책임을 져야 하는 형태로 확립되었어.

즉, 공무원은 법률에 정한 사유에 의하지 않고서는 면직퇴직되거나, 강임,[64] 휴직 등의 신분의 세한을 빋지 않아. 좋지 않은 표현으로 '철밥통'이라 부를 정도로 신분보장이 확실한 것이지. 하지만 이런

---

64   공무원 직급체계에서 강제로 아래 등급으로 내리는 것을 말해.

신분보장이 공짜로 주어진 것은 아니야. 즉, 공무원은 한쪽에 치우치지 않고 정직하고 공정한 업무수행을 위해서 정치적 행위나 집단행위를 할 수 없도록 제한을 받고 있어. 또한 공무원이 특정 사람이나 집단의 편이 되어 편의를 봐주거나 아니면 자기들의 이익을 위해서 일한다면 아까 이야기했던 조선 말기에 관직을 돈 주고 사고 팔며, 개에게 관직을 맡기던 상황과 크게 다를 바가 없을 거야. 예를 들어 반장이 친한 친구들을 위해서만 반장 역할을 하고 친하지 않은 친구들의 이야기는 들어주지도 않는다고 해보자. 그렇게 된다면 반장은 그 반에 문제를 일으키는 존재가 될 뿐, 반장으로서 제대로 역할을 하는 거라고 할 수 없겠지?

그리고 공무원의 선발도 직업공무원제도에 맞게 인맥에 좌우되는 제도가 아니라 능력 위주의 선발제도가 자리 잡게 되었단다.[65] 우리 헌법재판소도 이런 의미에서 공무원 제도를 설명하고 있어.[66] 이상의 맥락에서 정치적 중립을 지키기 위해서 초·중고등학교 선생님의 정당 가입이나 선거운동을 금지하는 것이 정당하다고 보았고,[67] 공무원들의 집단행동을 금지하는 것도 역시 정당하다고 보았어.[68]

---

65 여기서 말하는 공무원은 선거에 의해 뽑는 대통령이나 국회의원 같은 선출직 공무원은 제외한 좁은 의미의 공무원을 의미해.
66 헌법재판소 1995.5.25. 선고 91헌마67
67 헌법재판소 2004.3.25. 선고 2001헌마710
68 헌법재판소 2014.8.28. 선고 2011헌바32

공무원의 정치적 중립성이 필요한 이유를 다음과 같이 설명할 수 있다.

- 공무원은 국민 전체에 대한 봉사자이므로 중립 위치에서 공익을 추구한다.
- 공무원은 행정에 대한 정치개입을 방지하여 전문성과 민주성을 확보한다.
- 정권의 변동에도 불구하고 공무원의 신분적 안정은 보장된다.
- 엽관제에 의한 부패(타락)·비능률 등의 해로운 결과를 방지한다.
- 사회경제적 대립의 중재, 조정의 역할을 담당한다.

이제 마무리 할 시간이네. ① 오늘날의 공무원 제도는 서로 공무원 자리를 차지하려고 싸우고 공무원이 된 후에는 자기를 그 자리에 앉혀준 사람을 위해 일하는 엽관제의 문제점을 극복하면서 만들어졌어. ② 공무원 제도는 특별한 이유나 잘못 없이는 면직되는 등의 신분 변동을 할 수 없도록 보장하고 있어. ③ 반면 국민 전체의 봉사자로서 국민에 대해서 책임을 지고 정치적 중립성을 엄격히 지켜야 하는 의무를 지고 있단다. ④ 정치적 중립의 의무 때문에 공무원들이 정당 활동이나 선거운동, 집단행동 등의 기본적인 권리가 제한받고 있지만 우리 헌법재판소에서는 제한이 정당하다고 보았어.

적에서 동지로
- 민주주의 원리와
정당제도의 헌법적 수용

아빠   헌법은 처음에 정당을 적으로 봤어. 국민 전체의 이익이 아니라 국민 일부
      만의 이익을 옹호하는 이익집단이 의회에 들어오는 것을 부정적으로 본 것
      이지. 그런데 오랜 시간이 지나면서 둘은 친한 친구가 되었단다.

딸   적에서 동지로... 헌법은 한편의 드라마 같기도 하네요.

이번에는 오늘날 민주주의 정치에서 핵심적 역할을 하는 '정당'에
대해서 말해볼까 해. 그런데 정당에 대한 이야기는 민주주의가 무엇
인지 조금 더 이야기를 해보는 것으로 시작해야 할 것 같구나.

'민주주의'는 아주 오래 전 그리스그중에서도 아테네에서 탄생했어. 민
주주의는 영어로 하면 'democracy'이고 이 말은 그리스어의 'demokratia'
에서 온 단어야. 그리스어 'demokratia'를 풀이해보면 평범한 시민demos
이 스스로 지배한다kratia는, 즉 국민이 국민 스스로 통치한다는 의미
를 담고 있어. 민주주의는 한 명의 군주나 소수의 귀족들이 대다수
의 국민들 위에 군림하는 것이 아니라, 국민 한 명 한 명이 평등한 위
치에서 스스로 결정권을 가진다는 점에서 인간이 만들어낸 제도와
질서 중에 매우 소중한 발명품이라는 생각이 들어.

하지만 국민이 스스로 지배한다는 민주주의를 어떻게 실현할 것인지 그 구체적인 방법을 고민해보면 어려운 문제가 많이 발생하게 돼.

우선 정치에 참여할 수 있는 사람들의 숫자를 비교해보자. 민주주의가 처음 시작되었던 아테네는 남자 중에 자유인만 정치에 참여할 권리시민권를 주었어. 게다가 도시 규모의 작은 국가였기 때문에 실제 정치에 참여할 수 있는 시민은 오늘날과 비교하면 정말 적은 숫자였지.[69] 이에 비해 2020년에 있었던 우리나라 제21대 국회의원 선거에서 투표권을 가진 유권자 수는 약 4,400만 명이란다.

즉, 아테네의 시민들은 광장에 삼삼오오 모여들어 직접 의견을 표현하고 의사결정에 대한 찬반 투표를 하는 게 가능했어. 하지만 우리나라의 예를 보더라도 4,400만 명의 유권자가 한날한시에 모이는 것 자체가 불가능하겠지? 그 많은 사람이 모일 수 있는 장소도 없을 뿐만 아니라 모일 시간을 약속하는 것 자체를 결정할 수 없을 거야. 그리고 수많은 결정을 그때그때 해야 하는데 의사결정을 할 때마다 수시로 모이는 것 역시 불가능한 일이겠지. 아마 온 국민이 아무런 활동도 안하고 모여서 의사결정만 해도 다 하지 못할 거야.

다음으로 의견을 하나로 모으는 것에 대해 생각해보자. 사람들의 숫자가 적으면 의견을 표현하고 하나로 모으는 게 비교적 쉽겠지? 하지만 우리나라 유권자 4,400만 명이 의견을 내고 그 의견을 모아서 하나로 결정하는 것은 불가능한 일일거야.

---

69 그리스 도시국가 중 가장 큰 아테네의 경우 시민권을 가진 사람들은 4만 명 정도였단다.

아테네 민회가 모였던 프닉스 힐 ⓒ Shutterstock

그럼 어떻게 이 문제를 해결했을까? 모든 사람이 매번 중요한 결정이 있을 때마다 참여할 수 없으니 여러 사람 중에서 한 사람을 정해서 그 사람에게 자신의 결정할 수 있는 권한을 위임해주는 건 어떨까? 그렇게 하면 많은 사람이 모일 장소와 시간을 고민하지 않아도 되고, 의견을 모으는 것도 수월해질 수 있지 않겠니? 그래서 거의 모든 나라에서는 민주주의를 현실에서 실천하는 데, 국민들이 자신들의 대표를 선출해서 각 대표들이 모여 의견을 표현하고 의사를 결정하도록 하는 대의_{代表}민주주의를 채택하게 되었단다. 우리나라로 말하면 국민들이 투표에 의해 대표자인 국회의원을 선출하고, 그 국회의원들이 모인 국회에서 여러 가지 문제를 법률의 형태로 결정하도록 하는 것이지.

그런데 국회에 국민의 대표들을 모아놓고 보니 자연스럽게 정치적인 생각이나 의견이 비슷한 사람들끼리 뭉치게 되었어. 정당이 탄생한 것이지. 학교에서도 비슷한 성향이나 생각을 가진 친구들끼리 말도 잘 통하고 더 친하게 되어 그룹이 만들어지잖아? 이와 비슷한 원리지. 하지만 이렇게 만들어진 정당은 처음부터 민주주의의 친구로서 환영받지는 못했어. 아니 정당이 처음 탄생한 시점에서는 오히려 민주주의에 해로운 존재로 생각했던 것이 사실이야.

그 이유는 국회의원이 정당에 속하면 소속 정당의 이익을 위해서 활동하게 될 뿐, 진정하게 자신의 의사를 펼칠 수 없게 될 거라는 점을 걱정해서였지. 과거 우리나라 붕당정치[70]의 예처럼 자기가 소속된 정치 세력을 위해서 일하는 경우가 많기 때문에 진정으로 국가를 위해서 일하기 힘들다고 보았기 때문이야.

하지만 뒤집어 말하면, 정당이 자연스럽게 만들어졌다는 것은 그만큼 정당과 정당의 역할이 필요하다는 이야기도 될 수 있을듯해. 즉, 의회에서 의사결정을 함에 있어서, 국민들 사이에서 나온 비슷한 의견을 하나로 묶어서 의회로 전달하고 그렇게 묶인 의견끼리 경쟁해서 어떤 의견이 더 나은 지를 결정하는 것이 자연스러웠기 때문이야. 정당이 국민 의견의 전달자, 매개자 또는 메가폰이 된 것이지. 그리고 더 나아가 정당이 역으로 적극적으로 국민들의 의견을 형성하고 올바른 정책 대안을 만들기도 하는 역할까지 하게 되었어.

그래서 헌법은 정당을 처음에는 민주주의의 적으로 대했다가, 그다음에는 못 본 척 무시하는 단계로, 그다음은 조금 친해져서 정당의 존재를 법에서 승인하고 받아들이는 단계를 거쳐 드디어 헌법에서 친구로 인정수용한 것이지.[71] 그러나 이 과정이 결코 짧았던 것만

---

70 파벌을 이루어 정권이나 정책을 다투던 정치형태를 말해.
71 이 단계는 독일의 트리펠이라는 헌법학자가 정리한 내용이야.

은 아니었어. 최초의 정당이 출현한지 수백 년이 지나서 2차 세계대전 이후에나 헌법에서 정당을 수용하게 되었거든.

우리나라도 처음 헌법을 만들었을 때는 정당에 관한 규정이 없었어. 그러던 것이 3차 개정, 그러니까 1960년 헌법 개정 때 정당에 관한 규정이 생겼고 그 이후로도 여러 차례의 헌법 개정을 통해서 현재의 규정으로 완성되기에 이르렀어. 우리도 헌법에서 정당제도를 수용하고 민주주의의 친구로서 정당이 필요한 존재임을 인정했다고 할 수 있지.

이제 새로운 이야기를 꺼내기는 늦었으니 이번 장에서 한 이야기를 정리하고 마무리해보자. ① 민주주의는 고대 그리스 아테네에서 첫 모습을 보였는데 민주주의의 뜻은 국민 스스로 통치한다는 뜻을 담고 있었어. ② 아테네의 민주주의는 모든 시민이 직접 참여하여 결정하는 '직접 민주주의'의 모습이었지. ③ 하지만 근대 국가에서는 그런 식의 직접 민주주의는 불가능하기 때문에 대표를 선출해서 그 대표들끼리 모여 의사를 결정하는 대의제 민주주의의 형태로 민주주의가 실현되었어. ④ 그런데 대의제 민주주의를 시행하는 과정에서 자연스럽게 정견이 비슷한 사람끼리 모여서 당을 만들게 되었는데 그것이 바로 정당이야. ⑤ 헌법은 처음에는 정당을 적대시하다가 무시, 인정 단계를 지나 비로소 수용하기에 이르렀어. 대의제 민주주의가 정당제 민주주의로 변화하게 된 것이지.

13 민주주의의 친구가 되기 위한 정당의 조건
- 우리 헌법의 정당제도

아빠　민주주의를 싫어하면서 민주주의의 친구가 될 수 있을까?

딸　어떻게 민주주의를 싫어하는데 진정한 민주주의의 친구가 될 수 있겠어요?

　앞 장에서는 정당을 처음에는 민주주의의 적처럼 여기다가 시간이 지나면서 친구가 되었다고 이야기했었지. 하지만 조금 더 들여다보면 민주주의와 정당이 친구가 되는 데에는 조건이 필요해. 정당이 민주주의와 친구가 되려는데, 전혀 정당제도를 민주적이지 않은 방법으로 정해놓으면 어떻게 될까? 정당을 자유롭게 만들지 못하거나 정당을 하나만 설립할 수 있거나 정당 스스로 민주주의를 부인하거나 전혀 민주적이지 않게 정당을 운영한다면 민주주의와 친구가 될 수 없겠지?

　그럼, 또 과거로 가보도록 하자. 이번에는 독일이야. 독일은 잘 알다시피 2차 세계대전을 일으켜서 침략전쟁을 벌이고 유태인, 집시 등 수백만 명을 학살한 전쟁범죄를 일으킨 국가란다. 그 당시의 독일을 장악하고 있던 정당은 바로 나치당[72]이고 그 나치당의 우두머리가 아돌프 히틀러였단다.

그런데 어떻게 나치당이 정권을 잡게 되었을까? 그건 놀랍게도 20세기 초반, 가장 선진적이었던 바이마르 헌법의 민주주의 체제하에서 − 겉으로 봐서는 매우 민주적인 절차를 통해서 − 이루어졌단다. 나치당의 당수 히틀러는 다수 국민의 뜨거운 지지를 받아 1933년 1월 적법한 절차에 따라 독일의 수상으로 지명되었어. 정권을 잡은 히틀러는 1933년 실시된 총선거에서 나치당이 승리하자 수권법을 제정한단다. 수권법이란 쉽게 말해 히틀러에게 마음대로 법을 만들거나 폐기할 수 있는 권한을 주는 법이지. 수권법을 통해 히틀러는 나치당을 제외한 나머지 정당을 모두 해산시키고 나치당만이 유일한 정당으로 남게 해. 그리고 나치당이 결성되고 정권을 잡는 것을 허용해주었던 바이마르 헌법마저 폐지하고 일당 독재체제[73]를 만들지. 그렇게 자유롭고 민주적인 국가를 지향했던 바이마르 공화국은 역설적이게도 민주적인 절차를 통해서 탄생한 히틀러 정권에 의해 역으로 민주주의가 파괴된 채, 역사 속으로 사라져버린 거야.

여기서 여러 교훈을 얻을 수 있어. 앞서 잠깐 말했듯이 민주주의가 다양한 의견을 존중하는 것을 매우 중요한 가치로 여기지만 민주주의 자체를 위협하거나 부인하는 의견까지 허용할 수는 없다는 점이야. 히틀러는 민주적인 절차선거, 다수결를 통해서 수상이 되고, 법을 만들고수권법, 주어진 권한을 행사해서 민주주의를 파괴해버렸으니까.

---

72 나치(Nazi)는 1919년부터 1945년까지 존재했던 국가사회주의 독일 노동자당을 말해.
73 나치만이 유일한 정당으로 지배하는 독재체제를 말해.

제1SS기갑사단 경호친위대의 사열 장면 ⓒ 위키피디아

그리고 민주주의가 단순히 다수결이나 일정한 절차의 준수에 따라 결정되는 형식적인 원리가 아니라는 점이야. 즉, 민주주의는 개인의 자유와 권리, 평등을 파괴하는 정신을 거부하는 것에 그치지 않고, 민주적인 절차를 통해 실현하고자 하는 목적이나 생각, 가치 역시 민주주의 정신에 들어맞아야 한다는 거야.

다음으로 정당이 하나만 남는다면 어떻게 될까? 히틀러는 나치당을 제외하고 다른 정당을 모두 해산함으로써 다른 정치적 입장의 표현도, 정치적 활동도 원천적으로 모두 막아버렸어. 만약 어떤 나라에서 하나의 정당만 인정하고 다른 정당의 설립이나 존재를 부정한다면 그 나라는 단연코 민주주의 국가라고 할 수 없지 않을까? 민주주의의 본질이 개인을 존중하고 그 개인으로부터 나오는 다양한 생각과 의견을 존중하는 데 있는데 하나의 정당만을 인정한다면 다양한 생각과 의견의 공존 가능성을 원천적으로 없애버리는 것이니까.

그 일례로 공산당 독재를 하는 많은 나라는 공산당 하나만 정당으로 인정하거나 아니면 다른 정당을 인정하더라도 그 정당은 공산당의 들러리 정당에 불과한 경우가 대부분이란다. 대표적인 독재국가인 북한의 헌법도 조선노동당만을 유일한 정당으로 인정하고 있어.

마지막으로 바이마르 헌법이 현대 헌법에 있어서 가장 선진적이며 모범적인 헌법이라고 했지? 하지만 그런 모범적이고 선진적인 헌법이 낳은 결과는 나치당과 히틀러라는 괴물이었단다. 아무리 좋은 헌법을 가졌다 하더라도 그 헌법을 훌륭히 운영하고자 하는 국민들의 의식과 헌법 수호의 의지가 없다면 좋은 헌법이 정말 '좋은 헌법으로서' 역할을 다할 수 없다는 것을 일깨워주는구나. 어쩌면 좋은 문구를 잔뜩 가진 헌법이 좋은 헌법이 아니라 성숙하고 깨어있는 국민이 가지고 있는 헌법이 '좋은 헌법'인지도 모르겠구나.

이런 관점에서 다시 한번 우리 헌법 제8조 제1항에서 제3항까지를 읽어보자.

■ 헌법 제8조 ■

① 정당의 설립은 자유이며, 복수정당제는 보장된다.

② 정당은 그 목적·조직과 활동이 민주적이어야 하며, 국민의 정치적 의사형성에 참여하는데 필요한 조직을 가져야 한다.

③ 정당은 법률이 정하는 바에 의하여 국가의 보호를 받으며, 국가는 법률이 정하는 바에 의하여 정당 운영에 필요한 자금을 보조할 수 있다.

이 내용을 조금 풀이해볼게.

우리 헌법은 민주주의의 정신에 충실하게 자유롭게 정당을 설립할 수 있도록 하고 있어. 그리고 하나의 정당만을 인정하는 일당 독재를 부인하고, 자유롭게 설립된 여러 정당들이 복수로 활동하는 것을 보장하고 있단다제1항.

민주주의의 친구로서 환영받기 위해서는 정당이 추구하는 목적이 우선 민주주의 정신에 위배되어서는 안 된단다. 그리고 정당의 운영은 한 사람이 독재자처럼 군림해서는 안 되고 조직이나 활동이 민주적으로 이루어져야 해. 그리고 정당 본연의 목적이 국민의 정치적 의사를 반영하는 일이기 때문에 이를 위해서 필요한 조직을 두도록 하고 있어제2항.

한편 정당은 함부로 해산되거나 탄압받지 않고 국가의 보호를 받게 되며, 정당의 운영에 필요한 돈도 국가에서 지급할 수 있도록 하여 두텁게 보호를 받을 수 있도록 하고 있단다제3항.

이제 이번 장을 정리해보자. ① 정당이 민주주의의 친구가 되는 데는 일정한 조건이 있어. 즉, 민주주의와 친구가 되기 위해서는 정당도 역시 민주적인 정신을 함께 공유해야 해. ② 과거 2차 세계대전을 일으키고 전쟁범죄를 일으킨 독일은 아이러니하게도 민주적인 절차를 통해 선출한 히틀러가 오히려 민주주의를 파괴하는 역사를 경험했단다. ③ 그런 경험을 통해 여러 가지 교훈을 얻을 수 있는데 가장 중요한 핵심은 과정뿐만 아니라 목표와 내용이 모두 민주주의 정신에 위배되지 않아야 한다는 점이야. ④ 우리 헌법도 이런 정신에 바탕을 두고 정당의 자유 설립, 복수정당제, 정당의 민주화, 정당의 보호와 국고 지원 등의 규정을 두고 있어.

정당(政黨)이 정당(正當)하지 않으면?
- 정당해산제도

아빠 2차 세계대전을 일으키고 다시 전쟁범죄를 일으켰던 나치당과 같이 이상한 생각을 가진 정당이 다시 나타나면 어떻게 할까?

딸 그런 정당이 나타나서는 안 되겠지만 다시 등장한다면 없애야 하지 않나요?

앞 장에서 정당이 민주주의의 친구가 되기 위해서는 정당 역시 민주주의 정신을 함께 공유해야 한다고 했었지? 그렇지 못했던 예로 민주적인 헌법을 가졌던 바이마르 공화국이 나치당과 히틀러에 의해 오히려 민주주의가 파괴되고 전범 국가이자 독재자가 지배하는 독일이라는 괴물을 낳았다는 점도 함께 이야기해 보았어. 그런데, 만약 히틀러의 나치당과 같이 민주주의를 파괴하려는 정당이 다시 등장하면 어떻게 될까? 과거의 역사처럼 민주주의가 무기력하게 또 파괴되는 것은 아닐까?

다행스럽게도 과거 경험에서 교훈을 얻어서 우리나라를 비롯한 여러 나라의 헌법은 '방어적 민주주의'를 받아들이고 있어. 풀어서 말하자면 민주주의를 부인하거나 헌법을 훼손하고자 하는 민주주의의 적으로부터 민주주의가 스스로 자기를 방어하고 지키겠다는 것이지. 민주주의가 관용[74]을 바탕으로 다양한 사상을 존중하지만 민주주의 그 자체를 부정하고, 헌법을 파괴하겠다는 사상이나 운동까지 보호해주고 존중하지는 않겠다는 뜻이야. 이런 방어적 민주주의의 상징과도 같은 제도가 바로 헌법에 위반되는 정당을 강제로 해체하여 없애는 '위헌정당해산제도'라고 할 수 있어. 민주주의를 파괴하려는 정당은 아예 활동하지 못하도록 정당을 해산시킬 수 있도록 한 것이지. 이렇게 적극적으로 나서서 민주주의의 적과 싸우는 모습을 '투쟁적 민주주의'라고도 해.

이제 방어적 민주주의를 받아들인 우리 헌법 제8조 제4항을 읽어보자.

■ 헌법 제8조 ■

④ 정당의 목적이나 활동이 민주적 기본질서에 위배될 때에는 정부는 헌법재판소에 그 해산을 제소할 수 있고, 정당은 헌법재판소의 심판에 의하여 해산된다.

사실 세계 최초로 이런 '방어적 민주주의'를 도입한 나라는 바로 뼈아픈 경험을 했던 독일이야. 그래서 독일기본법[75]을 만들면서 위헌정당해산제도제21조 제2항, 기본권상실제도제18조를 도입하여 민주

---

74 다른 의견이나 사상, 행동 등을 허용하는 너그러움이지.
75 독일은 헌법(Verfasson)이라는 표현 대신에 기본법(Grundgesetz)이라는 표현을 쓰고 있단다. 2차 세계대전 이후에 동서독으로 분할되면서 서독에서는 통일 후에 헌법이라는 말을 쓰기 위해서 헌법 대신에 기본법이라는 표현을 사용했어.

주의의 적으로부터 민주주의를 지켜내겠다는 점을 분명히 하게 된 거야1949년.

독일기본법이 공포된 지 약 3년 만에 세계 최초로 방어적 민주주의가 작동하게 된단다. 나치당의 당원들이 나치당을 부활시키기 위해 '사회주의제국당SRP'을 만드는데, 바로 이 정당이 위헌정당해산 제도에 의해서 1952년에 해산하게 돼. 독일의 연방헌법법원은 해산의 이유로 사회주의제국당이 복수정당제를 인정하지 않고, 정당의 운영이 자유민주주의에 반하며, 정당의 활동이 기본권을 무시하고 있다는 점을 들었어. 그리고 4년 뒤인 1956년, 독일공산당KPD에 대해서도 정당의 주요 주장 내용이 독일의 헌법 질서를 위협한다고 판단해서 해산시킨단다.

그렇다면, 우리나라는 어떨까? 2014년 12월 19일, 우리나라도 헌법 역사상 최초로 '통합진보당'에 대해서 헌법재판관 9명 중 8명의 찬성인용으로 해산결정을 내렸단다. 우리 헌법재판소는 어떤 이유로 통합진보당을 우리나라 최초로 위헌정당에 해당한다고 보아 해산을 결정하게 되었는지 궁금하지 않니?

통합진보당은 정당의 이름에서도 알 수 있듯이 여러 진보적인76 정치세력들이 합쳐져서 2011년 12월에 만들어진 정당이란다. 그런데 통합진보당의 방향과 활동을 주도하는 세력은 여러 잘못을 저질렀는데, 대표적으로 국회의원 선거에서 후보자를 선정하는 데 당원투표를 조작부정 선거하였고, 의견이 대립되는 상대방에게 폭력을 행

---

76   보통 사회의 변화나 발전을 추구하는 것을 뜻하지만 여기에서는 종전의 정당들보다 급진적인 사회 개혁을 주장한다는 의미야.

사하였단다. 여기까지만 봐도 통합진보당은 민주주의의 친구답게 민주적이고 정정당당하게 정당 활동을 해야 하는데 그러지 못했다는 걸 알 수 있지? 그래서 통합진보당 소속 일부 국회의원이나 당원들은 이런 식의 정당 운영과 생각의 차이 때문에 더 이상 참지 못하고 통합진보당을 떠나버리게 돼.

그리고 통합진보당에 남아있던 주도 세력들은 북한을 추종하고, 북한이 주장하는 통일방법 등을 따르고 이를 실천할 생각까지 있었던 듯해. 즉, 북한식의 사회주의를 대한민국에서도 실현하고자 하는 생각을 기본으로 해서 급기야 대한민국의 중요한 시설들을 무력으로 공격하고 대한민국의 자유민주주의 체제를 엎어트리려고 토론회까지 개최했단다.

이에 우리 헌법재판소는 통합진보당의 목적이나 활동이 우리 대한민국의 민주적 기본질서에 해악을 끼칠 수 있는 현실적이고 실제적인 위협을 가했다고 보았어. 그리고 헌법재판소는 통합진보당의 북한식 사회주의를 대한민국에까지 실현하려는 활동이 중대하게 헌법을 위반한 점, 대한민국을 파괴하려는 북한과 대한민국이 대치하고 있는 점, 통합진보당을 해산하는 것 외에는 이런 활동을 막을 방법이 없는 점을 고려해서 통합진보당의 해산이 불가피하다고 선언했어. 나아가서 통합진보당의 해산과 함께 통합진보당에 소속되어 있던 5명의 국회의원의 자격을 모두 상실시켰어. 소속 국회의원의 자격 박탈은 사실 우리 헌법이나 법률에 명시적인 규정이 없지만 위헌정당해산제도 본래의 목적과 취지에 비추어 보았을 때 상실되어야 한다고 결정했어.

쉽게 읽는 헌법재판소
2014.12.19. 선고 2013헌다1 결정

- 정당해산심판제도는 정부가 일방적으로 등록을 취소하여 진보적 야당이 사라진 역사적 반성의 결과물로 정당을 보호하기 위한 성격을 가진다. 따라서 정당은 헌법에 의해 최대한 두텁게 보호되므로 헌법재판소가 위헌성을 확인하고 해산의 필요성을 인정한 경우만 정당에서 해산된다.

- 헌법 제8조 제4항의 '민주적 기본질서의 위배'란 정당의 목적이나 활동이 우리 사회의 민주적 기본질서에 대해 현실적이고 실제적인 해악을 가해야 하는 경우를 뜻한다.

- 통합진보당의 주도 세력은 북한을 추종하고 있고 북한의 통일계획과 같거나 유사하여 통합진보당의 목적과 활동은 최종적으로 북한식 사회주의를 실현하려는 것으로 판단된다. 따라서 통합진보당의 목적과 활동은 민주적 기본질서에 대해 현실적이고 실제적인 위협을 가져왔다.

- 북한식 사회주의를 실현하려는 통합진보당의 목적과 활동이 중대하게 헌법을 위반한 점, 대한민국을 파괴하려는 북한과 대한민국이 대치하고 있는 점, 통합진보당을 해산하는 것 외에는 이런 위험을 제거할 수 있는 다른 방법이 없는 점을 고려하면 통합진보당이 받는 불이익에 비하여 정당해산으로 얻는 이익이 훨씬 크다.

- 정당이 해산되는 경우에 소속 국회의원이 의원직을 잃어버리게 되는지는 명확하게 규정하고 있지 않다. 정당해산심판제도의 본질을 생각했을 때, 소속 국회의원의 의원직을 상실시키지 않으면 정당해산결정의 실제적인 효과가 발생하지 않으므로 소속 국회의원의 의원직은 모두 상실되어야 한다.

우리나라는 이렇게 통합진보당을 해산함으로써, 독일, 스페인, 터키, 태국, 이집트에 이어 세계에서 여섯 번째로 위헌정당해산제도를 통해 정당을 해산한 나라가 되었어. 이들 국가 중에 민주주의가 잘 정착된 나라는 독일과 스페인 정도야. 독일은 1950년대에 위

헌법재판소 통합진보당 해산 결정 2014.12.9. ⓒ 연합뉴스

헌정당해산을 실시한 이후 최근 60년 넘게 위헌정당해산을 결정한 적이 없어. 최근에 새로운 나치당으로 비판받는 독일국가민주당 NPD에 대한 정당해산심판을 진행했지만, 오랜 숙고 끝에 위헌정당으로 인정하지는 않았지. 어떻게 보면 독일연방헌법법원은 위헌정당해산이라는 위험한 칼을 쉽게 휘두르지 않고, 다만 국민들의 성숙한 민주주의 의식을 믿고 국민들의 선택의 몫으로 남겨둔 것이라 할 수 있어.

그래서 우리나라의 진보통합당의 해산은 현대 민주주의 국가에서는 상당히 이례적인 결정이라 할 수 있지. 그 결과 아직까지도 위헌정당해산제도를 통해서 통합진보당을 해산한 것이 마땅했는지, 소속 의원들의 자격을 빼앗은 것이 마땅했는지 논란이 많이 있단다. 특히 위헌정당해산제도가 집권 중인 정당과 반대되는 정치세력을 없애버리는 데 잘못 사용될 수 있다는 주장은 상당히 의미가 있다고 생각돼.

하지만 독일 헌법이나 우리 헌법이 과거 역사의 교훈을 바탕으로 위헌정당해산제도를 받아들인 건 그만큼 역사적 반성과 정치 상황에 대한 깊은 고민이 담겨있다고 생각해. 위헌정당해산제도가 자주 사용되거나 언급되어서는 안 되겠지만, 어쨌든 최악의 상황에서 헌법을 지키는 최후의 수단이 있는 것과 없는 것은 또 그 의미가 다르겠지?

이제 정당이 민주주의의 친구답게 민주적으로, 정당하게 활동해주기 바라면서 이번 이야기를 정리해보자. ① 우리나라를 비롯하여 여러 나라의 헌법은 방어적 민주주의_{또는 투쟁적·전투적 민주주의}를 수용하고 있어. ② 방어적 민주주의는 독일에서 역사적인 교훈을 기억하며 처음으로 받아들였는데 방어적 민주주의의 대표적 제도는 위헌정당해산제도야. ③ 위헌정당해산제도에 의해 독일은 두 차례의 정당 해산 경험이 있어. ④ 우리나라도 통합진보당이 북한식의 사회주의를 추구하여 대한민국의 민주적 기본질서를 해친다고 보아 해산하였어. ⑤ 위헌정당해산제도가 정부나 여당에 반대의견을 가진 정당을 탄압하는 수단이 될 가능성이 있긴 하지만 역사적 경험에서 교훈을 받아 헌법이 수용한 제도라는 점을 기억한다면 민주주의 발전에 도움이 될 것이라고 생각해.

15

악법도 법이라고?
- 헌법의 법치주의 원리

딸 아빠. 오늘 친구가 같이 놀기로 했는데 약속을 안 지켜서 속상했어요.

아빠 진짜 속상했겠다. 친구 마음이 변했나 보네. 사람은 원래 기분도 마음도 잘 변하지? 그래서 법이 필요한 것인지도 몰라.

OECD 국가 중 우리나라의 사법 신뢰도는 순위는 매번 최하위권을 맴돌고 있단다. 우리나라 사람들은 법 집행과 법 적용이 공평하고 정의롭게 이루어지지 않는다고 생각하는 것이지. "유전무죄 무전유죄"라는 말을 많은 사람들이 이야기하는 것이 근거 없이 비롯된 것은 아니라는 생각이 들어. 아마도 우리나라 사람들이 겪었던 사법제도로 대변되는 법치는 제대로 된 법의 지배가 아니었던 적이 많았단다. 즉, 오랜 역사 속에서 법은 국민들을 억압하거나 통제장치로 작용했지만, 힘 있는 자나 부자들에게는 올곧게 적용되지 않았기 때문인지도 모르겠구나.

하지만 만약 법이 없다면 어떻게 될까? 사람들끼리 다툼이 해결되지 않고 더 큰 싸움으로 번지거나 스스로 문제를 해결하려고 다른 사람을 해하거나, 억울한 사람이 곳곳에 생겨나는 등 무척이나 혼란스러운 사회가 오지 않을까? 중국 무협 영화에 종종 등장하는 무림을 생각해보면 이해가 쉬울 것 같아. 무림에서는 억울하게 가족이나 스승이 죽고 그 복수를 위해 주인공이 절치부심[77]한 끝에 원수에게 복수를 하는 이야기가 꽤 많잖아? 바로 그와 같은 무림이 법이 없는 사회와 같을 수도 있다는 생각이 들어. 영화에서는 주인공이 억울하게 피해를 받고 그기에 복수가 정당하다고 느낄지 모르겠지만 실제 사회라면 '정의', '올바름'이란 없고 오로지 강자의 힘만이 옳고 정당한 사회가 될지도 모르겠다. 때문에 강자나 약자 누구나 기댈 수 있고, 문제를 해결 받을 수 있는 기준인 '법'이 있고 '법에 의한 지배'가 이루어진다는 것은 무척이나 소중한 것이라 할 수 있어.

이제 법치주의의 시작을 이해하기 위해 과거 왕이 통치하던 시대를 생각해보자. 백성을 사랑하는 훌륭하고 통찰력 있는 왕이 통치를 한다면 어느 정도 좋은 정치를 펼칠 수 있겠지? 하지만 아무리 훌륭한 왕이라 하더라도 그날그날 기분이 다를 수 있고 사람이기 때문에 모든 일을 치우침 없이 공정하게 처리하는 건 쉽지 않을 거야. 하물며 성군이 통치해도 여러 문제가 적지 않은데, 폭군이 통치하는 나라는 어떨까? 자기가 마음대로 절대적인 힘을 휘두를 수 있는데, 항상 정직하고 올바르게 그리고 불편부당[78]하게 그 힘을 쓸 거라고 기대하기는 힘들 거야. 개인의 자유나 권리, 심지어 목숨까지도 왕의 기분과 의지에 달려 있는 것이지. 우리 목숨이 왕의 의지와 기분에 달려 있다면 하루하루가 살얼음판을 걷는 기분이 아닐까? 실제로

---

77 이를 갈고 마음을 썩인다는 뜻으로 복수심에 불타는 사람의 태도를 말해.
78 어느 한쪽으로 기울어지지 않고 공평한 것을 말해.

많은 역사적인 경험 속에서 왕이 가진 절대 권력이 보여준 어두운 그림자를 찾기란 그리 어렵지 않아. 이렇게 사람이 통치하는 것의 어두운 단면을 잘 포착한 명언이 있는데, 한번 들어보렴.

> "권력은 부패하는 경향이 있으며, 절대 권력은 절대 부패한다."
> - 영국의 역사가, 정치가 액튼

이렇게 사람이 통치함으로써 발생하는 여러 문제점에 따라 요구된 것이 사람에 의한 통치인치가 아니라 법이 통치하게 하자는 '법치주의'야. 한 사람의 감정이나 기분에 따른 자의적 통치는 항상 개인의 자유와 권리를 침해할 위험성이 있기 때문에, 객관적이고 공정하게 정해놓은 규칙법에 의해서 통치가 이루어지게 해야 한다는 것이지.

법치주의는 개인의 권리가 국가의 자의에 의해서 침해되지 않도록 하겠다는 기본권 보장의 정신을 핵심으로 하고 있어. 국가에서 행하는 행정작용통치은 그때그때 달라지는 사람의 마음이나 생각이 아니라 법에 따라서 이루어져야 한다는 이상을 실현한 것이지. 그리고 권력은 나누어서 서로 견제하고 균형을 이룸으로써 특정 세력의 권력 남용, 독주를 막겠다는 정신으로까지 이어지게 되었어권력분립. 헌법은 법체계의 최고 정점에 위치하여 곳곳에 이와 같은 행정의 합법률성, 권력분립 등의 원칙을 받아들임으로써 법치주의의 핵심적 역할을 담당하고 있단다.

이렇게 성립된 법치주의는 사람들에게 질서를 부여해주고 있어. 이 질서나 규칙은 오락가락하는 한 사람의 마음에 좌우되지 않기에 전체 국민들에게 어떤 절차와 내용으로 국가권력이 행사될 것인지 예측할 수 있도록 해주었어. 왕의 기분에 따라 살얼음판을 걷다가 공표된 법을 믿고 행동하면 되도록 안정감법적 안정성을 주는 것이지. 더불어 법을 모든 사람에게 공평하게 적용함으로써 정의도 함께 실현되었어.

그렇다면 어떤 경우든 법으로 정해놓은 것이면 다 정당할까? 법에 의해서 실현되는 것이라면 정의롭고 좋은 것일까? 법의 내용이 만약 나쁜 내용을 담고 있는 것이라면 어떻게 받아들여야 할지가 고민되겠지? 고대 그리스 아테네의 철학자 소크라테스는 신들을 부정하고 젊은이들을 현혹하여 아테네의 전통을 해친다는 죄명으로 사형 판결을 받아 독이 든 성배를 마시고 죽게 되는데, 이때 "악법도 법이다"라는 말을 남겼다고 해.[79] 악법도 법이라는 말처럼 악법을 법으로 받아들여야 할까?

과거 법치주의가 처음 등장했을 때, 국민의 대표에 의해서 제정되고 법의 형식만 띠고 있으면 그 내용은 묻지도 따지지도 않고 옳은 것으로 이해되었지. 그래서 앞서 민주주의 이야기를 하면서 보았던 것처럼 국민들의 대표가 정상적으로 만든 법률수권법로써 나치당의 집권과 히틀러의 독재를 만들어낸 거야.

그런 역사적인 경험에 힘입어 법의 실제 내용을 중요하게 보는 '실질적 법치국가'가 등장하게 되었단다. 즉, 올바른 법, 정의로운 법이 아니면 법이라고 할 수 없다는 정신이 자리 잡게 된 것이지. 인간

---

79   최근에는 소크라테스가 이런 말을 한 적이 없다는 게 많은 사람의 의견이야.

〈독배를 드는 소크라테스〉 자크 루이 다비드 1787년 작품 ⓒ Department of European Paintings, Metropolitan Museum of Art

의 존엄과 가치를 침해하는 법, 인간의 기본적 권리를 부정하는 법은 법으로서 인정될 수 없고 그런 의심이 드는 법은 위헌법률심판제도 등을 통해서 법도 심판을 받게 되었단다. 이제 "악법은 법이 아니다"라는 결론에 다다르게 돼. 아빠는 우리나라도 이렇게 좋은 법, 옳은 법에 의한 통치가 지속된다는 경험과 법 적용이 올바르고 평등하게 이루어진다는 국민적 인식이 반복된다면 이번 이야기의 서두에서 말했던 우리나라 사람의 법에 대한 부정적인 생각도 조금씩 긍정적으로 변화할 것이라고 기대해본단다.

이제 이번 시간의 이야기를 정리해볼까? ① 법치주의는 과거 사람에 의한 통치에 반발하여 개인의 자유와 권리를 보장하기 위해서 생겨났어. ② 즉, 사람에 의한 자의적인 통치가 아니라 법에 의해 통치하라는 요청이었지. ③ 법치주의는 인간의 존엄을 보장하는 것을 목표로 통치가 법에 따라 이루어지고 권력분립에 의해서 권력이 남용[80]되지 않도록 하고 있어. ④ 그리고 법의 실제 내용까지도 정당하도록 요구하는 실질적 법치국가가 등장했고 위헌법률심판제도 등을 통해서 법의 내용까지도 심사할 수 있게 되었단다.

---

80   본래의 목적을 넘어서 함부로 쓰는 것을 말해.

16 '가오나시'의 '허기'· '허생'의 '매점매석'과 헌법 – 헌법의 사회국가 원리

아빠   그리스 신화에 탄탈로스라는 사람이 나오는데, 그는 거만하게 행동하다 신들의 저주를 받아 지하 가장 깊은 곳 타르타로스에 갇히게 돼. 그는 가슴까지 물이 찬 호수에 서 있게 되는데, 물을 마시려 하면 호수는 말라버리고, 배가 고파 나뭇가지에 손을 뻗으면 가지는 위로 올라가버려. 끝없는 갈증과 허기로 고통 받는 형벌을 받은 것이지.

딸   탄탈로스는 원하는 것을 얻지 못하는 형벌을 받은 거네요. 탄탈로스는 인간의 무한한 욕심은 다 채울 수 없다는 것을 말해주는 것 같아요.

"바다는 메워도 사람의 욕심은 못 채운다"라는 말을 들어본 적 있니? 물론 어떤 사람들은 마음을 다 비우고 욕심 없이 사는 사람도 있겠지. 하지만 대부분의 사람들의 경우엔 그렇지 못할 거야. 이 말은 보통 사람들의 마음을 잘 표현하고 있다는 생각이 들어.

이렇게 넓고 깊은 바다보다도 더 거대하고 심오한 사람의 욕망을 잘 표현한 애니메이션 캐릭터가 문득 떠오르는구나. 그 캐릭터는 일본의 유명한 애니메이션 감독인 미야자키 하야오가 만든 〈센과 치히로의 행방불명〉에서 등장하는 '가오나시'라는 캐릭터야. '가오나시'라는 말은 일본어로 얼굴이 없다는 뜻인데, 가면을 쓴 듯 단조로운 하얀 얼굴을 하고 검은 허깨비 같은 몸을 가지고 있어. 이 캐릭터는 "외로워, 외로워. 갖고 싶다, 갖고 싶다. 먹고 싶어, 먹고 싶어"라는 말만 되풀이하면서 먹어대기 시작하는데 먹을수록 몸은 커져가지만 배는 부르지 않고 끝없이 더 먹고 싶어 해.

아빠는 이 '가오나시'가 바로 끝없는 욕망을 가진 인간 혹은 그런 인간들이 만들어낸 인간의 문명을 상징적으로 표현한 것이 아닐까 해. 가오나시의 허기가 바로 우리 인간의 허기와 인간이 만들어낸 문명과 매우 닮았다는 생각이 들거든.

〈센과 치히로의 행방불명〉 중에서 센과 가오나시 ⓒ 2001 Nibariki - GNDDTM

그럼 그렇게 끝없이 욕망하는 인간이 경제주체로 활동하면 어떻게 될까? 사람이 돈을 어느 정도 벌게 되면 그것으로 만족할까? 아니면 더 부자가 되고 더 많은 재산을 누리고 싶어 할까? 답은 말하지 않아도 잘 알겠지? 많은 경우 "사람의 욕심은 끝이 없다"라는 말이 옳음을 증명해보였고, 역사적으로도 수없이 많은 증명이 있었단다.

근대 자본주의가 등장하면서 돈이나 토지 등을 가진 자산가들은 자본의 투자, 물건의 생산 등을 통해서 더 많은 부를 축적하게 되었단다. 하지만 자산가들은 끝없이 더 가지려고 했어. 아무런 자본이 없는 사람들은 장시간 노동, 저임금, 열악하고 위험한 근무조건 등을 감수하면서 노동자로 일해야만 했어. 그래서 자본가는 더 큰 자산을 모으게 되었고 노동자들은 힘들게 일해도 가난을 벗어나는 것도, 삶의 조건이 개선되기도 어려웠단다. 자본주의의 대표적인 폐단[81]인 부자일수록 더욱 부자가 되고, 가난할수록 더 가난해지는 현상이 심각하게 나타난 것이지.

또 한 가지 자본주의의 대표적 폐단은 시장의 독점현상이야. 자유경쟁에 의해 살아남은 기업은 독점시장을 형성하고 물건이나 재화를 공급하며 마음대로 가격을 올려 폭리를 취하는 일도 빈번하게 일어났어. 한 상인이나 기업이 물건의 생산·판매를 독점했을 때 어떤 일이 벌어지는지 조선 후기의 실학자 박지원이 쓴 소설《허생전》을 통해서 한번 볼까?

서울 남산 아래 허름한 집에 허생이라는 사람이 살고 있었어. 허생은 글 읽기만 좋아했는데 가난으로 힘들게 생계를 꾸려가던 아내의 재촉에 집을 나서게 돼. 그 길로 허생은 서울에서 가장 큰 부자인 변씨를 찾아가서는 돈 일만 냥을 빌리지. 그 돈으로 허생은 당시 물류의 중심인 안성에 가서 두세 배 비싼 값을 주고서라도 과일이란 과일은 다 사들인단다. 그러자 서울에서는 과일이 바닥나서 난리가 나고, 특히 제사상에 올릴 과일이 없어지자 아무리 비싸게 주더라도 과일을 사려고 아우성이었지. 그러자 허생은 10배 이상의 비싼 가격

---

81 옳지 못한 경향이나 해로운 현상을 말해.

에 과일을 팔아 10만 냥을 벌어. 여기서 그치지 않고 허생은 제주도에 가서 말총이란 말총을 모두 사들이지. 그러자 말총으로 만드는 망건[82]이 씨가 마르게 되고, 역시 10배의 값으로 팔아서 이젠 백만 냥을 벌게 된단다. 일만 냥으로 시작한 허생이 백만 냥으로 돈을 만드는 게 참 쉽고 간단해 보이지 않니?

하지만 허생의 독점으로 사람들은 물건을 사기 위해 엄청나게 비싼 값을 주어야 했고, 그로 인해 많은 사람들의 삶이 궁핍해질 수밖에 없다는 사실은 쉽게 알 수 있어. 비록 허생은 가공의 인물이고 이야기도 소설 속 허구이지만, 근대 자본주의의 형성 과정에서 많이 나타났던 현상을 대변해주는 인물로 평가받고 있단다.

그럼 근대에는 어떻게 이런 일들이 가능했을까? 근대, 즉 왕권이나 군주에 대항해서 탄생한 근대 자유주의국가에서는 무엇보다 개인의 자율성과 합리성을 존중하고 강조했단다. 국가의 개입은 최소화하고 개인의 자유에 맡겨야 한다는 '자유방임'[83]의 정신이 지배하게 된 것이지. 경제 분야에서도 아담 스미스라는 경제학자가 '보이지 않는 손'이 있음을 주장했어. 즉, 시장의 자율적인 기능에 의해 합리적으로 최적화된 상태로 가격이나 물건의 분배가 적절히 조절된다는 주장이 많은 사람들의 지지를 받았어. 그 결과 자본가와 노동자 간에 맺은 계약은 그 내용이 노동을 착취하는 것이라 하더라도 당사자 간에 자유롭게 체결된 것이므로 국가가 개입할 필요가 없었고 아직은 보호받아야 할 어린이에게 노동을 시키더라도 별 문제가

---

82 옛날에 상투를 틀던 때 머리카락이 흘러내리지 않게 머리에 두르는 물건이야.
83 각자에게 자유롭게 맡겨두고 간섭하지 않음을 말해.

없다고 했지. 또한 한 개인이나 집단이 욕심을 부려서 시장을 독점하고 횡포를 부려도 자유방임의 원칙에 따라 국가가 개입하여 조정할 수 있는 문제가 아니었던 거야.

자유주의 시장경제의 여러 문제들이 더 심각해지자, 더 이상 국가가 개인이나 집단의 끝없는 욕망을 그냥 놔둘 수만은 없게 되었지. 이를 해결하기 위해 두 가지 방법이 등장했는데 하나는 사회국가사회복지의국가를 만드는 것이고 다른 하나는 사회주의국가공산주의국가를 만드는 것이었어.

즉, 사회국가나 사회주의국가 모두 자유시장 경제체제를 그대로 둘 수 없다는 문제의식을 가지고 출발했다는 점에서는 같아. 하지만 그 해결 방식에 있어서 사회국가는 자유시장자본주의 질서를 그대로 유지하면서 개혁을 통해 문제를 해결하고자 하는 입장이었어. 반면 사회주의국가는 자유시장 자체는 개혁이 불가능하다고 보고 혁명을 통해서 자유시장 제도를 부인하고 완전히 새로운 질서공산주의를 만들겠다고 하는 입장이었어. 사회주의국가는 러시아의 볼셰비키 혁명[84] 이후 여러 나라에서 도입했지만 개인의 자연스러운 욕구에 기반한 사유재산제도까지 부정하는 등 실패를 거듭한 끝에 결국 대부분 나라에서 이를 포기하게 되었단다. 현재는 자유시장 경제를 기본으로 인정하되 어느 정도로 국가가 개입과 통제를 할 것인가는 나라마다 약간씩 다르다고 할 수 있어.

길게 돌아왔지만 이제 우리나라의 헌법은 어떤지 이야기 해보자.

---

84 세계 최초의 사회주의 혁명으로 1917년 11월에 레닌이 지도하는 러시아 공산당인 볼셰비키가 주도하였으며 그 결과 사회주의 국가인 소비에트 정권이 탄생했어.

우리나라도 역시 사회국가 원리를 헌법에 도입하고 있단다. 우리 헌법은 여러 다양한 사회적 기본권, 인간다운 생활을 할 권리, 노동에 관한 세 가지 권리단결권, 단체교섭권, 단체행동권, 근로자의 고용증진 최저임금 보장 의무, 인간다운 근로조건을 만들 의무, 사회적 약자·소외계층의 보호를 위한 사회보장, 사회복지 증진 의무 등 곳곳에 사회국가 실현을 위한 내용들을 규정해놓았어.

또한 우리 헌법은 사회적 시장경제질서를 선택하여 개인과 기업의 자유와 창의를 존중하지만 무제한적인 자유를 허락하는 것이 아니라 국가에 의한 개입, 즉 조정과 규제도 할 수 있도록 하고 있어. 그래서 한편으로는 국가가 개입하여 국민의 인간다운 삶을 보장한다는 정신을 가진 사회국가는 복지국가와는 구별되는데, 유럽 스칸디나비아 반도의 국가들이 지향하는 복지국가는 '요람에서 무덤까지' 국민들에게 모든 필요한 것을 국가가 제공하고 보장하겠다는 정신을 담고 있지만, 사회국가는 개인이 자율에 의해 스스로 생활을 책임지되 국가가 부족한 부분을 보완하겠다는 점에서 분명한 차이가 있지.

자, 그럼 앞서 이야기했던 허생이나 가오나시를 우리 헌법은 어떻게 평가할까? 《허생전》 이야기 속 허생이 시장을 독점해서 마음대로 가격을 올리고 폭리를 취하는 방식으로 돈을 버는 것은 우리 헌법에서는 허용하지 않아. 헌법의 정신을 그대로 이어받은 독점규제법 등에 의해서 금지하고 있단다. 허생은 "도대체 왜 내가 내 돈 가지고 내 마음대로 하겠다는데 왜 안 돼?"라고 항변하겠지만 현대의 사회국가는 공익을 위해 개인의 욕심과 이익을 어느 정도 희생시킬 수도 있다는 것을 의미해. 마찬가지로 〈센과 치히로의 행방불명〉에 등장하는 가오나시처럼 개인이나 기업이 끝없이 재산을 증식하고 독식하는 것 또한 허용되지 않아. 재산권의 행사도 공공복리에 적합하도록 규제하거나 제한할 수 있고 각종 세금제도 등을 통해서 부를 재분배할 수 있는 거란다.

이제 길었던 이번 이야기를 마무리해보자. ① 근대 자유주의 시장질서하에서는 개인의 자율과 시장의 합리성에 대한 확고한 신뢰가 있었어. ② 하지만 그렇게 보이지 않는 손에 의해 합리적으로 돌아갈 것으로 기대한 것과 달리 부익부 빈익빈이나 시장의 독점으로 인한 여러 문제점이 심각하게 발생했지. ③ 그래서 해결책으로 두 가지 방안을 제시했는데, 개혁을 꿈꾸었던 사회국가와 혁명을 꿈꾸었던 사회주의국가로 나누어볼 수 있어. ④ 사회주의국가는 실패로 끝나서 그 한계를 분명하게 노출해주었고 오늘날 대부분의 국가는 사회국가를 지향한다고 할 수 있어. ⑤ 우리 헌법도 역시 사회국가원리를 도입해서 곳곳에 다양한 사회적 기본권을 두고 있고 개인의 자율성과 창의를 존중하되 필요한 경우 경제에 대한 규제와 조정을 할 수 있도록 하고 있어.

국가가 어떤 예술가를 싫어하거나 좋아하면?
- 헌법의 문화국가 원리

딸   친구 ○○는 아이돌 A를 좋아하고요, 친구 △△는 랩퍼 B를 좋아하고요, 친구 □□는 탤런트 C를 좋아하고요, 저는 가수 D가 좋아요!

아빠 사람마다 취향이 다르니까 좋아하는 연예인도 참 다양하구나! 그런데 국가가 특정 연예인만 좋아하도록 가이드라인이나 기준을 만들면 그건 어떻게 될까?

    만약 국가가 어떤 예술가는 국가 정책을 지지하기 때문에 좋아하고 어떤 예술가는 국가 정책에 반대한다는 이유로 싫어하는 경우가 있다고 가정해보자. 그래서 국가가 좋아하는 예술가에게는 공연이나 전시, 출판, 방송 등에 출연할 많은 기회와 특혜를 주지만 국가가 싫어하는 예술가는 국가의 지원이나 공연, 방송 등의 활동 기회를 제한한다면 어떨까? 차별당한 예술가는 헌법에서 정하는 어떤 권리나 원리에 근거해서 국가의 행위가 잘못되었다고 말할 수 있을까?

    국가에서 예술가에 대해 차별하거나 특혜를 주는 행위는 헌법의 평등권 등 여러 기본권 침해 등도 예상되지만, 먼저 문제될 부분은 문화국가 원리가 아닐까 해. 그럼 이번 시간은 우리 헌법의 문화국가 원리에 대해서 이야기를 나눠보기로 하자.

111

우리 헌법은 앞서 함께 살펴보았던 민주주의 원리, 법치주의 원리, 사회국가 원리와 더불어 문화국가 원리를 표방[85]하고 있단다. 다른 헌법의 원리가 그러하듯이 우리 헌법은 문화국가 원리를 정확하게 명시해서 규정해놓고 있지는 않지만 헌법의 곳곳에서 문화국가 원리를 염두에 두고 이를 표현하고 있어. 대표적인 헌법의 규정을 읽고 시작해보자.

■ 헌법 제9조 ■

국가는 전통문화의 계승·발전과 민족문화의 창달에 노력하여야 한다.

우리 헌법 제9조는 전통문화와 민족문화만 언급하고 있지만 전통문화와 민족문화만 보호하겠다는 의미는 아니고 더 특별한 필요성이 있어서 이를 헌법이 강조하고 있는 것으로 이해하면 될듯해. 그리고 헌법 제9조의 문화국가 원리는 그 말 자체에서 다른 헌법 원리가 주는 차갑거나 딱딱한 이미지에 비해서 뭔가 좀 더 따뜻하고 포근한 느낌이 들지 않니? 그럼 문화국가를 좀 더 잘 이해하기 위해서 문화와 국가가 어떤 관계를 맺으며 현재까지 오게 되었는지 그림 Grimm이라는 학자의 주장에 따라서 먼저 이야기해볼게.

근대 이전의 시기에 문화는 국가의 지배를 위해서 존재하는 성격이 강했단다. 예를 들어 신을 찬미하거나 군주의 권력이나 교회의 권력을 찬양하고 신앙심을 강화하기 위해서 동원되는 수단으로써

---

85   중요한 주장으로 내세운다는 뜻이야.

의 성격이 강했어. 예술, 교육 등을 통해서 국민들을 교화하고 국가가 원하는 사상과 이념을 전파하는 수단으로 문화가 활용되었던 것이지. 이때는 국가가 문화를 지배하고 통제하는 시대였다고 할 수 있어. 예술가의 입장에서는 표현의 자유를 누릴 수 없고, 국민들의 입장에서는 다채롭고 새로운 문화를 누릴 수 없었던 참 답답한 시기였다고 할 수 있겠지?

근대 시민계급이 성장하면서 문화는 국가의 목적에 의해서 동원되던 수단에서 벗어나게 돼. 문화의 자율성이 강조되어 개인은 국가의 통제와 지배를 벗어나 자유롭게 창작활동을 하고 문화를 누릴 수 있게 된 것이지. 이때는 국가가 문화영역에 되도록 간섭하지 않고 시민들이 국가로부터 문화의 자율성을 확보해가던 시기라고 할 수 있어.

이렇게 국가가 문화에 대한 개입을 최소화하고 자유방임으로 돌아서자 여러 가지 문제가 발생하는데, 그중 가장 큰 문제는 문화가 결국 경제 논리에 종속되어 간다는 점이야. 즉, 시장 논리에 따라 문화가 좌우되어 돈이 되는 문화는 융성해지고, 수요가 없고 경제적 가치가 떨어지는 문화는 찾는 사람이 없어서 소멸될 위기에 처한 것이지. 특히 우리나라의 경우는 외래문화가 우리의 전통문화를 밀어내고 주류 문화로 자리 잡는 바람에 전통문화는 소멸될 위기에 처해 있기도 해. 그리고 사람들 사이에 부의 차이에 따라서 어떤 사람들은 최소한의 문화생활도 누리지 못하는 문화적 불평등 현상이 심화되었단다. 부의 차이가 문화생활의 격차까지 함께 만들어내고 있는 상황이야.

따라서 현대 국가는 건전한 문화의 육성과 진흥, 문화적 불평등의 해소라는 과제를 지게 되었어. 이러한 정신을 담아서 탄생한 것이 문화국가이고 결국 문화국가란 문화의 보호와 진흥을 위해 애쓰는 국가, 국가 내의 문화 활동을 보호하고 장려하여 국민의 삶의 질을 향상시키는 국가라고 할 수 있단다.

그래서 문화국가 원리는 문화적 자율성 보장을 기본으로 하고 있어. 즉, 국가는 개인의 자율성과 취향을 존중해서 문화에 대한 중립성과 관용을 유지해야 하고 문화를 획일화하거나 예술의 내용을 결정하는 지시는 할 수 없다는 것을 가장 기본적 정신으로 삼고 있지. 이는 국가에 순응하고 정부를 지지하는 문화 활동에 대해서는 특혜를 주고 국가의 정책에 반대하는 등의 불편한 문화 활동에 대해서 차별대우를 해서는 안 된다는 매우 중요한 의미를 담고 있어. 개인은 특정 연예인을 좋아하고 팬이 될 수 있지만, 국가는 그럴 수 없어.

한편으로 문화국가는 문화예술에 무조건적인 방임을 하는 것이 아니라 적극적인 지원을 통해서 문화의 육성과 진흥을 위해 노력해야 해. 또한 문화소외계층이 없이 "문화는 모두를 위해 존재한다"는 명제를 충족하도록 문화적 평등권, 즉 문화향유권을 보장할 의무도 동시에 지고 있단다.

그러면 국가가 특정 예술가를 좋아하거나 싫어해서 특혜를 주거나 배제하는 일이 실제로 벌어진 사건에 대해서 짚고 넘어가보지. 18대 박근혜 대통령 때 일어난 국정농단 사태에 대해서는 이미 이야기했었지? 박근혜 대통령은 국정농단뿐만 아니라 비밀리에 문화예술인 중 정부에 비협조적이거나 정치적인 생각이 다른 문화예술인들에 대한 블랙리스트를 만들도록 지시를 해. 보통 블랙리스트라고 하면 경계·감시·주의하기 위해서 만들어놓은 위험한 사람들의 명단이라고 할 수 있어. 그런데 박근혜 정부에서는 정부와 입장 차이가 있는 문화예술인들을 경계나 감시가 필요한 인물로 파악하여 차별·배제하기 위하여 블랙리스트를 만들어 사용한 것이지. 블랙리스트는 무려 만여 명에 가까운 문화예술인의 명단이 올라가 있었는데, 블랙리스트에 올라간 사람은 정부 보조금 지원에서 배제하거나 정부의 각종 위원회의 심사위원에서도 제외하는 등의 다양한 불이익을 주게 돼. 더 나아가서 블랙리스트와는 반대로 정부에 협조적이고 친정부 성향의 문화예술인의 명단인 화이트리스트를 만들어서 특혜를 주었다는 주장도 제기되었단다.

이와 같이 문화예술인에 대한 블랙리스트나 화이트리스트를 만드는 것은 문화 활동에 대한 자율성을 인정하고 그 문화 활동의 내용에 대해서도 간섭하지 않아야 한다는 문화국가 원리를 침해하는 행위라고 할 수 있어. 문화국가는 정부에 비판적인 소리를 내고 정부의 정치적 성향과 다른 성향의 문화예술 활동을 하더라도 그 자체로 존중해주어야 하고 또한 예술적인 창작이나 표현 그대로를 인정하고 받아들일 수 있는 관용을 베풀어야 하는 것이지. 문화예술계 블랙리스트나 화이트리스트는 결국 문화예술 활동을 정부의 입맛에 맞게 길들임으로써 문화적 다양성을 부인하고 획일화하겠다는 독재 정치의 의지를 표현한 것과 다름 없는 거야.[86] 결국 블랙리스트

---

86 군사독재 시절에는 금지곡이나 금지도서를 지정하는 등 이러한 문화예술의 전반적인 통제가 빈번했단다.

나 화이트리스트를 만들어 이를 근거로 차별, 지원을 배제하는 것은 형법상으로도 직권남용 등이 문제가 되겠지만 헌법적으로도 문화국가 원리를 비롯하여 여러 기본권을 침해하여 용인하기 어려운 위헌적인 행동이라고 평가할 수 있단다.[87]

검찰 공소장에 첨부된 문화계 블랙리스트
ⓒ 연합뉴스

지금까지 헌법의 여러 원리들 중 마지막으로 문화국가 원리를 살펴보았어. ① 우리 헌법은 문화국가 원리를 헌법 곳곳에 반영하고 있어. ② 문화국가 원리는 문화가 국가에 종속된 단계 ⇒ 문화가 국가로부터 자유를 획득한 단계 ⇒ 국가에 의한 문화보호와 진흥을 위한 단계 순으로 발전하면서 등장하게 되었어. ③ 그래서 문화국가는

---

87 헌법재판소 2020.12.23. 선고 2017헌마416 사건에서는 특정 문화예술인 배제행위가 평등권, 표현의 자유 등을 침해하는 위헌적 행위로 평가했단다.

문화의 자율성을 인정하고 간섭을 배제하면서 동시에 문화의 보존과 발전을 위해서 지원해야 하는 두 가지 측면을 동시에 가지고 있어. ④ 국가가 입맛에 따라 특정한 문화예술인을 배제·차별하거나 특정한 문화예술인을 우대하는 경우, 문화국가 원리에 반하는 것으로 평가할 수 있단다.

18 누구나에게 있고, 꼭 있어야 하는 인간의 권리 - 인권

아빠 인도의 뭄바이에는 도비가트라는 세계에서 가장 큰 야외 빨래터가 있는데, 그곳에서 직업으로 빨래를 하는 '도비'라는 사람들이 있단다. 그들은 인도의 카스트 제도 맨 아래 계층인 수드라에도 속하지 못하는 불가촉천민으로 다른 계층의 사람들과 어울려 살지도 못하고 사람으로 취급받지 못하는 삶을 살아가고 있단다.

딸 그들은 더러워진 옷을 깨끗하게 빨아서 남들에게 주지만, 정작 본인들은 다른 사람들과 함께 어울릴 수 없는 더러운 존재로 취급받고 있네요. 사람을 사람답게 대접하지 않는 사람이야말로 사람으로서 자격이 없는 거 아니에요?

　어쩌면 이번 장의 주제인 인권에 대해 이야기를 하는 것은 헌법에 대한 이야기를 풀어내는 것보다 더 방대하고 어려운 일이 될지도 모르겠어. 왜냐하면 인권에 대한 이해가 사람마다 다르고 갈등이 첨예하고 의견충돌이 심각한 경우에 인권이라는 단어가 자주 등장하기 때문이야. 즉, 인권이 어떤 사람에게는 투쟁의 언어가 되기도 하고, 어떤 사람에게는 공허한 울림으로 이해되기도 하면서, 어떤 사람에게는 많은 문제의 원인과 답을 가지고 있는 것처럼 사용되기도 한단다.

　이 인권이라는 거대한 주제를 우리가 잘 알고 있는 《탈무드》의 예화로부터 시작해볼까 해. 한 부자가 중한 병에 걸려 곧 죽게 되었단다. 그 부자는 유일한 상속자인 아들이 도착하기 전에 숨을 거두었는데 다음과 같이 언뜻 이해하기 힘든 유언을 남겼어.

"내 전 재산을 나의 노예에게 상속한다. 단, 나의 아들은 그 재산 중에 한 가지만 선택할 수 있다."

뒤늦게 도착한 아들은 노예에게 재산을 다 물려준 아버지의 유언에 망연자실해서 지혜로운 랍비[88]에게 찾아간단다. 그 랍비는 아들에게 아버지의 유언 속에 숨은 뜻을 다음과 같이 해석해주지.

"아버지는 노예가 모든 재산을 다 가지고 도망칠까 염려하여 노예에게 모든 재산을 주는 것으로 유언을 남긴 것이네. 그래야 노예가 아버지의 재산을 받게 되니까 도망할 염려가 없어지는 것이지. 단, 자네는 아버지의 재산 중 한 가지를 가질 수 있는데 바로 노예를 선택하면 그 모든 것을 가질 수 있을 것이네."

이에 아들은 아버지의 지혜에 감탄하면서 노예를 선택하여 아버지의 모든 재산을 차지할 수 있었다고 해.

우리는 자연스럽게 이 예화에서 누구의 관점을 따라가게 될까? 부자와 그 아들의 관점을 따라가다 보면, 노예는 주인의 재산을 훔쳐서 달아날 우려가 있는 부정적인 이미지로 받아들이고 부자인 아버지와 아들을 지지하는 입장에 서는 것 같아. 하지만 노예의 입장

---

88   유대교의 율법을 가르치는 사람에 대한 존칭이야.

에서 보면 머리 잘 돌아가는 부자 아버지에게 크게 속아 재산도 하나도 갖지 못하고 계속 노예로 살게 되는 억울한 사건으로 해석되지 않을까? 그리고 많은 사람들은 이《탈무드》의 예화를 통해 지혜의 중요성을 강조하고 있다고 이야기 한단다. 하지만 아빠는 이 예화를 인권의 관점에서 이야기해보고 싶구나.

과거 노예제도 아래에서 노예는 사람이지만 사람이 아닌 존재였어. 누가 소유하거나 처분할 수 있는 물건과 같은 존재였지. 그러기에 아들이 아버지의 재산 중 하나로 물건처럼 노예를 선택하여 가질 수 있었던 거야. 관점을 돌려보니 참 슬픈 이야기 아니니? 사람을 물건처럼 사고팔고 시장에서 물건 고르듯이 선택하고, 심지어는 마음대로 살리고 죽이고 할 수 있었다는 것이잖아. 노예가 사람이 아니라 물건처럼 취급될 수 있었던 것은 무엇 때문일까? 아빠는 노예에겐 인권이 없었기 때문이라는 생각이 들어. 다시 말해서 노예에게는 하나의 독립된 인간으로서 대접을 받고 존중받을 수 있는 권리인 인권이 없었던 거야. 노예를 부리는 주인이나 노예나 똑같은 사람이고 똑같은 가치를 지닌 인격체인데도 노예에게는 사람으로서의 가치와 존엄성을 전혀 인정해주지 않은 것이지.

현대에는 이런 노예제도를 공식적으로 유지하고 있는 나라는 없단다. 하지만 오늘날 노예제도가 폐지되어 모든 사람들이 같은 권리를 누리기까지, 즉 인권이 모든 사람에게 보편적으로 주어진 권리라는 동의에 이르기까지는 무척이나 오랜 시간과 수없이 많은 사람들의 희생이 필요했단다. 이 이야기를 제대로 하자면 아주 긴 역사 이야기가 될 듯해서 중요한 사건 위주로 살펴보도록 하자.

아프리카 세네갈 고레섬 노예박물관의 벽화 ⓒ 연합뉴스

　고대에서 근대 이전에 이르기까지 많은 국가나 사회는 노예제도, 농노제도 등의 신분적 차별이 있었단다. 즉, 사람이라면 누구나 똑같이 부여된 인권이라는 개념이 없었어. 반면 일부의 왕이나 귀족, 지배계층 등 소수의 사람에게만 많은 특권이 부여되어 있었지. 그런 사회 체제를 뒤집으려는 시도는 동서양 고금을 막론하고 자주 있었지만 본질적인 변화가 생긴 사건은 근대에 접어들면서 일어났단다.

　바로 시민혁명이 발생한 거야. 영국에서는 1688년의 국왕의 전제정치에 대응하여 명예혁명이 일어났고, 1775년부터 1783년까지는 미국에서 영국의 과도한 조세부과 등에 반발하여 독립 혁명이 일어났어. 1789년 프랑스에서는 온갖 특권을 가진 귀족계급과 왕권에 대응하여 프랑스 대혁명이 발생하게 돼. 혁명의 결과 하늘이 모든 인간에게 공평하게 인권을 부여했다는 사상천부인권사상이 보편화되고 비로소 인권이 모두에게 주어진 개인의 권리로 보장되기에 이르렀어. 혁명의 결과로 탄생한 인권선언의 내용을 잠깐 소개해볼게.

【미국 / 독립선언문】

우리는 다음과 같은 사실을 자명한 진리로 받아들인다. 즉 모든 사람은 평등하게 창조되었고, 창조주는 몇 개의 양도할 수 없는 권리를 부여했으며, 그 권리 중에는 생명과 자유와 행복의 추구가 있다. 이 권리를 확보하기 위하여 인류는 정부를 조직했으며, 이 정부의 정당한 권력은 인민의 동의로부터 유래하고 있는 것이다.

【프랑스 / 인간과 시민의 권리 선언】

국민 의회를 구성하고 있는 프랑스 인민의 대표자들은 인권에 관한 무지·망각 또는 멸시가 오로지 공공의 불행과 정부 부패의 모든 원인이라는 것에 유의하면서, 하나의 엄숙한 선언을 통하여 인간에게 자연적이고 불가양이며, 신성한 제 권리를 밝히려 결의하거니와 (중략) 따라서, 국민 의회는 지고의 존재 앞에 그 비호[89] 아래 다음과 같은 인간과 시민의 제 권리를 승인하고 선언한다.

이상의 선언문에 담긴 정신의 핵심은 인간은 나면서부터 당연하게 인간으로서 존중받고 인간답게 살아갈 인권을 가진다는 것이야. 이 권리는 다른 사람이나 정부에 양도할 수 없는 권리이자 인간이

89 편을 들어 감싸 주고 보호함을 뜻해.

살아가면서 향유하는 인간 본연의 권리라는 정신이지. 이와 같은 인권선언의 정신은 2차 세계대전의 참상을 겪고 난 후 이런 일의 반복을 막기 위해 UN에서 세계인권선언을 채택하는데1948년 여기에도 이어지게 돼.

【세계인권선언】

모든 인류 구성원의 천부의 존엄성과 동등하고 양도할 수 없는 권리를 인정하는 것이 세계의 자유, 정의 및 평화의 기초이다. (중략) 유엔헌장은 기본적 인권, 인간의 존엄과 가치, 그리고 남녀의 동등한 권리에 대한 신념을 재확인하였으며, (중략) 회원국들은 유엔과 협력하여 인권과 기본적 자유의 보편적 존중과 준수를 증진할 것을 스스로 서약하였으며, (중략) 회원국 국민들 자신과 그 관할 영토의 국민들 사이에서 이러한 권리와 자유가 보편적이고 효과적으로 인식되고 준수되도록 노력하도록, 모든 사람과 국가가 성취해야 할 공통의 기준으로서 이 세계인권선언을 선포한다.

인권은 천부의 자연적 권리로서 국가가 국민의 권리를 침해하는 것에 대응해서 발전했다고 할 수 있어. 국가로부터의 억압과 속박을 벗어나서 누구나 공평하게 자유와 권리를 확보하게 된 것이지. 한편 근대적인 인권 개념이 성립된 후에 자유방임의 문제들이 나타나자 국가에게 최소한의 인간다운 생활이 가능하도록 요구할 수 있는 사회권들도 인권의 하나로서 인정되었어.

최근에는 인권의 의미를 좀 더 세분화하여 특별한 보호를 필요로 하는 대상의 관점에서 보다 더 섬세하게 인권을 이해하려는 노력들이 많이 생겨나고 있는 것 같아. 즉, 장애인 인권 측면에서 종전에 생소하던 이동권 및 보행권 등이 논의된다든지, 과거 무시되던 아동 인권에 대한 특별한 보호를 고민하는 것을 예로 들 수 있어. 또한 인권은 항상 차별의 문제와 짝이 되어 움직인단다. 모든 사람이 동일한 크기의 가치를 가진다면 어떤 사람이 가진 조건과 무관하게 인간으로서의 가치가 일그러짐 없이 존중받아야 하는 것이지. 따라서 성별, 인종, 사회적 신분 등 어떤 사람이 가진 조건에 따라 그 가치의 존중이 달라지지 않도록 섬세한 배려가 필요해. 그래서 다양한 관점과 방향에서 인권에 대한 이해력을 높이는 데 필요한 것이 '인권감수성'[90]이라는 생각이 드는 구나. 찬찬히 세상의 아픈 곳들을 살피고, 억울한 소리에 귀 기울이면서 인권감수성을 함께 가꿔보지 않을래?

어때, 이제 조금은 인권의 의미를 알 것 같니? 인권이 어떻게 헌법 속으로 자연스럽게 스며들게 되었는지는 다음에 이야기하기로 하자. 그럼 아빠와 네가 좋아하는 노래를 함께 되새기면서 누구에게나 꼭 있어야 하고 소중한 인권이 보편적으로 인정되기까지 희생한 사람들에게 고마운 마음을 함께 가져 보도록 하자.

---

90 사회의 여러 현상, 불합리한 관행, 제도 등을 인권의 관점에서 민감하고 세밀하게 들여다 볼 수 있는 능력이라고 할 수 있어.

영화 〈레미제라블〉 스틸 ⓒWorking Title Films

【뮤지컬 레미제라블 중 민중의 노래(People's Song)】

너는 사람들의 화난 사람들의 노랫소리가 들리는가?

Do you hear the people sing? singing a song of angry men

다시 노예가 되지 않겠다는 사람들의 노래가!

It is the music of a people who will not be slaves again!

네 심장의 고동 소리가 북소리되어 울리며

When the beating of your heart echoes the beating of the drums

내일이 오면 새로운 세상이 시작되리라!

There is a life about to start when tomorrow comes!

너는 십자군의 길에 동참할 텐가? 누가 끝까지 나와 함께해줄 텐가?

Will you join in our crusade? Who will be strong and stand with me?

바리케이트 너머엔 네가 보기 원한 세상이 있을까?

Beyond the barricade is there a world you long to see?

그럼 너에게 자유를 줄 싸움에 함께 하자!

Then join in the fight that will give you the right to be free!

자. 긴 글의 마지막이야. 인권은 ① 간단히 정의내리면 민족, 국가, 인종 등을 넘어서 인간이라면 누구에게나 인정되는 보편적인 권리라고 할 수 있어. ② 인권의 보편성은 신분제가 존재했던 고대나 근대 이전에는 인정되지 못하고 일부의 사람들만 특권을 누리고 있었단다. ③ 근대 시민혁명 이후에서야 인권이 모든 사람이 보편적으로 가지고 있는 권리라는 생각이 확립되었단다. ④ 인권의 첫 등장 때 인권에는 자유권과 평등권 정도가 포함되었어. 이후 인권의 사회권도 포함하게 되었고 다양한 약자와 소수자의 관점을 반영하면서 인권은 보다 더 세분화되고 정교한 의미를 가지게 되었어.

잘 재단된 옷을 입은 인권
- 기본권의 개념

19

아빠 　인권이 기본권으로 변화되는 것은 영화 〈아이언맨〉에서 주인공인 토니 스
　　　타크가 아이언맨 슈트를 입는 것처럼 드라마틱한 변신이 이루어지는 것이
　　　란다.

딸 　그럼 인권이 기본권이 되면 무척이나 강력해지는 거네요.

　앞서 보았다시피, 인권은 태어날 때부터 부여받은 천부의 권리라
고 하지만 권력자의 손아귀로 들어간 인권을 본래의 주인인 국민들
에게 돌려놓은 것은 숱한 투쟁의 산물이라고 할 수 있을 거야. 국민
들이 힘들게 얻은 인권을 그럼 어떻게 하면 더 확실하고 명확하게
권리로 확보해놓을 수 있을까?

　그게 바로 헌법이 필요한 이유란다. 앞서 2장에서 소개했던 헌법
의 등장 배경과 탄생에 대한 이야기를 다시 한번 생각해보자. 근대
시민사회로 접어들면서 시민계급은 군주가 자기 마음대로 통치하
는 것에 반항하면서 법에 의한 통치를 요구하게 되었어. 또한 사람
이 사람답게 살아가는 데 필수적인 인권이 인간이라면 당연히 가진
권리라는 인식이 보편화되고 권리 의식이 높아지게 되었단다. 시민

계급의 이와 같은 요구는 여러 혁명을 거치면서 서양의 많은 나라에서 관철된단다. 혁명의 결과 시민이 군주를 제거하거나 군주와 시민이 타협한 결과물로 인권을 보장하도록 헌법이 만들어지게 된 것이지. 결국 국민들의 기본적 약속인 헌법을 명확하게 널리 알리고 확실히 하기 위해서 사라지는 말의 형태가 아니라 확정된 문서의 형태로 헌법이 만들어진 거야.

바스티유 감옥을 공격하는 프랑스 시민 ⓒ Shutterstock

인권은 어떻게 보면 태어나면서부터 자연적으로 갖는 권리이기에 그 의미와 경계가 제각각으로 불명확한 측면이 있단다. 때문에 이를 확실히 표현하고 확정하는 작업이 필요했어.

당연하게 헌법의 핵심 내용은 인권을 보장한다는 것과 그 내용을 명확하게 만드는 것이어야 했고, 그렇게 헌법으로 들어온 인권의 다른 이름을 기본권이라고 부르게 된단다. 결국 좀 투박하고 거친, 날 것의 느낌을 주는 '인권'이 잘 재단되고 정돈된 '기본권'이라는 옷을 입게 되었다고 할 수 있어.

그리고 헌법에 규범의 형태로 인권이 기록되고 확정되자 더욱 강력한 힘을 갖게 되었단다. 즉, 헌법이 한 국가에서 갖는 최고의 가치이자 규범성으로 인해 인권은 강력한 강제력이 뒷받침되는 기본권으로 변신하게 되었어. 인권은 자연적이고 불확정적이며 강제적으로 관철시키는 힘이 없는 상태였다면 헌법에서 인권을 기본권으로 수용하는 순간 확정적이며 강제력 있는 권리로써 동작할 수 있게 되는 거란다.

영화 〈아이언맨〉에서 주인공인 토니 스타크는 아이언맨 슈트를 입지 않으면 평범한 신체적 능력을 가진 사람이지만 아이언맨 슈트를 입으면 막강한 능력을 갖는단다. 이와 비슷하게 인권이 잘 재단된 헌법이라는 옷을 입어 기본권이 되면 헌법이 부여해준 강력한 규범력을 발휘하는 것이지.

그럼 기본권은 인권에게 겉옷만 걸친 것과 같이, 완전히 속은 같은 내용이라고 할 수 있을까? 인권과 기본권이 상당 부분 일치하기는 하지만 완전히 일치하는 것은 아니야. 왜냐하면 모든 인권을 기본권으로 규정하지도 않았고 그렇게 하기에는 현실적인 한계가 있기 때문에 인권과 기본권이 정확하게 일치할 수는 없단다. 게다가 인권이 인류에게 주어진 보편적 권리라면 기본권은 국가공동체를 전제로 하여 보장되는 권리라는 차이점이 있어. 헌법은 그 국가의 특정한 현실을 반영하여 만들어지는 것이기 때문에 인권이 아니더라도 매우 중요한 권리라면 기본권으로 규정될 수 있는 것이란다. 예를 들어 바이마르 헌법에서 세계 최초로 도입된 사회적 기본권들은 당시 인권의 범주에 들지 못하던 새로운 종류의 권리였단다.

자. 좋은 소식! 이번 장의 인권과 기본권의 관계에 대한 이야기는 여기까지야. 짧아서 좋지? 정리해보면, ① 인권은 헌법이라는 잘 재단된 옷을 입으면서 불명확한 내용이 정돈되고 명확해졌어. ② 또한 인권은 헌법이라는 한 국가의 최고 규범이 주는 강제력을 덧입으면서 기본권이라는 강력한 권리로 변신하게 돼. ③ 인권과 기본권이 상당 부분 일치하긴 하지만 그렇다고 완전히 같은 것이라고 보기는 어려워.

자유, 평등, 생존, 참여, 청구
- 기본권의 유형

아빠 기본권을 비슷한 친구들로 묶어서 모둠을 만들고 각 모둠을 대표하거나 모
       둠의 성격을 잘 표현한 말을 소개해볼게.

   "자유 아니면 죽음을 달라" ― 미국 독립전쟁 직전, 패트릭 헨리
   "왕후장상의 씨가 따로 있으랴" ― 진승, 오광 그리고 만적
   "빵을 달라" ― 프랑스 혁명 당시, 프랑스 국민
   "대표 없는 과세 없다" ― 미국 독립전쟁의 슬로건, 미국 13주 대표
   "법대로 해" ― 분쟁이 있을 때, 한국 사람들

딸   기본권은 전쟁, 반란, 혁명, 분쟁을 통해서 탄생했나 봐요. 전쟁이나 반란,
      혁명의 슬로건이 많네요!

　　이번 장에서는 개별적인 기본권에 대한 설명을 하기에 앞서서 기
본권을 내용에 따라 그룹으로 묶어보도록 하자. 그리고 각 그룹별로
자기소개 한 줄 멘트를 먼저 들어보면 좋을 것 같구나.

　　　　　　【개인 주체성의 시작 ― 나 좀 내버려둬 : 자유권】
과거 국가의 주인은 군주나 소수의 귀족이었고 그들을 제외한 다수
의 국민, 시민은 하나의 인격체이자 자유로운 존재로 인정받지 못했
었단다. 따라서 그들에게 무엇보다도 가장 절실한 것은 자유였어.
여기서 말하는 자유는 바로 빈번하게 개인의 권리를 침해하는 국가

로부터의 자유를 의미해. 과거의 시민들에게는 국가의 간섭이나 통제, 억압이 일상화되어 있어서 국가에 의한 자유에 대한 침해로부터 벗어나는 것이 가장 절실하고도 기본적으로 요구되었어.

그래서 개인이 국가에 예속되거나[91] 국가의 처분에 의해서 운명이 좌지우지되는 존재가 아니라 주체적인 존재가 되어 하나의 건전한 인격체로서 자유롭게 살아갈 수 있는 권리가 바로 자유권이라고 할 수 있겠다. 미국이 독립전쟁 직전에 패트릭 헨리가 "자유 아니면 죽음을 달라"라고 외치며 영국으로부터 독립을 촉구했던 것처럼 자유가 없는 삶은 죽은 삶이라는 간절함을 함께 느껴보자. 자유권이 조금 더 의미 있게 다가오지 않니?

패트릭 헨리 연설 장면, 1876년 판화
ⓒ Shutterstock

---

91 지배나 지휘 아래에 놓임을 뜻해.

결국 자유권은 인간이 인간으로 살아가는 데 가장 기초가 되는 권리이자 또한 그 역사가 유구한 권리라고 할 수 있어. 자유권은 국가의 침해 행위로부터 이를 막아내는 권리라는 의미에서 좀 어려운 말로 '대국가적국가에 대한 방어권'이라고 부르기도 한단다.

【공정을 향한 출발선 – 나도 같은 사람이야 : 평등권】
기울어진 운동장 이야기를 들어본 적이 있을 거야. 축구 경기를 하는데, 운동장이 한쪽 편으로 기울어져 있다면 어떻게 될까? 기울어진 쪽에서는 열심히 공을 쫓아 달리는 것도, 공을 차는 것도 상대편보다 훨씬 힘이 많이 들 것이고, 경기에서 이기기란 결코 불가능한 일이 될 거야. 평등권은 한쪽으로 치우치지 않고 수평이 공정하게 맞추어진 운동장에서 경기를 할 수 있게 해달라고 할 수 있는 권리라고 이해할 수 있어.

과거 왕이나 귀족은 신격화[92]되거나 온갖 특권을 누리면서 다른 사람들과 다른 존재로 군림하곤 했단다. 기울어진 운동장의 특혜를 받은 것이지. 인간은 이렇게 특권을 가진 계층과 그렇지 않은 계층으로 나누어졌는데, 그중 노예나 농노와 같은 낮은 신분의 계층은 사람 대접을 받기도 힘들었단다. 이런 차별과 불공정한 대우를 철폐하고 모든 사람들이 동등하게 대우받도록 하는 것이 바로 평등권이야. 특히 과거 차별의 잣대로 많이 사용되던 신분, 성별, 인종, 종교

---

92 신과 같은 위치 또는 신과 같은 존재로 미화하는 것을 말해.

등에 좌우되지 않고 공평하게 같은 인간으로서 대우받을 수 있는 권리인 것이지. 특히 우리나라는 오랜 기간 동안 철저한 신분제 사회를 고수해왔기 때문에 "왕후장상의 씨가 따로 있느냐?"라는 오래전 외침[93]이 아직까지도 큰 울림이 있는 이유가 아닐까 해.

【인간다움을 위한 최저선 – 나 좀 살게 해줘 : 사회권】
국가로부터 자유를 얻고 평등하게 대우받는다 하더라도 인간으로서 삶을 살아가는 데 가장 기본적인 의식주가 해결되지 않는다면 과연 인간다운 삶이라고 할 수 있을까? 우선 국가로부터 간섭과 통제에서 벗어나는 게 목표였던 과거에는 사회적 기본권까지는 생각할 겨를이 없었지만, 현대사회에 들어서 빈부의 격차가 커지고 자유방임에 따른 부작용이 커지면서 새로이 등장하게 된 권리라고 할 수 있어. 인간다운 최소한의 삶이 보장되어야만 나머지 기본권도 실제적인 의미를 가질 수 있다는 점에서 더욱 강조될 수밖에 없는 기본권이라는 생각이 드는구나. 당장 생존에 필수적인 먹을 음식과 기본적 물질이 없다면 다른 권리들은 유명무실한 권리가 될 수 있겠지?

프랑스 혁명 당시 프랑스 시민들의 "빵을 달라"라는 요구는 오늘날의 현대적인 사회권과는 좀 다를 수 있어. 하지만 국가에 대해서 최소한의 생존을 보장해달라는 이 외침은 인간의 가장 원초적이고

---

93 중국 진나라 사람인 진승·오광이 기원전 209년에 반란을 일으키면서 주장했던 말이라고 해. 왕이나 제후, 장수, 재상과 같이 신분 높은 사람도 원래부터 특별한 사람이 아니라 자신들과 같은 사람이라는 주장이야.

기본적인 요구이자 권리라는 맥락에서 이해할 수 있을듯해.

또한 자유권이 국가의 권리 침해로부터 방어하고 개인이 자유롭게 건전한 인격체로 살아갈 권리인 반면에, 사회권은 오히려 국가에게 인간다운 생활을 할 수 있도록 최소한의 급부[94]를 요구할 수 있는 권리란다. 이러한 양상을 두고 사회권을 국가에 의한 자유라고도 표현하기도 한단다.

【국민의, 국민에 의한, 국민을 위한 나라로 가는 길 −
나도 이 나라의 주인이야 : 참정권】

미국의 제16대 대통령 에이브러햄 링컨은 남북전쟁 당시에 최대의 격전이 벌어졌던 게티스버그에서 희생자들을 기리는 연설을 하면서 '국민의, 국민에 의한, 국민을 위한 정치'를 주장하였어. 이 말은 민주주의를 설명하는 매우 유명한 말이 되었지. 그런데 어떻게 하면 '국민의, 국민에 의한, 국민을 위한 정치'를 할 수 있을까?

아빠는 그 핵심에 있는 기본권이 바로 참정권이라고 생각해. 참정권은 국민이 주권자로서 국가의 정치에 참여할 수 있는 권리를 말해. 대표적으로 선거권을 행사하여 대표자를 선출하고 국민의 대표자로 선출될 수 있는 권리가 이에 해당하지. 국민이 바로 나라의 주인으로 본인의 대표자를 직접 선택하고 혹은 직접 대표자로 선출될 수 있는 것이 바로 '국민의 나라'이고 '국민에 의한 나라'라고 할 수

---

94 재화나 금전 등을 지급하는 것을 말해.

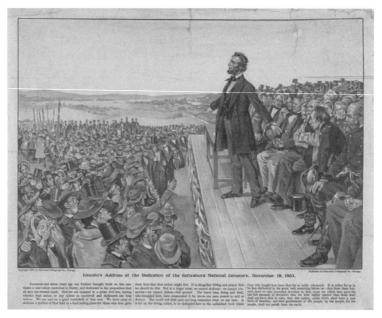

링컨의 게티스버그 연설 장면을 담은 1905년 작품 © Sherwood Lithograph Co., Chicago

있는 것이지. 그리고 왕이나 소수의 귀족이 자기들을 위한 특권을 위해 일하는 것이 아니라 국민에 의해 직접 선출한 대표들이 본인들을 선출한 국민을 생각하며 일을 할 때, '국민을 위한 나라'가 될 수 있는 게 아닐까?

미국이 영국으로부터 독립을 요청하며 등장한 슬로건이 바로 "대표 없는 과세 없다"라는 말이었어. 국민이 대표도 선출하지 못하고 자신들의 의사를 표현하지 못하면서 의무만 부담하는 것에 대한 부당함을 표현한 말이지. 이 말을 곱씹어 볼수록 참정권이야말로 건전한 국가공동체를 만들고 국가의 주인이 국민이 되도록 하는 중요한 권리라는 생각이 드는 구나.

【권리를 보장하기 위한 권리 — 내 권리를 지켜다오 : 청구권】
국가나 혹은 다른 사람에게 나의 권리를 침해당한다면 그 침해당한 권리는 어떻게 회복하고 지킬 수 있을까? 우리나라 사람들은 분쟁이 생기면 종종 하는 말이 있는데 바로 "법대로 해"라는 말이란다. 이 말은 그렇게 좋은 뜻으로 하는 말은 아니지만 가만히 뜯어보면 우리가 권리를 침해당하거나 억울한 일을 당할 때, 법이라는 잣대와 재판 등을 통해서 해결할 수 있는 권리구제의 최후 보루[95]가 있다는 말이기도 하다는 생각이 들어.

이처럼 청구권은 국가나 다른 사람에 의해서 권리를 침해당했을 때 이를 막고 권리의 구제를 요구할 수 있는 권리란다. 그래서 권리 보장을 위한 수단적인 권리라고도 하고, 권리를 보장하기 위한 권리라고도 할 수 있어. 국가에 대해서 청원을 하거나 사법절차에 따른 재판을 청구하거나 국가가 잘못을 저질러서 피해를 받았을 때 배상을 구하는 권리 등이 대표적이야.

만약 이런 청구권이 없다면 앞에서 봤던 권리들은 역시 껍데기만 있는 권리에 불과하게 될 거야. 왜냐하면 권리가 침해당하고 권리를 빼앗긴다 하더라도 이를 막거나 회복시킬 수단이 없다면 아무 의미가 없을 테니까.

기본권을 내용에 따라 묶으면, 얼마든지 다른 분류가 가능하겠지만 간단하게 ① 자유권, 평등권, 사회권, 참정권, 청구권으로 나눌 수

---

95   적의 침입 또는 침해를 막기 위해 세운 장치나 건물을 말해.

있어. ② 자유권은 국가의 간섭과 통제로부터 자유롭게 개인이 자신이 주체적으로 행동하고 결정할 수 있는 권리들을 말해 ③ 평등권은 동등하게 대우를 요구할 수 있는 권리이고, ④ 사회권을 최소한의 인간다운 생활을 할 수 있도록 국가의 도움이나 급부를 요구할 수 있는 권리야. ⑤ 참정권은 국민이 나라의 주인으로서 대표자를 선출하거나 직접 대표자가 되어 국가의 운영에 참여할 수 있는 권리이고, ⑥ 청구권은 다른 권리가 침해될 때 침해를 막고 회복을 구할 수 있는 권리를 위한 권리란다.

법인(法人)도 명예나 인격을 가질 수 있을까?
- 기본권의 주체

아빠 사람은 인격적인 존재로 살면서 자신이 좋든 싫든 다양한 사회적인 평가를 받고 살아간단다. 그런데 만약 누군가 네가 속한 조직이나 단체를 공공연하게 비방하거나 깎아내리는 발언을 한다면 네가 속한 조직이나 단체가 나서서 대응할 수 있을까?

딸 제가 속한 조직이나 단체 역시 저와 별개로 사회적인 평가를 받고 있을 거잖아요. 그러니 조직이나 단체도 스스로 명예를 지키기 위해서 권리를 주장할 수 있어야 하겠죠.

인권을 헌법에서 규정하면서 기본권이 되었다고 이야기 했었지? 그럼 인권은 당연하게 사람이라면 보편적으로 갖는 권리이기에 사람이라면 인권 향유의 주체가 될 수 있단다. 그럼 기본권도 사람이라면 누구나 다 누릴 수 있는 권리라고 할 수 있을까?

이 질문에 대해서는 조금 더 설명이 필요할 듯하구나.

먼저, 법규범에서 말하는 주체 혹은 인격체는 자연인과 법인이 있단다. 자연인自然人은 우리와 같이 피와 살을 지닌 신체가 있고 실체가 있는 인간, 사람을 의미해. 이에 비해 진짜 사람은 아니지만 사람의 모임이나 재산에 법적인 인격을 부여해서 자연인과 같은 취급을 해주는 법인法人이 존재한단다. 법인제도가 언제 생겨나고 어떤 경위로 처음 만들어지게 되었는지를 명확히 설명해주는 자료는 찾기 힘든데, 과거 로마 시절부터 법인제도가 있었다고 해.[96] 법인은 여러 사람이 모여 단체를 만들었을 때 단체구성원 전원이 행동하지 않아도 간편하게 법인의 이름으로 계약도 맺고 법률적인 활동을 할 수 있게 해주는 훌륭한 제도라고 할 수 있어. 현대로 들어올수록 법인의 필요성이나 역할이 점점 더 중요해지고 있는데, 쉽게 생각해서 우리 주변에 수많은 기업들이 대부분 법인이라고 생각하면 돼.

그럼 자연인과 법인 모두 기본권을 누릴 수 있는 주체가 될 수 있을까? 자연인의 경우에는 기본권의 향유 주체가 된다는 점은 쉽게 인정할 수 있을 거야. 하지만 법인의 경우는 이야기가 좀 달라진단다. 법인은 우리 자연인처럼, 신체도 없고 정신도 없지? 결국 법인의 경우에는 신체적인 자유권이나 정신적인 자유권을 인정해주고 싶어도 자유를 누릴 신체나 정신이 없기 때문에 원칙적으로 기본권의 주체가 될 수 없는 거야. 그리고 사회적 기본권도 육체적인 생존을 전제로 하는 것이기 때문에 밥도 먹지 않고 살 집이나 입을 옷이 필요 없는 법인은 누릴 수 없다고 하는 것이 맞겠지?

그럼 법인에게는 아무런 기본권이 인정되지 않을까? 만약 법인에게도 인격이나 명예가 있어서 만약 법인에게 강제로 잘못을 시인하고 사과하라고 하는 경우, 인격권이 침해되었다고 할 수 있을까? 우리 헌법재판소에서는 법인도 인격권을 가지고 있고, 강제적으로 사과의 의사를 표명하도록 하는 경우 인격권의 침해가 된다고 결정했

---

96 하나의 목적을 지닌 공동체라는 뜻의 라틴어 '우니베르시타스'에서 법인 개념이 나왔다는 주장이 있단다.

어. 즉, 헌법재판소는 89헌마160 사건에서, 잡지사^{법인}도 인격권이 있고 억지로 잘못했다고 사죄의 뜻을 광고로써 널리 알리도록 하는 것^{사죄광고}은 인격권이 침해된다고 보았어. 또한, 2009헌가27 사건에서도 법인에게도 인격권의 한 내용인 사회적 신용이나 명예 유지, 법인격의 자유로운 발현을 위한 의사결정권 등이 있다고 인정하면서, 사과를 강제하면 방송사업자의 인격권을 침해한다고 결정했어.

이처럼 기본권의 내용이 법인에게도 적용될 수 있는 경우에는 법인도 기본권의 주체가 될 수 있단다. 예를 들어, 재산권이나 거주 이전의 자유, 영업의 자유와 같은 기본권들은 법인에게도 보장해줄

쉽게 읽는 헌법재판소
1991.4.1. 선고 89헌마160 결정

- 사죄광고제도란 타인의 명예를 훼손하는 잘못을 저질렀다고 믿지 않는 사람에게 본심에 반하여 깊이 "사과한다"라고 죄악을 자인하는 사죄의 의사표시를 강요하는 것이다.

- 사죄광고의 강제는 인간 양심의 왜곡·굴절이고 겉과 속이 다른 이중인격 형성의 강요인 것으로서 양심에 반하는 행위의 강제 금지에 저촉된다.

- 사죄광고는 우리 헌법이 보호하고자 하는 정신적 기본권의 하나인 양심의 자유의 제약(법인의 경우라면 그 대표자에게 양심 표명의 강제를 요구하는 결과가 됨)이다.

- 사죄광고 과정에서는 자연인이든 법인이든 인격의 자유로운 발현을 위해 보호받아야 할 인격권이 무시되고 국가에 의한 인격의 외형적 변형이 초래되어 인격 형성에 분열이 필연적으로 수반된다. 이러한 의미에서 사죄광고제도는 헌법에서 보장된 인격의 존엄과 가치 및 그를 바탕으로 하는 인격권에 큰 위해가 된다.

수 있는 성격을 가지고 있는 것이지. 살아 숨 쉬는 생명체가 아니고 눈에 보이지도 않는 법인에게도 이렇게 우리 사회에서 존중받고 지켜내야 할 명예나 인격이 있다고 보는 것[97]이 흥미롭지 않니?

기본권의 주체와 관련해서 다음으로 고민해볼 부분은 국적이란다. 즉, 기본권의 유래가 된 인권의 성격을 강조하여 인간의 권리라고 할 것인지, 국가공동체를 전제로 하여 성립된 헌법에서 정하는 권리이므로 국민의 권리라고 할 것인지가 문제가 되는 것이지. 만약 인간의 권리라는 점을 강조한다면 대한민국 국적을 가지지 않은 외국인도 기본권을 누릴 수 있게 될 것이고, 국민의 권리라는 점을 강조한다면 외국인은 기본권을 누릴 수 없게 될 거야.

이에 대해서 많은 학자들은 국제적으로 보편성을 갖는 기본권, 기본권의 성격이 인간의 권리에 해당하는 경우는 외국인도 누릴 수 있다고 해. 예를 들어 정신적 자유권인 양심의 자유, 사상의 자유, 종교의 자유와 같은 기본권은 외국인도 사람인 이상 당연히 누릴 수 있어. 반면에 우리나라의 주인으로서 행사하는 참정권은 원칙적으로 외국인에게 인정해주기는 힘들겠지? 재산권이나 자유롭게 영업을 할 수 있는 권리는 인간의 권리라고 보기 힘들기 때문에 국가 간에 체결하는 조약 등에 따라서 기본권을 인정해줄 수 있단다.

그럼 한 가지 의문이 들지 않니? 왜 너와 같은 어린이나 청소년들은 기본권을 기질 수 있는 주인공인데, 왜 선거에서 투표를 할 수 없는 걸까? 이 질문에 대해서는 기본권을 가지고 향유할 수 있는 권리

---

97 대법원도 다른 사람의 명예를 훼손하면 처벌하는 명예훼손죄가 법인의 명예를 훼손한 경우에도 적용된다고 보고 있어(2018.12.28. 선고 2018도14171 사건).

고등학교 1, 2학년 대상으로
시행된 참정권 교육 ⓒ 연합뉴스

와 실제로 가지고 있는 권리를 사용할 수 있는 능력이 구분되기 때문이야. 예를 들어 어린이들은 참정권^{기본권}을 가지고 있지만 아직 참정권을 행사할 만큼의 정신적 능력이 성장하지 못했기 때문에 실제로 참정권의 행사는 일정 나이^{만 18세}가 되면 할 수 있는 것으로 정하고 있어.

이번 장은 기본권을 보유하고 향유할 수 있는 주체에 대해서 이야기해 보았어. ① 법인의 경우 신체나 정신이 없으니까 신체적, 정신적 자유권이나 사회적 기본권을 가질 이유가 없겠지? ② 하지만 법인의 경우에도 인격권을 인정해주고 있고 강제로 사과하도록 하는 것은 인격권 침해라고 보았어. ③ 외국인의 경우에는 인간의 권리로서의 성격을 갖는 기본권에 대해서는 주체로 인정을 해주게 돼. ④ 기본권의 주체로 되는 기본권^{향유} 능력과 기본권을 실제로 행사할 수 있는 능력은 구분돼.

22 '샤일록'이 네 심장에 칼을 들이댄다면?
- 기본권의 효력

아빠 네가 다른 사람과 너에게 해코지를 할 수 있는 계약을 체결했다고 하자. 이 계약은 꼭 지켜야 할까?

딸 계약은 지켜야 하는 것이니까 지켜야 할 것 같기도 하고, 해코지 하는 계약을 체결하는 것 자체가 나쁜 거니까 안 지켜도 될 것 같기도 한데요.

　오늘은 세계 문학사상 가장 위대한 극작가로 손꼽히는 윌리엄 셰익스피어가 쓴《베니스의 상인》이야기로 문을 열어보자.

　베니스베네치아에 살고 있던 상인 안토니오는 자신의 배가 싣고 돌아올 물건을 담보[98]로 유대인 고리대금업자[99] 샤일록에게 돈을 빌린단다. 이때 기한 내 안토니오가 돈을 갚지 못하면 심장 가장 가까운 살 1파운드약 0.45㎏를 제공한다는 약속을 하게 돼. 그러나 안토니오의 배는 침몰해서 샤일록에게 빌린 돈을 기한 내에 갚지 못하게 되고 결국 샤일록은 재판정에서 계약대로 안토니오의 심장에서 가장 가까운 살 1파운드를 도려내려고 하지. 그때 재판장은 계약의 내용에 따라 정확히 안토니오의 살 1파운드만 가져갈 수 있고 피는 단

---

98 빚을 갚을 것을 보장하기 위해 내어주는 물건을 말해.
99 비싼 이자로 돈을 빌려주는 사업가야.

영화 〈베니스의 상인〉 재판정 장면 ⓒ U.K. Film Council

한 방울도 흘릴 수 없다고 선언하게 돼. 그리고 역으로 샤일록은 계략으로 시민의 생명을 위협한 죄로 처벌을 받아 재산의 절반은 몰수 당하고 절반은 안토니오에게 피해 보상금으로 주게 된단다.

이 이야기는 일단, 재판장의 재치로 억울하게 죽은 안토니오를 구해낸다는 점에서 흥미와 감동을 주는 것 같아. 이 이야기를 당시의 상황과 맥락[100]을 고려하지 않고 현대의 법으로 재단하는 건 무리이지만, 기본권이 사람 대 사람의 관계에서 어떻게 작용하는지 함께 고민해보기엔 괜찮은 소재라는 생각이 드는구나. 그럼, 샤일록이 안토니오의 심장 가까운 살 1파운드를 요구하는, 어떻게 보면 생명을 담보로 하는 이 계약을 헌법은 어떻게 바라보고 이야기할지 한번 같이 생각해보자.

---

100 서로 이어진 관계나 연관성을 의미해.

기본권은 앞서도 살짝 언급했지만, 원래 국가로부터 억압과 침해를 방어하고 개인의 자유를 확보하기 위한 권리에서부터 시작이 되었어. 이런 기본권의 효력을 국가에 대한 방어권대국가적 방어권이라고 부른단다. 과거에는 국가가 국민을 함부로 가두고 고문하거나 자기 마음대로 처벌하는 일도 많았어. 게다가 국민에게 거주·이전의 자유를 인정하지 않고, 종교의 자유도 부여해주지 않는 등 개인의 권리를 수시로 침해하고 억압했었어. 이런 상황은 하나의 예로, 국가가 국민의 자유를 보장하고 국민을 위해 존재하는 것이 아니라 오히려 국민의 기본권 보장에 가장 큰 위협이 되는 존재가 되기도 했어. 그 결과 기본권은 국가의 기본권 침해와 간섭으로부터 개인이 자신의 권리를 방어하는 권리로 이해되어왔어.

그런데 현대 사회로 접어들수록 기본권을 침해하는 주체가 국가가 아니라 다른 힘이 센 사람私人이나 단체가 되는 경우도 점점 늘어나게 되었어. 원래 국가가 기본권을 침해하니까 국가에 대해서 기본권을 주장하던 것에서 이제는 다른 사람에 대해서도 기본권을 침해하지 말라고 주장할 수 있도록 해야 할 필요성이 커진 거야. 기본권이 대국가적·소극적 방어권이라는 한계를 넘어서 이제 다른 개인이나 단체 등에도 주장할 수 있는 대사인적對私人的 - 사인에 대한 효력을 가지게 된 것이란다.

그린데 이렇게 다른 개인에게 주장하는 효력을 어떤 방식으로 저용해 줄 것인지에 대해서는 학자들마다 의견이 다르단다. 먼저는 기본권의 효력을 바로 다른 사람에게도 주장할 수 있다는 의견이 있어. 예를 들어 노예 계약이나 노예와 같은 처지를 만드는 계약을 체결했다고 했을 때, 이와 같은 계약은 기본권의 침해를 직접 상대방에게 주장하여 계약을 무효로 할 수 있다는 의견이야.

다음으로 기본권을 다른 사람에게는 직접 주장하기는 어렵고, 사람 간의 계약 등의 생활 관계를 규율하는 법인 민법에 있는 일반조항을 통해서 간접적으로 적용되어야 한다는 의견이 있어. 민법의 일반조항은 다음의 민법 규정 등을 이야기해.

■ **민법 제2조(신의성실)** ■

① 권리의 행사와 의무의 이행은 신의에 좇아 성실히 하여야 한다.

■ **민법 제103조(반사회질서의 법률행위)** ■

선량한 풍속 기타 사회질서에 위반한 사항을 내용으로 하는 법률행위는 무효로 한다.

이 의견은 기본권을 침해하는 상대방에게 직접 헌법의 기본권 조항을 근거로 해서 기본권 침해를 주장하는 것이 아니고 위의 일반조항을 매개[101]로 해서 기본권이 효력을 미친다는 주장이야. 즉, 민법의 일반조항을 해석하면서 뭐가 신의성실에 맞는 것인지, 반사회적인 것인지를 판단할 때 헌법의 기본권을 고려하여 판단하고 해석기준으로 삼아서 판단하고 기본권 침해가 있다면 신의성실의 원칙 위반이나 반사회적인 행위로 평가해야 한다는 입장이야. 이렇게 민법의 일반조

---

101 양편의 관계를 맺어주는 걸 말해.

항을 통해 기본권의 효력이 간접적으로 다른 사람에게도 미치게 된다는 주장이지.

그럼 이 글의 앞에서 소개했던 베니스의 상인 이야기를 기본권의 효력에 관한 관점을 적용시켜서 이야기해 보자. 안토니오와 샤일록이 맺은 심장 가장 가까운 살 1파운드를 베어내어 주도록 한 계약은 안토니오의 기본권, 즉 생명권이나 신체를 훼손당하지 않을 권리를 침해하는 것으로 볼 수 있어. 생명권은 인간의 존엄과 가치를 보장하기 위한 기본적인 권리로서 다른 사람이 (심지어는 본인 스스로도) 마음대로 처분할 수 없는 권리야. 따라서 생명권 혹은 신체를 훼손당하지 않을 권리를 샤일록 마음대로 처분할 수 있도록 한 계약은 기본권을 침해하는 민법 제103조의 반사회적인 법률행위로 평가될 거야. 결론적으로 이런 계약은 무효가 되어 안토니오는 살을 떼어주지 않아도 되는 것이지. 샤일록이 안토니오의 심장에 칼을 들이댈 때, 안토니오는 "이 계약은 무효야!"라고 당당하게 외치고 나오면 될 일인거야.

베니스의 상인 이야기에서 판사는 공정한 재판을 위해서는 피를 흘릴 수 있다는 계약 내용이 없으므로 피는 한 방울도 못 흘린다는 조건을 다는 재치를 발휘해야만 했어. 하지만 오늘날의 판사에게는 다행히 그런 재치를 요구하지는 않아. 우리는 그저 우리에게 있는 기본권을 주징하면 된단다. 기본권 보장이 강화되고 기본권이 존중되는 좋은 시대를 우린 살아가고 있다는 생각이 드는구나.

① 기본권은 원래 국가에 대해서 주장할 수 있는 국가에 대한 방어권이었어. ② 그러던 것이 다른 사인에 의해서 침해가 더 빈번히

발생하게 되자 사인 간에도 기본권을 적용해야 할 필요성이 생겨나게 되었어. ③ 사인 간에 기본권의 효력을 확장시키는 방법 중 첫 번째는 기본권을 직접 다른 사인에게 주장하는 방법이야. ④ 다른 방법은 민법에 두고 있는 신의성실 원칙이나 반사회적 법률행위 조항을 통해서 기본권을 간접 적용할 수 있단다.

23 나의 권리가 너의 권리와
부딪히면
- 기본권의 충돌

딸   아, 담배냄새. 아빠는 담배 안 피우잖아요?

아빠   아빠가 걸어오는데, 앞 사람이 계속 담배를 피우면서 걸어가잖아.
      앞 사람이 흡연권을 행사할 권리가 있는 대신에 나도 담배 연기 맡지 않을
      혐연권이 있는데 누구의 권리가 우선일까?

　기본권은 원래 국가의 공격으로부터 방어하는 권리로 출발했다
고 이야기했지? 그리고 국가 권력에 대한 감시와 통제가 자리 잡은
현 시점에서는 국가에 의한 기본권 침해보다는 다른 사람에 의한 기
본권 침해가 더욱 문제가 된다는 점도 함께 살펴보았었고. 이제는
기본권이 국가에 대해서만 주장할 수 있는 한계를 넘어서 다른 사람
에 대해서도 주장할 수 있는 권리로 확장된 것이야. 기본권의 준수
가 국가뿐만 아니라 모든 국민들이 준수해야 할 법질서로 발전한 것
이지.

　그런데 기본권의 효력이 이렇게 확장되다 보니 한 가지 고민이
생겼단다. 내가 국가에게 어떤 권리를 주장할 수 있고 다른 사람도
국가에게 어떤 권리를 주장할 수 있을 때 국가는 양 권리가 서로 부
딪히고 간섭할 수 있기 때문에 어떤 사람의 주장에 더 귀를 기울여

야 하는지 헷갈리게 되었단다.

이해하기 쉽게 흐르는 강을 생각해보자. 강이 한줄기로 흐르는 지점에서는 한 방향으로 별 부딪힘 없이 물줄기가 흘러갈 수 있을 거야. 하지만 두 개의 강이 만나서 하나의 강으로 합쳐진다면 어떨까? 두 개의 강이 흐르는 속도도 다르고 폭도 다르고 방향도 다르기에 두 강이 합쳐지는 지점은 서로 물이 부딪히기도 하고 소용돌이도 발생하면서 격류가 될 수도 있을 거야. 이처럼 과거 국가에 대해서만 기본권을 주장할 경우에는 한줄기의 물처럼 일정한 방향성을 가지고 있어서 서로 부딪힐 일이 없었다고 할 수 있지. 하지만 기본권을 다른 사람에게도 주장할 수 있고 서로 간에 지켜야 할 약속이 되면서 여러 방향의 물줄기가 서로 만나고 부딪히는 상황과 비슷하다고 할 수 있단다.

그럼 실제 사례를 통해 함께 생각해보자. 담배가 몸에 해로운 것이므로 국가가 국민들의 건강을 지키기 위해 법으로 금연구역을 넓게 설정한다고 하자. 그렇게 되면 담배를 피우지 않는 국민들은 혐연권[102]과 생명권에 대한 두터운 보호를 받게 될 거야. 반면에 어디서나 자유롭게 담배를 피울 수 있는 흡연권은 축소되겠지? 이처럼 다수의 기본권 주체가 국가를 사이에 두고 서로 기본권이 부딪히는 것을 두고 기본권의 충돌이라고 한단다.

우선 기본권 충돌의 예를 좀 더 살펴보도록 하자. 언론사에서 범죄인의 신상을 공개할 경우, 언론사가 갖는 언론의 자유와 범인의

---

102 담배 연기를 거부할 권리를 말해.

인격권이 충돌하게 돼. 또 국가가 보유하고 있는 정보를 공개할 것을 요구할 수 있는데알권리, 공개를 요구하는 정보가 특정한 개인에 관한 정보일 경우 알권리와 개인정보자기결정권이 서로 충돌하게 돼. 또 안마사는 시각장애인만 할 수 있도록 하고 시각장애인이 아닌 사람은 안마사가 될 수 없도록 정한다고 하자. 그럼 이 경우엔 시각장애인의 생존권과 안마사가 되고 싶은 비장애인의 직업 선택의 자유가 서로 충돌하게 돼. 상점이 있는 거리에서 집회를 할 경우 집회 참가자들의 집회결사의 자유와 상점 주인들의 영업의 자유가 서로 부딪히는 경우야. 기본권 충돌의 예는 많지?

그럼 기본권 충돌은 어떻게 해결해야 할까? 우선 떠오르는 방법은 충돌하는 기본권 중에서 하나의 편을 들어주고 한편을 희생시키는 것이야. 기본권의 무게를 달아서 좀 더 무겁고 중한 기본권을 우선시키고 좀 더 가벼운 기본권은 희생하도록 하는 방법이지. 이런 방식을 법익형량 또는 이익형량이라고 해. 즉, 법적인 이익을 저울로 달아본다는 뜻이야. 결국 이 방식은 기본권이라고 해서 다 같은 기본권이 아니고 좀 더 중요한 기본권이 있고 그 중요도에 따라서 기본권을 줄 세우는 것이 가능해야 한다는 점을 전제로 하고 있어.

앞에서 예로 들었던 금연구역 지정과 관련해서 혐연권과 흡연권이 충돌하는 사례에서 헌법재판소는 법익형량의 방식을 통해서 답을 내고 있단다. 헌법재판소는 비흡연자의 혐연권은 사생활의 자유와 생명권까지도 연결되는 권리이므로 중요한 권리라고 보고 흡연권보다 상위에 있다고 판단했어. 이에 따라서 금연구역을 설정하여 흡연자의 기본권을 제한하는 것이 정당하다고 보았어.

흡연부스 '타이소'의 안내문구
ⓒ 뉴시스

쉽게 읽는 헌법재판소
2004.8.26. 선고 2003헌마457 결정

- 담배를 피울 권리인 흡연권은 사생활의 자유가 핵심인 권리이다.

- 담배를 피우지 않거나 흡연으로부터 영향을 받지 않을 권리인 혐연권은 사생활의 자유뿐만 아니라 생명권까지 연결되는 권리이다.

- 따라서 혐연권이 흡연권보다 상위의 기본권이다.

- 무엇이 더 중요하고 덜 중요한지 구분이 되는 권리가 서로 부딪히는 경우에는 상위의 기본권이 우선된다.

- 결국 흡연권은 혐연권을 침해하지 않는 범위에서만 인정할 수 있다.

그러나 법익형량에 의한 기본권 충돌 해결 방식은 기본권 간에 '뭣이 중헌지' 판단할 수 있어야 하는데 모든 기본권의 경중을 달아서 잴 수 없다는 맹점이 있단다.

그래서 고민해 볼 수 있는 방법이 기본권 하나를 버리고 하나를 취하는 선택방식이 아니라 양 기본권을 서로 양보하게 하여 조화를 시키는 것이야. 양 기본권이 10만큼씩 주장할 때 한 기본권을 무시해서 0만큼만 인정하는 것이 아니고 각각 5씩 양보, 조정하여 서로 조화시키는 방법이라고 할 수 있지. 이와 같은 방식을 실제적 조화의 원리 또는 규범조화적 해석이라고 부른단다.

우리 헌법재판소도 실제적 조화의 원리를 적용해서 많은 사건들을 해결해오고 있어. 예를 들어 학교의 정보를 공개하도록 하고 있는데, 이때 어떤 교사가 노동조합에 가입되어 있는지는 알리지 않고 노동조합에 가입된 교사의 숫자만 알려주도록 하고 있어. 이 경우 학부모들의 알 권리와 교사의 개인정보자기결정권이 서로 부딪히는데 헌법재판소는 충돌하는 기본권이 모두 최대한 존중되도록 조화로운 방법을 찾아야 한다고 했어.

쉽게 읽는 헌법재판소
2011. 12. 29. 선고 2010헌마293 결정

- 학부모는 자기 자녀를 가르치는 선생님이 어떤 자격과 경력을 가졌는지 어떤 정치성향과 가치관을 가지고 있는지 알 권리를 가진다.

- 교사는 자신에 관한 정보가 언제 누구에게 어느 정도로 알려지게 할 것인지 결정할 수 있는 개인정보자기결정권을 가진다.

- 학교의 정보를 공개하면서 교원노조 가입자 수만 공개하는 것은 학부모의 알 권리와 교사의 개인정보자기결정권의 충돌을 의미한다.

- 이와 같이 두 기본권이 충돌할 경우, 서로 부딪히는 기본권 모두 최대한으로 보장되도록 조화로운 방법을 찾아야 한다.

- 교원노조 가입자 수만 공개하는 것은 학부모의 알 권리와 교사의 개인정보 보호 모두를 최대한 충족시키는 것이므로 헌법에 위반되지 않는다.

어쩌면 실제적 조화의 원리는 헌법의 정신 바로 그 자체일지 몰라. 충돌하는 다양한 가치와 주장을 녹여내고 하나로 조정해나가는 것이 바로 '헌법'이야. 어느 기본권도 희생시키지 않고 양자 모두 최대한 충실하게 보장해주겠다는 실제적 조화의 원리야말로 헌법이 추구하는 방향이 무엇인지 잘 보여주고 있다고 생각해. 우리가 살아가면서 우리의 권리와 다른 사람의 권리가 충돌하는 상황은 종종 맞닥뜨리게 될 거야. 특히 사회가 복잡해지면서 더욱 이런 현상은 심각해지지 않을까 싶어. 그럴 때면 나의 권리도 소중한 만큼 타인의 권리도 소중하다는 생각을 바탕으로 서로의 권리를 존중하고 조금씩 양보하면서 조화를 이뤄가는 것이 하나의 국가공동체를 이뤄 살아가는 우리에게 가장 필요한 덕목이라는 생각이 드는구나.

① 여러 기본권 주체가 국가에 대해서 상반된 기본권 주장을 하는 것을 두고 기본권 충돌이라고 해. ② 기본권 충돌은 법익형량 또는 이익형량을 통한 방식으로 해결하기도 하는데 충돌하는 기본권 중 보다 우월한 기본권을 보장해주는 방식으로 이해할 수 있어. ③ 그러나 이익형량 방식은 하나의 기본권을 희생해야 하는 점, 어떤 기본권이 우위에 있는지 구분하기 힘든 점 때문에 실제적 조화의 원리를 많이 활용한단다. ④ 실제적 조화의 원리는 하나의 기본권을 우선시키는 방식이 아니라 양 기본권을 서로 조정하고 양보시켜서 두 기본권 모두 최적화된 효과를 발휘하도록 보장해주는 방식이야. ⑤ 실제적 조화의 원칙처럼 타인에 대한 존중, 타인의 권리도 소중하다는 기본 의식이야말로 하나의 국가 공동체를 살아가며 다양한 갈등이 표출되는 현대 사회에서 가장 필요한 덕목이 아닐까?

24 헌법이 추구하는 최고의 가치
- 인간의 존엄과 가치

아빠   극악무도한 범죄로 다른 사람을 해친 사람들도 인권을 존중해줘야 할까?

딸   다른 사람의 권리는 존중하지 않았으면서 자기 권리를 보장해달라는 건 너무 염치없는 거 아니에요?

    우리 헌법이 총 몇 개의 조문으로 되어있는지 혹시 아니? 130개의 조문으로 되어있단다. 130개의 조문 하나하나가 의미가 있고 중요하지만 그중에서 가장 중요한, 그리고 가장 핵심적인 조문 하나를 선택하라고 하면 어떤 조문이 될까? 아빠는 이 질문에 대해서는 인간의 존엄과 가치를 천명하고 있는 헌법 제10조를 어렵지 않게 선택할 수 있을 것 같아.

> ■ 헌법 제10조 ■
> 모든 국민은 인간으로서의 존엄과 가치를 가지며 행복을 추구
> 할 권리를 가진다.

    다른 기본권 조항이나 통치구조정치제도를 형성하는 조항 등 헌법이 과연 무엇을 위해 존재하는지 헌법 제10조가 알려주고 있다고 생

각해. 헌법은 바로 인간의 존엄과 가치를 실현하고, 구체적으로 보장하기 위하여 존재하는 것이니까. 따라서 헌법에 의해 형성된 국가질서, 국가의 권력, 정치체제는 인간의 존엄과 가치를 존중하고 실현하는 데 이바지함을 목표로 해야 한단다. 이와 같은 정신을 보다 선명하게 표현하고 있는 독일기본법을 한번 살펴보도록 하자.

■ 독일기본법 제1조 ■
① 인간의 존엄성은 불가침이다. 이를 존중하고 보호하는 것이 모든 국가권력의 의무이다.

독일은 그 누구도 인간의 존엄성은 침해할 수 없고, 모든 국가권력은 인간의 존엄성을 존중하고 보호해야 하는 의무를 지고 있음을 기본법^{헌법}의 가장 처음 문장으로 선택했단다. 그리고 이 간단한 문장이 울림이 있는 것은 2차 세계대전에서 독일이 행한 인간 존엄성의 말살에 대한 진실하면서 깊은 참회가 담겨 있어서가 아닐까?

인간으로서의 존엄성은 보호할 만할 인격적 가치를 가졌다고 판단되는 사람에게만 주어지는 것이 아니라 생물학적으로 사람이라면 누구나 인격적 존재인지 아닌지를 따지지 않고 인정되는 것이란다. 따라서 모든 인간은 인간이기 때문에 존엄성과 가치를 지니는 것이고, 의식이 없는 상태에 있거나 지적장애인이라 할지라도 그 존엄성을 부인할 수는 없는 거야. 나아가 사람이라면 부자든 가난하든, 나이가 많든 어리든, 사회적 지위가 높든 낮든, 병약하든 건강하든, 여성이든 남성이든 등등의 개인이 지니는 특성과 조건에도 불구하고 인간으로서 존엄성을 가진단다.

　따라서 다른 사람을 살해하거나 해를 가한 중범죄인과 같은 사람들도 스스로는 인간이길 포기했을지 모르겠지만 인간 존엄성은 포기될 수 없는 것이기에 인간으로서 또한 존중 받아야 한단다. 그래서 중범죄자라 하더라도 범죄자 신상 공개는 제한적으로 이루어지고 범죄 피해자 또는 그 가족이 사적으로 보복하는 것이 아니라 정식 재판을 통해서 징역형 등의 정해진 죗값을 치르게 해야 한단다. 또한 나쁜 죄를 지어서 교도소에 갇혀있는 동안에도 인간적인 처우가 이루어질 수 있도록 하는 것도 인간의 존엄성 때문에 그렇단다.

　언뜻 보면 범죄의 피해자 또는 피해자의 가족은 깊은 상처로 힘들게 살아가고 범죄자는 선량한 국민들이 낸 세금으로 편하게 살아

수감자의 인권을 고려하여 만들어진 노르웨이 할덴 교도소 ⓒ Halden fengsel

가는 것처럼 보여서 참 불공정해 보이지? 범죄자에 대한 존중을 어느 정도로 해줘야 하는지는 참 어려운 문제야.[103] 하지만 범죄자라고 해서 무조건 인간 존엄성을 부인하고 박탈하기 시작한다면 우리 사회의 전반적인 인간 존엄성과 가치는 점점 더 훼손될 수밖에 없을 거고 공동체를 보호한다는 명목으로 개인의 자유와 권리에 대한 침해는 더욱 손 쉬워질 거야.

소설《레미제라블》속 이야기처럼 빵 한 조각을 훔쳤다고 결국은 19년 동안 참혹한 감옥 생활을 해야 했던 장발장을 생각해보자. 많은 사람들은 굶고 있는 조카를 위해 빵 한 조각을 훔친 대가로 비인간적인 대우를 받으며 19년 감옥 생활을 한 장발장에 대해서 연민을 느끼지 않을까? 장발장을 변화시킨 것은 19년 동안 지속된 가혹하고 징벌적인 형사제도가 아니라 미리엘 주교가 준 단 한 끼의 따뜻한 음식과 편안한 하룻밤의 거처 그리고 용서라는 인간다움에 있었음을 기억하면 좋겠다.

그리고 인간의 존엄과 가치를 선언하고 있는 우리 헌법 제10조는 헌법에 또박또박 적혀 있는 권리는 아니지만 인간 존엄성에서 비롯되는 여러 권리들의 원천이 되기도 한단다. 예를 들어 생명권은 우리 헌법에는 그 규정이 없지만 살아 숨 쉴 수 있는 권리인 생명권이 보장되지 않는다면 인간의 존엄성이 보장될 수 없기에 헌법 제10조를 근거로 삼고 헌법 제37조 제1항의 열거되지 않은 권리 규정과 결합하여 인정될 수 있단다. 또한 성명권, 초상권, 명예권 등과 같은 권

---

103 예를 들어 복지국가를 지향하는 스칸디나비아 나라들의 교도소는 호텔 수준의 시설을 갖추고 있단다.

리도 역시 헌법에는 명시되지 않았지만 인간의 존엄과 가치에서 비롯된 권리라고 할 수 있단다.

한편, 아빠는 헌법에 명시된 인간의 존엄과 가치가 헌법이 이 시대를 살아가는 우리에게 보내는 요청을 담고 있다고 생각한단다. 즉, 헌법은 인간이 존엄하고 가치 있는 존재임을 선언함과 동시에 우리에게 그런 존엄하고 가치 있는 존재가 되어 달라는 요청이 있다고 생각해. 소설《레미제라블》에서 장발장을 단숨에 변화시킨 미리엘 신부처럼, 그 사랑에 감복[104]하여 그 또한 타인에 대한 사랑과 배려를 베풀며 살았던 장발장처럼, 헌법이라는 한 지붕을 이고 살아가는 이 땅의 모든 사람들이 헌법이 부여한 인간의 존엄과 가치에 걸맞은, 타인을 이해하고 배려하는 존재로 성숙해가기를 소망해본단다.

① 헌법 제10조는 인간의 존엄과 가치를 규정하고 있어 헌법에서 가장 핵심이라고 할 수 있어. ② 다른 기본권 조항이나 통치구조는 바로 인간의 존엄성을 실현하기 위한 것이라 할 수 있지. ③ 그래서 국가권력은 인간의 존엄성을 침해할 수 없을 뿐만 아니라 이를 보장해야 할 의무를 지고 있고 이 의무는 국가권력의 가장 기본적 의무야. ④ 헌법 제10조는 헌법의 최고 이념이기도 하지만 헌법에 열거되지 않은 중요한 다른 기본권을 파생시키기도 해. ⑤ 헌법 제10조는 인간이 존엄함을 선언하고 있지만 한편으로는 인간이 스스로 존엄한 존재임을 자각하고 그에 상응하는 모습으로 살아가라는 요청을 담고 있다고 생각해.

---

104 감동하여 마음을 다해 따르는 것을 의미해.

행복의 나라로
- 행복추구권

아빠   셰익스피어의 비극인 《로미오와 줄리엣》 이야기처럼 이루어질 수 없는 슬픈 사랑 이야기가 우리나라에도 비교적 최근까지 있었단다. 우리나라는 연인들이 서로 원수 가문이어서는 아니고 그 반대의 경우였어. 즉, 성씨와 본관이 같은 동성동본을 넓게 가족으로 보아 결혼할 수 없도록 우리 민법이 막고 있었던 것이지. 그래서 많은 커플들이 동성동본이라는 이유만으로 결혼을 못하고 헤어져야만 하던 경우도 있었어.

딸   그럼 우리나라 3대 성씨인 김, 이, 박씨는 결혼 상대를 정할 때 더 많은 제한이 있었겠네요.

가수 양희은의 노래 중에 〈엄마가 딸에게〉라는 노래가 있단다. 이 노래 가사의 주된 내용은 딸이 행복해지기를 바라는 마음에서 엄마가 딸에게 "공부해라, 성실해라, 사랑해라" 등등의 여러 말을 하지만 결국엔 "너의 삶을 살아라!"라는 이야기를 하는 거야. 아빠는 이 노래가 무엇보다 행복은 자기다운 삶을 살아갈 때 얻을 수 있다는 삶의 지혜를 품은 따뜻한 노래라고 생각해.

자기 삶을 살아가는 것이 행복이라는 성찰은 우리 헌법 제10조의 행복추구권과 그 맥락이 서로 닿아있다는 생각이 드는구나. 먼저 행복을 추구할 권리를 규정한 헌법 제10조를 함께 읽어보자.

■ 헌법 제10조 ■

모든 국민은 인간으로서의 존엄과 가치를 가지며 행복을 추구
할 권리를 가진다.

각 사람마다 품고 있는 행복의 색은 다 달라서 행복은 사람 숫자
만큼의 형형색색으로 빛나고 있는 것 같아. 어떤 이에게는 물질적인
넉넉함이, 어떤 이에게는 관계의 풍성함이, 어떤 이에게는 성취의
즐거움이, 어떤 이에게는 그저 나무 아래 그늘에서 아무것도 하지
않는 것이, 어떤 이에게는 한 가락의 아름다운 음악을 듣는 것이 행
복이라고 느낄 거야. 이처럼 행복의 모습과 방향성은 사람마다 제각
각 다르기 때문에 우리 헌법은 각자가 주체가 되어 자신이 정한 행
복이라는 목표를 향해 스스로 나아갈 수 있도록 '행복할 권리'가 아
닌 '행복을 추구할 권리'를 규정하고 있어.

행복할 권리와 행복을 추구할 권리의 차이는 뭘까? 어떤 친구가
학교시험에서 1등을 해야 행복할 수 있다고 해보자. 그 친구의 행복
할 권리는 시험에서 1등을 할 권리가 되겠지? 하지만 헌법이 개인들
모두에게 제각각인 행복을 다 충족시켜줄 수는 없는 거잖아. 알라딘
의 요술램프 속 지니가 아닌 바에야 헌법이 각자의 희망에 맞춰서
이를 모두 권리로 인정해줄 수도 실현해줄 수도 없겠지? 하지만 그
친구가 시험에서 1등을 하기 위해 목표를 세우고, 공부하고, 혹은 학
원을 다니거나 과외를 받는 등의 행동을 하는 것은 행복추구권의 내
용으로 인정될 수 있는 것이란다.

따라서 행복추구권의 핵심적 내용은 바로 일반적인 행동자유권

이 된단다. 즉, 자신이 행복하다고 느끼는 일, 행복해질 수 있다고 생각한다면 자유롭게 행동하거나 소극적으로 아무것도 하지 않을 수도 있는 권리가 행복추구권의 핵심이 되는 것이지. 앞서 들려준 〈엄마가 딸에게〉 노래 속의 '너의 삶을 살아라!'라는 가사처럼 자유롭게 자기를 표현하고 자아를 실현하며 살아가는 것이야말로 행복을 추구하는 삶이라고 할 수 있겠구나.

그럼 우리 헌법재판소에서 행복추구권을 어떻게 이해하고 있는지 사례를 통해 살펴보면서 조금 더 행복추구권에 대해서 알아보기로 하자.

과거 우리 민법에서는 동성동본[105] 간에 결혼을 하지 못하도록 막아놓은 규정이 있었어. 동성동본은 혈연관계에 있다고 보아 결혼을 못하게 한 것이었지. 예를 들어 김해김씨가 우리나라에 제일 많은데 약 400만 명 정도야. 동성동본금혼제에 따르면 같은 김해김씨끼리는 결혼을 하지 못하는 거지. 두 번째로 많은 밀양박씨도 약 300만 명이고 세 번째로 많은 전주이씨는 약 260만 명 정도이니 동성동본을 한 가족이라고 보기에는 무리가 있어 보이는구나.

이쯤되니 동성동본이기 때문에 결혼하지 못하는 일이 적지 않은 빈도로 발생했어. 좀 다르긴 하지만 한국판 로미오와 줄리엣인 셈이지. 이에 대해 헌법재판소에서는 행복추구권이 개인의 자기운명결정권을 바탕에 두고 있다고 하면서, 자기운명결정권에는 혼인의 자유와 상대방을 결정할 수 있는 자유가 포함되어 있다고 보았어. 결

---

105 성씨가 같고 시조가 난 지방이 같은 것을 의미해. 예를 들어 김씨 중에서도 김해를 본관으로 하면 동성동본이 된단다.

국 동성동본 간에 결혼을 금지하는 것은 촌수를 계산하기 어려울 정도로 먼 혈족임에도 불구하고 결혼을 금지하는 것이기 때문에 행복추구권 등을 침해하여 헌법에 위반된다고 판단하게 돼. 서로 사랑하는 남녀가 동성동본이라는 이유만으로 결혼을 못하는 것에서 이젠 8촌 이내의 친족만 아니면 결혼상대로 결정할 수 있도록 인정해 준 것이지. 결혼 상대를 자유롭게 결정할 수 있다는 것이야말로 행복한 일임에는 틀림이 없을 거야.

또, 헌법재판소는 행복추구권의 핵심적인 내용으로 일반적인 행동을 자유롭게 할 수 있는 권리와 개성을 자유롭게 발현할 수 있는 권리가 있다고 보았어. 그중 일반적인 행동자유권은 자유롭게 어떤 행동을 하는 것과 아무 행동도 하지 않을 자유도 포함한다고 판단했어. 더 나아가 위험한 스포츠를 즐기거나 안전벨트를 매지 않는 것처럼 위험한 생활방식으로 살아가는 것도 일반적 행동자유권의 내용이라고 해. 그러나 헌법재판소는 안전벨트 착용의무를 부과하여 일반적 행동자유권에 제약을 가하더라도 정당하다고 보았어. 그 이유는 안전벨트를 매는 것이 본인의 이익에만 한정된 문제가 아니고 전체 공익의 실현을 위해 필요한 것이며 최소한의 제한만 하는 것이어서 헌법에 위반되지 않는다고 판단했기 때문이란다.

한편, UN 산하 자문기구인 지속가능발전해법네트워크SDSN는 매년 세계 각국의 '국민 행복지수'를 조사하여 이를 발표하고 있단다. 우리나라의 행복지수는 어느 정도일까? 2020년 기준으로 우리나라의 행복지수 순위는 조사 대상 국가 153개국 중 61위에 그쳤단다. 2020년 이전으로 거슬러 올라보아도 50위권에서 60위권 정도에

- 헌법 제10조는 행복추구권을 보장하고 있고, 행복추구권은 구체적인 표현으로 일반적인 행동자유권과 개성의 자유로운 발현(밖으로 나타냄)권을 포함한다.

- 일반적 행동자유권은 모든 행위를 할 자유와 하지 않을 자유로 개인의 생활 방식과 취미 등의 영역도 일반적 행동자유권이 적용된다.

- 자동차 운전자에게 좌석안전띠를 매도록 하고 위반했을 때 범칙금을 부담시키는 것은 일반적 행동자유권에 대한 제한에 해당한다.

- 좌석안전띠 미착용에 대해 범칙금을 부과하는 것은 공공복리를 위한 것으로 입법의 목적이 정당하다. 운전자가 부담하는 범칙금은 소액이고 안전띠 착용으로 약간의 답답함이 있지만 안전띠 착용이 주는 공익적 성격이 크므로 일반적 행동자유권을 과도하게 침해하지 않는다.

머물고 있어서 국민 전체의 행복지수는 그리 높은 편은 아니라고 할 수 있어. 특히, 여러 평가지표 중 관용81위, 부정부패81위, 사회적 지지 99위 등의 지표도 순위가 낮지만 삶에 대한 선택의 자유140위가 무척이나 낮다는 점을 주목해볼 필요가 있다고 생각해. 이는 개인 스스로가 원하는 삶이나 행복을 추구하는 삶을 선택하지 못하고 있음을 의미하는 것은 아닐까?

사실 행복추구권을 헌법에 규정하고 있는 나라는 우리나라와 일본 정도야. 그러나 공교롭게도 2020년 세계행복지수 순위표에는 대한민국이 61위, 일본이 62위에 나란히 위치해 있었고, 2021년 세계 행복지수 순위도 큰 변동이 없이 대한민국이 62위, 일본이 56위에 자리잡고 있단다. 행복추구권을 헌법에 둔 두 나라가 그리 행복하지

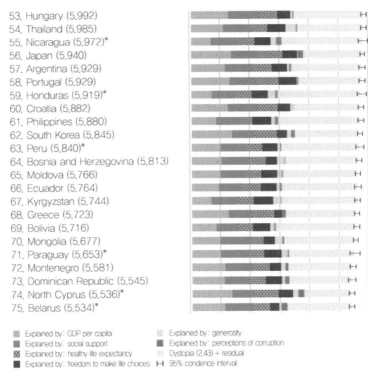

53. Hungary (5.992)
54. Thailand (5.985)
55. Nicaragua (5.972)*
56. Japan (5.940)
57. Argentina (5.929)
58. Portugal (5.929)
59. Honduras (5.919)*
60. Croatia (5.882)
61. Philippines (5.880)
62. South Korea (5.845)
63. Peru (5.840)*
64. Bosnia and Herzegovina (5.813)
65. Moldova (5.766)
66. Ecuador (5.764)
67. Kyrgyzstan (5.744)
68. Greece (5.723)
69. Bolivia (5.716)
70. Mongolia (5.677)
71. Paraguay (5.653)*
72. Montenegro (5.581)
73. Dominican Republic (5.545)
74. North Cyprus (5.536)*
75. Belarus (5.534)*

▨ Explained by: GDP per capita
▧ Explained by: social support
▨ Explained by: healthy life expectancy
■ Explained by: freedom to make life choices

▨ Explained by: generosity
■ Explained by: perceptions of corruption
▧ Dystopia (2.43) + residual
⊢ 95% confidence interval

Note: Those with a * do not have survey information in 2020. Their averages are based on the 2018-2019 surveys.

2021년 세계행복지수 순위 ⓒ World Happiness Report 2021

못한 나라인거지. 이제는 우리나라가 행복추구권을 헌법에 가진 나라답게 행복한 나라가 되었으면 좋겠다. 행복을 추구하면서 자유롭게 원하는 삶을 살고, 개성을 발휘하면서 살도록 우리 헌법이 부여한 이 소중한 권리가 진정 행복을 이루어가는 통로가 되길 소망해본다.

　①우리 헌법은 인간의 존엄과 가치와 함께 행복추구권을 제10조에서 규정하고 있어. ②행복추구권은 일반적인 행동의 자유권이 그

핵심 내용이라고 할 수 있고 자기운명결정권도 행복추구권의 중요한 내용 중 하나야. ③ 일반적 행동자유권에 대해서 우리 헌법재판소는 모든 행위를 하거나 하지 않거나 할 자유를 뜻한다고 했는데, 여기에는 위험한 행동, 위험한 생활방식으로 사는 것까지도 포함된다고 보았어. ④ 자동차의 안전벨트를 매지 않으면 과태료를 부과하는 것에 대해서는 일반적 행동자유권을 제한하는 것이지만 추구하는 공익에 비해 희생되는 개인의 이익이 적어서 헌법에 위반되지 않는다고 판단했어.

26

"나에게는 꿈이 있습니다"
- 공정을 향한 출발선 : 평등권

아빠 미국의 유명한 인권 운동가이자 목사인 마틴 루터 킹은 노예해방 100주년
기념 대행진에서 다음과 같은 명연설을 했단다.

> "나에게는 꿈이 있습니다. 모든 인간은 평등하게 태어났다는 진리를 우리
> 모두가 자명한 진실로 받아들이는 날이 오리라는 꿈입니다.
> 나에게는 꿈이 있습니다. 조지아의 붉은 언덕 위에서 과거에 노예로 살았던
> 부모의 후손과 그 노예의 주인이 낳은 후손이 식탁에 함께 둘러앉아 형제애
> 를 나누는 날이 언젠가 오리라는 꿈입니다.
> 나에게는 꿈이 있습니다. 나의 네 자식들이 피부색이 아니라 인격에 따라
> 평가받는 나라에서 살게 되는 날이 언젠가 오리라는 꿈입니다."

딸 우리도 모든 사람이 차별받지 않는 나라를 함께 꿈꾸면 좋겠어요.

오늘은 두 편의 영화 이야기로 시작해볼까?

첫 번째 소개할 영화는 2018년 개봉된 미국 영화 〈그린북〉이야.
1962년의 미국사회를 배경으로 한 이 영화는 백인 토니가 흑인 천재
피아니스트 셜리의 미국 남부 연주 여행에 운전사 겸 보디가드로 함
께 하면서 발생하는 여러 에피소드를 통해 흑백분리주의와 인종차
별을 고발하고 있어. 주인공의 관계에서부터 상당히 도발적이라 할
수 있는데, 당시 백인이 고용주이고 흑인이 피용인이었던 전형적인
모습이 이 둘의 관계에서는 뒤바뀌어 있기 때문이야. 예상했던 것처

럼 연주 여행은 쉽지 않아. 가는 곳곳마다 인종차별에 부딪히고 좌절하며, 셜리가 흑인이라는 이유만으로 경찰에 체포되어 연주 일정을 맞출 수 없는 위기도 맞게 돼. 그들은 저항도 해보지만 차별이 일상화된 미국 남부 사회는 꿈쩍도 하지 않는 듯 굳건해 보인단다. 하지만 성격이 너무 달라 어울릴 것 같지 않던 주인공 둘 만큼은 최소한 그들 사이에 있던 차별과 편견을 허물며 연주 여행을 마무리한단다.

그렇다면 영화의 제목 〈그린북〉이 의미하는 바가 뭘까? 과거 미국은 합법적으로 인종차별을 할 수 있었는데 상점 주인은 유색인종은 거부하고 백인손님만 이용하도록 선택할 수 있는 권리가 있었어. 그린북이란 유색인종들도 이용 가능한 숙박시설이나 레스토랑 등을 안내해놓은 가이드 북 같은 거란다. 그린북은 유색인종이 여행할 때 도움을 주기 위해 만든 것이지만 실상은 분리와 배제, 차별의 슬픈 결과물인 셈이지.

다음으로 소개할 영화는 2017년 개봉한 미국 영화 〈히든 피겨스〉야. 수학에 천부적인 능력을 가진 흑인 여성 캐서린 존슨은 냉전으로 미국과 소련이 우주 개발 경쟁을 벌이던 시기 NASA에서 일하게 돼. 주인공 캐서린 존슨은 흑인이기 때문에 바쁜 와중에도 일하는 건물 내에 있는 화장실을 사용할 수 없고 800m나 떨어져 있는 유색인종 화장실을 사용해야 했어. 여자이기 때문에 꼭 참석해야 하는 회의에 참석하지도 못하고, 사무실에서 모두 함께 사용하도록 비치한 커피포트조차 사용할 수 없었어. 하지만 그런 어려움에도 불구하고 캐서린은 미국 NASA의 유인 우주선의 궤도 비행 성공에 결정적인 기여를 하게 된단다. 캐서린 외에도 나사 최초 여성항공 엔지니어 메리 잭슨, 흑인 여성 프로그래머 도로시 본 등이 차별을 당당히 실력으로 극복하는 이야기를 함께 들려준단다. 그녀들은 영화 포스터의 문구처럼 '천재성에는 인종이 따로 없고', '강인함에 남녀의 구분이 없음'을 증명했지.

지금은 미국 사회에서 그린북도, 합법적인 유색 인종차별도 사라졌단다. 그와 같은 차별의 철폐는 영화 속 인물들과 같은 수많은 사람들의 길고 지난한[106] 투쟁과 노력에 의해서 이루어진 일이었어. 그 과정에서 가장 인상 깊은 장면이라면, 마틴 루터 킹 목사가 노예해방 100주년을 기념하여 1963년 8월 28일 "나에게는 꿈이 있습니다"라는 제목으로 열변을 토하던 장면을 꼽을 수 있을 거야.[107] 이날 연설에서 마틴 루터 킹은 모든 인간이 평등하게 태어났음을 인정하는 날이 올 것을, 노예의 후손과 노예 주인의 후손이 한 식탁에 함께할 날을, 사람이 자기의 피부색에 상관없이 인격으로 평가받을 날을 꿈꾼다고 외쳤어. 사람이 다르지만, 그 다름이 인간 존엄과 가치에 있어서의 차이를 의미하는 것이 아니라는 이 외침은 역사를 움직이게 한 힘이었고 오늘날까지도 높게 울려 퍼지고 있는 외침이라고 생각해.

사람의 가치를 다르게 취급하는 불평등은 앞서 소개한 두 영화가 보여주듯이 다양한 권리 혹은 모든 생활영역에 있어서의 차별과 불이익을 의미해. 예를 들어 사람에게 부여된 자유의 크기가 신분, 인종, 성별, 종교 등에 따라 판이하게 달랐던 것이지. 화장실이나 식당,

---

106 일이 얼른 진행되지 못하고 길게 끌면서 힘들게 진행되는 것을 의미해.
107 이 연설이 이루어진 장소는 워싱턴 DC에 있는 링컨 기념관 앞이었는데, 링컨은 바로 이 연설이 있던 100년 전 노예해방을 선언한 대통령이란다.

숙박시설, 심지어 커피포트를 따로 써야 할 만큼! 이는 곧 불평등이 불공정, 불의를 의미하게 되고 역설적으로 사회개혁이나 혁명의 불씨를 당겨 인류 역사 발전의 기폭제가 되었다는 생각이 들어. 누군가가 더 고귀한 존재이며 다수 인간 위에 군림하겠다는 생각은 인간의 가장 본질적인 가치를 훼손하는 것이기에 혁명이나 개혁, 민란, 사회운동의 중심에는 항상 평등의 구호가 자리매김하게 된 것이지. 이 때문에 프랑스 인권선언, 미국 독립선언, 세계인권선언 등에서 약속이나 한 듯이 맨 앞에 '평등'이라는 단어가 등장하게 되는 것이 아닐까?

우리 헌법도 인간의 존엄과 가치, 행복을 추구할 권리를 보장하겠다고 한 다음에 바로 평등의 원칙 혹은 평등권을 장엄하게 선언하고 있어.

■ 헌법 제11조 ■

① 모든 국민은 법 앞에 평등하다. 누구든지 성별·종교 또는 사회적 신분에 의하여 정치적·경제적·사회적·문화적 생활의 모든 영역에 있어서 차별을 받지 아니한다.

② 사회적 특수계급의 제도는 인정되지 아니하며, 어떠한 형태로도 이를 창설할 수 없다.

③ 훈장 등의 영전은 이를 받은 자에게만 효력이 있고, 어떠한 특권도 이에 따르지 아니한다.

여기서 평등의 의미는 기계적인 절대적·형식적인 평등이 아니라 상대적·실질적 평등의 의미로 이해해야 해. 즉, 모든 사람을 완전히 똑같게 대우하는 것이 평등이 아니라 어떤 사람이 처해 있는 각각의 상황을 고려하여 다르게 대우하는 것이 평등의 의미에 가깝다는 것이야. "같은 것은 같게, 다른 것은 다르게"라는 말로도 표현할 수 있는데, 아래 그림을 보면 쉽게 이해될 거야.

똑같은 기회를 누릴 수 있는 권리

© Ministerio de Desarrollo Social

형식적 평등은 키가 작든 크든 똑같이 발판을 하나씩 나눠 주는 것이지만, 실질적 평등은 키 크기에 따라 발판이 불필요한 사람에게는 주지 않고 많이 필요한 사람에게 더 나눠주는 것이라 할 수 있단다. 그동안 차별이나 불리한 처우를 받던 유색인종에게 대학입학 정원을 할당하는 제도나 공직에 여성비율을 할당하는 적극적 평등실현 조치 등을 이런 관점에서 이해하면 좋을 듯 해.

그럼 우리나라의 상황을 평등의 관점에서 생각해보자. 우리나라는 다른 나라들에서 법과 제도로 고착화된 인종과 종교 등에 의한 차별은 비교적 적게 겪고 있는 것 같아. 그와 달리 지역 간 차별과 갈

등, 빈부의 격차에 따른 차별, 권력관계·위계질서에 따른 갑질과 같은 문제는 심각하다고 생각해. 더 나아가서 차별을 금지하고 약자의 권리들을 강화하려는 움직임에 대해서는 모든 사람을 같은 수준에 재단하고 맞추려하는 공산주의적 사고라는 비난까지도 있는 것이 사실이야. 어쩌면 이런 문제들이 평등과는 상관없어 보이지만 기본적으로 힘이 불균형한 상태에서 상대를 나와 같은 동등한 인격체로 존중하지 않으며 다른 존재로 대상화한다는 점에서 평등과 전혀 무관한 문제라고 할 수는 없을 거야.

이와 같은 상황에서 아빠는 국가적 차원의 큰 그림인 '평등'을 보다 쉽게 개인적 차원에서 실행할 수 있는 '배려'로 이해하면 어떨까 해. 입장을 바꿔서 상대방을 배려한다면 다른 사람과 다르게 대우하여 기회를 배제하는 등의 불이익을 줄 수 있을까? 배려하는 마음은

교수 갑질·성폭력에 항의하는 서울대 학생들, 2019.5.12. ⓒ 연합뉴스

사람들마다 다른 조건과 특성을 이해하고 각 사람에 맞추어 필요를 채워주고 적극적인 평등을 실현하도록 이끌지 않을까? 물론 내 손에 쥐어진 권한과 힘을 제한 없이 마음껏 행사하고 싶은 것도 누구나 가질 수 있는 당연한 마음일지도 몰라. 하지만 우리 모두 배려라는 고결한 마음을 각자 간직한다면 우리나라가 깊은 편견과 차별로 멍들어가는 대신에 더 공평하고 따뜻한 나라가 될 수 있을 거라는 생각이 들어.

① 신분, 성별, 종교, 인종 등에 의한 차별은 인류의 역사와 함께 있어왔고 그 차별을 철폐하는 데는 많은 사람들의 희생과 헌신, 편견을 깨뜨리는 용기를 통해 이루어져 왔어. ② 차별을 깨뜨리기 위한 수많은 사람들의 노력은 혁명이나 사회개혁운동 등으로 성취되어 왔는데, 그 결과로 등장한 각종 선언문이나 헌법에서는 평등을 매우 중요한 가치로 선언하고 있단다. ③ 평등은 형식적이고 기계적으로 같게 나누거나 대우하는 것이 아니라 각자의 특성에 맞게 실질적인 평등이 이루어지도록 하는 것으로 이해되고 있어. ④ 그렇기 때문에 평등이라는 개념이 어렵고 평등의 실현도 쉽지 않은 것이 사실이야. 따라서 평등을 조금은 쉽게 상대에 대한 배려라는 개념으로 바꾸어서 이해하면 어떨까?

내 몸은 나의 것
- 신체적 자유권

딸   저는 하루 종일 짧은 줄에 묶여서 있는 강아지들 보면 너무 우울해 보이고 불쌍해요.

아빠   사람이든 동물이든 몸이 묶이고 행동을 억제당하면 사는 게 사는 게 아닐 거야.

1789년 프랑스 대혁명은 분노한 군중이 바스티유 감옥을 공격하는 것으로 시작되었단다. 왜 파리 시민들은 혁명의 첫 발걸음을 바스티유 감옥으로 향했을까? 바스티유 감옥에 있는 무기를 탈취하기 위함이기도 했지만, 보다 근본적인 이유는 바로 국민을 압제하던 상징성 때문이었다는 생각이 들어. 바스티유 감옥은 당시 국왕이나 정권에 반대하는 사람들을 잡아 가두는 곳이었다고 해. 많은 나라에서 시대를 막론하고 힘이 있는 사람들은 자신에게 반대하거나 위협이 되는 사람들을 가차 없이 죽이거나 감금하는 데 힘을 아끼지 않았어. 우리나라만 해도 독재시절에 반정부인사를 잡아들여 고문하고 감금하던 보안분실/대공분실이 서울 곳곳에 역사적 교훈으로 아직도 남아 있단다.

민주인권기념관으로 재탄생한 남영동 대공분실 ⓒ 연합뉴스

    그리고 근대소설 속에서도 개인의 신체적 자유가 억압되는 상황을 쉽게 발견할 수 있단다. 알렉상드르 뒤마의《몬테크리스토 백작》의 주인공 에드몽 당테스도 권력자의 농간으로 아무런 법적 근거도 없이 체포당해 14년간 억울하게 감옥살이를 하고, 에드몽이 이프 성 감옥에서 만난 파리아 신부 역시 적법한 절차 없이 체포되어 죽을 때까지 감옥에 감금된단다. 포르튀네 뒤 부아고베의 소설《철가면》역시 정체불명의 철가면을 쓴 죄수가 주요 인물로 등장하는데 그 역시 권력자의 뜻에 따라 감금되어 철가면을 쓰고 일생을 살아야 하는 인물이란다.

    이처럼 아주 오랜 과거에서부터 비교적 가까운 현대에 이르기까지 개인의 신체에 대한 억압과 감금, 체포, 고문은 너무 쉽게 그리고 빈번하게 발생했었단다. 이에 따라 국가나 권력자에 의한 자의적인 처벌과 신체의 자유의 제한행위를 억제하기 위해 많은 법 이론과 법원칙들이 발달했는데, 죄형법정주의형벌소급금지 및 적법절차의 원칙, 사전영장주의, 일사부재리 원칙, 미란다 원칙, 무죄추정의 원칙 등이 대표적이야.

신체의 자유에 관한 다음의 우리 헌법 규정을 읽는 것만으로도 꽤 많은 도움이 될 듯하구나.

■ 헌법 제12조 ■

① 모든 국민은 신체의 자유를 가진다. 누구든지 법률에 의하지 아니하고는 체포·구속·압수·수색 또는 심문을 받지 아니하며, 법률과 적법한 절차에 의하지 아니하고는 처벌·보안처분 또는 강제노역을 받지 아니한다.

② 모든 국민은 고문을 받지 아니하며, 형사상 자기에게 불리한 진술을 강요당하지 아니한다.

③ 체포·구속·압수 또는 수색을 할 때에는 적법한 절차에 따라 검사의 신청에 의하여 법관이 발부한 영장을 제시하여야 한다. 다만, 현행범인인 경우와 장기 3년 이상의 형에 해당하는 죄를 범하고 도피 또는 증거인멸의 염려가 있을 때에는 사후에 영장을 청구할 수 있다.

④ 누구든지 체포 또는 구속을 당한 때에는 즉시 변호인의 조력을 받을 권리를 가진다. 다만, 형사피고인이 스스로 변호인을 구할 수 없을 때에는 법률이 정하는 바에 의하여 국가가 변호인을 붙인다.

⑤ 누구든지 체포 또는 구속의 이유와 변호인의 조력을 받을 권리가 있음을 고지받지 아니하고는 체포 또는 구속을 당하

지 아니한다. 체포 또는 구속을 당한 자의 가족 등 법률이 정하는 자에게는 그 이유와 일시·장소가 지체 없이 통지되어야 한다.

⑥ 누구든지 체포 또는 구속을 당한 때에는 적부의 심사를 법원에 청구할 권리를 가진다.

⑦ 피고인의 자백이 고문·폭행·협박·구속의 부당한 장기화 또는 기망 기타의 방법에 의하여 자의로 진술된 것이 아니라고 인정될 때 또는 정식재판에 있어서 피고인의 자백이 그에게 불리한 유일한 증거일 때에는 이를 유죄의 증거로 삼거나 이를 이유로 처벌할 수 없다.

■ 헌법 제13조 ■

① 모든 국민은 행위 시의 법률에 의하여 범죄를 구성하지 아니하는 행위로 소추되지 아니하며, 동일한 범죄에 대하여 거듭 처벌받지 아니한다.

신체의 자유를 규정한 헌법 제12조는 기본권 조항 중 제일 긴 조항이란다. 양이 좀 많긴 하지만 오랜 시간에 걸친 역사적 경험에서 얻은 소중한 법원칙들이기에 간략하게나마 살펴보기로 하자.

헌법 제12조 제1항은 권력자나 공권력수사기관 등이 막강한 권력과 물리적인 강제력을 함부로 행사하는 것을 방지하기 위해 법률에 근거가 있는 경우에만 신체적 자유에 심각한 제한이 되는 체포·구속·압수·수색을 할 수 있도록 하고 있어. 과거 권력자의 말 한마디에 죄수가 되어 감금되거나, 수사선상에 오른 범죄혐의자를 수사기관이 마구잡이로 잡아들였던 아픈 역사적 경험에서 얻은 교훈이라고 보면 돼. 헌법 제12조 제3항도 같은 맥락에서 영장을 받기 힘든 경우로 현재 범죄를 저지르는 중이거나 도피 중인 경우 등을 제외하고는 법관이 발부한 영장에 의해서 체포·구속·압수·수색을 할 수 있도록 하고 있어.

헌법 제12조 제2항은 고문을 금지하고 있는데 역시 자백을 받기 위해 고문이 만연해있던 과거의 경험에서 비롯된 것으로 이해할 수 있어. 사극의 한 장면으로 종종 등장하는 것처럼 과거에는 "네 죄를 네가 알렸다"와 같은 고정된 멘트와 함께 혹독한 고문을 통해 자백을 얻고자 했어. 게다가 수사기관과 소추[108]기관, 재판기구가 따로 분리되지 않아서 재판이 곧 수사요, 수사가 곧 재판이 되어 객관적인 증거에 의한 재판보다는 자백에 의한 재판이 중심이 되어 고문을 당연하다고 여기기도 했어. 하지만 고문은 그 자체만으로 인간의 존엄성을 말살하고 신체적 완전성을 훼손하는 것으로 헌법이 허용할 수 없는 것이야. 그리고 고문에 의한 자백은 본인의 자유로운 의사에 의한 것이 아니므로 그 진실성과 신빙성을 부인할 수밖에 없어. 마찬가지로 제12조 제7항도 자의로 한 진술이 아닌 경우, 자백이 유일한 증거인 경우 처벌할 수 없도록 하고 있는 것이지.

헌법 제12조 제4항은 사법절차에서 막강한 힘을 가진 사법기관과 균형을 맞추기 위해서 변호사의 조력을 얻을 수 있도록 함과 동시에 제5항에서는 변호사의 조력을 받을 권리를 알리도록 하고 있어. 덧붙여서 왜 체포·구속을 당하는지 그 이유를 알 수 있어야 하므

---

108 수사결과를 토대로 범죄가 성립한다고 판단되면, 형사재판을 요구하는 소송을 제기하는 일을 말해.

로 이를 함께 알려주도록 하고 있어. 또한 가족 등에게도 체포 이유, 장소, 시기 등을 알리도록 하고 있단다.

헌법 제13조 제1항에서는 행위 당시에 법률에 의해서만 처벌되고 행위 당시 없던 법을 나중에 만들어서 소급하여[109] 처벌하는 것을 금지하고 있어. 소급 처벌이 가능하다면 현재에는 아무 문제없는 행동도 나중에 만들어진 법으로 처벌이 가능하여 안정성을 심각하게 침해할 수 있기 때문이야. 또한 범죄의 예방효과도 없어지게 마련이지. 한 번 처벌 받는데 같은 행위로 또 처벌받는다면 이 또한 무척이나 억울한 일이 되겠지? 이에 따라 헌법은 이중처벌을 금지하는 일사부재리의 원칙도 함께 천명하고 있단다.

우리 헌법을 놓고 본다면 우리가 함부로 체포·구속되거나 감금되어 고문을 받거나 자백을 강요받는 일이 없을 것 같지? 그러나 비교적 최근까지도 독재 권력이나 혹은 수사기관에 의해서 이런 일이 비일비재하게 이루어져 왔단다. 그 예로 한때 세상을 떠들썩하게 했던 강력사건에서 진범이 밝혀져서 억울하게 옥살이를 한 사람들에 대한 재심이 진행되었거나 진행 중인 사건이 여럿 있어. 이런 사건의 대부분은 수사기관의 고문과 강압수사로 허위 자백이 이루어진 경우였어.

사실 이와 같은 법 원칙들은 굳이 헌법에 두지 않고 형법이나 형사소송법에 두는 것만으로 충분힐 수 있어. 하지만 그민큼 우리 역사에서 신체 자유에 대한 침해가 심각하고 반복적이었기에 헌법에

---

109 과거의 특정 시점으로 거슬러 올라가서 적용함을 뜻해.

이를 두고 있는 것이 아닌가 생각해. 그리고 무엇보다 아빠는 이 대목에서 헌법이 어떤 내용을 포함하고 있는지도 매우 중요하지만 국민들이 헌법을 준수하고 수호하려는 의지가 얼마나 중요한지를 다시 한번 깨닫게 돼. 국민이 깨어있어서 권력이 무서워할 만한 감시자와 견제자로 행동할 때, 우리에게 주어진 권리의 당당한 주인으로서 행동할 때 국가권력에 의한 조직적인 고문과 불법적 구속, 수사기관의 강압수사라는 어두운 그림자가 다시 드리우지 않으리라 생각한단다.

① 헌법 제12조와 제13조는 신체의 자유를 보장하기 위해 매우 중요한 법원칙을 헌법적 가치로 수용하고 있어. ② 헌법 제12조 제1항은 적법절차에 의해서 구속·체포 처벌 등이 가능하도록 하고 있어. ③ 헌법 제12조 제2항은 고문의 금지를, ④ 헌법 제12조 제3항은 영장주의를 채택하여 법관이 발부한 영장에 의해서 신체의 자유 제한이 가능하도록 하고 있단다. ⑤ 제12조 제4항은 변호사의 조력을 받을 권리를, ⑥ 제12조 제5항은 체포의 이유와 변호사 조력권을 고지하도록 하는 소위 '미란다 원칙'을 정하고 있어. ⑦ 헌법 제13조 제1항에서는 죄형법정주의_{형벌소급금지}와 일사부재리를 정하고 있단다.

28 "네 꿈을 펼쳐라"
- 거주·이전·직업 선택의 자유

아빠 대한민국 국적을 포기하고 외국 국적을 취득하여 군복무를 기피한 사람에게 입국을 영구히 제한한다면 과도한 기본권 제한이라고 할 수 있을까?

딸 대한민국 국적을 포기하고 외국 국적을 취득한 외국인도 대한민국에 입국할 권리가 있는 있는지가 문제겠네요. 그런데 군복무를 기피한 게 그렇게 큰 잘못이에요?

1990년 후반과 2000년 초반, 우리나라에서 가수와 배우로 큰 인기를 끌었던 유승준이라는 연예인이 있었어. 특히 건실한 이미지 때문에 많은 사람들이 좋아했었는데, 극적인 반전이 일어난단다. 2002년 1월 군 입대 직전에 미국 시민권을 취득하여 병역을 면제받았거든. 이에 우리 정부는 대한민국 국민 '유승준'에서 미국인 '스티브 유'로 변신한 그의 입국을 금지하였단다. 이에 반발하여 유승준은 소송을 제기하여 길고 긴 법정다툼을 벌였는데, 2020년 대법원에서 승소하여 대한민국에 입국할 수 있는 길이 열리는 듯했어. 하지만 여전히 정부에서 사증입국허가 발급을 거부함에 따라 그의 입국은 계속해서 불가할 듯하구나.

그럼 이 문제에 대해서 헌법의 관점을 통해서는 어떻게 풀이할 수 있을까? 먼저 거주·이전의 자유를 규정한 헌법규정을 읽어보자.

■ 헌법 제14조 ■

모든 국민은 거주·이전의 자유를 가진다.

거주이전의 자유는 일정한 장소에 자유롭게 머무르거나, 머무는 장소를 다른 사람의 간섭 없이 바꿀 수 있는 자유를 의미해. 비단 국내에서의 거주이전뿐만 아니라 해외여행을 가거나, 해외로 거주지를 옮기는 것도 거주이전의 자유 중 하나라고 이해할 수 있단다. 거주이전의 자유는 '출국의 자유'와 '입국의 자유'를 포함하는 것이지. 나아가 우리 대법원과 헌법재판소는 거주이전의 자유에 국적을 이탈^{포기}하거나 변경하는 자유까지도 포함한다고 보았어.[110]

유승준은 대한민국 국적을 포기함으로써 외국인이 되었고, 외국인에게도 거주이전의 자유를 인정해줄 것인지가 문제가 되겠지? 거주이전의 자유와 관련한 입국의 자유는 외국인에게는 인정되지 않아. 거주이전의 자유가 국민의 권리로 이해되기도 하고, 외국인이 대한민국의 영역 안으로 자유롭게 들어올 수 있도록 해주어야 할 의

인천공항 출입국사무소 직원에게 미국
여권을 제시하는 유승준 2002.2.2.
ⓒ 연합뉴스

110 대법원 2000.12.22. 선고 99두2829, 헌법재판소 2006.11.30. 선고 2005헌마739, 헌법
재판소 2004.10.28. 선고 2003헌가18 등

무를 인정하기 어렵기 때문이야. 우리 헌법재판소도 외국인에 대해서는 입국의 자유와 관련된 거주이전의 자유를 인정할 수 없다고해.[111] 따라서 병역 회피를 목적으로 국적을 상실한 유승준과 같은 사람들에 대해서 입국을 제한하더라도 헌법을 위반한 것으로 보기 어려워. 다만, 다른 재외동포와의 비교에서 평등권 침해를 생각해 볼 여지도 있겠지만 평등권 제한의 심사기준에 따라 판단할 때, 입국 제한이 재량권[112]을 넘어섰다고 판단하기는 어려워 보인단다. 다만, 입국 제한 조치가 일정기간이 아니라 영구적으로 이루어진다면 가혹한 것이 아닌지 의문이 있긴 하구나.

사실 거주이전의 자유는 원래 태어나서 마음대로 사는 곳을 선택하거나 옮기지도 못하던 속박에서 벗어나면서 생겨난 권리야. 자본주의가 발전하면서 재화나 사람의 이동이 빈번해지면서 토지에 묶여있던 사람들이 경제활동을 위해서 살 곳을 선택하고 이동할 수 있도록 인정된 권리라고 할 수 있지. 그래서 거주이전의 자유는 넓게 경제적 기본권의 하나로 인정되고 있어. 거주이전의 자유와 유사한 시기와 목적하에 탄생한 또 다른 경제적 기본권으로는 직업의 자유가 있단다.

과거에는 영주나 호족의 토지에 속박되어 이동이 금지되었듯이 직업도 마찬가지로 선택할 수 없었고 신분이 대물림되는 것처럼 직업도 좋든 싫든 정해진 대로 조상에게서 이어받게 되었단다. 그러던 것이 신분제도가 철폐되고 산업이 발전하면서 다양한 노동력에 대

---

111 헌법재판소 2014. 6. 26. 선고 2011헌마502
112 여러 가지 선택 가능한 것을 두고 그중에서 판단하여 선택을 할 수 있는 권리를 말해.

한 수요가 발생하자, 사람들에게 직업을 선택할 수 있는 기회가 생기고 직업의 자유가 기본권의 하나로 인정되기에 이르렀단다. 직업의 자유와 관련된 우리 헌법 규정을 함께 살펴보자.

■ 헌법 제15조 ■

모든 국민은 직업선택의 자유를 가진다.

우리 헌법은 직업의 자유가 아니라 직업 선택의 자유라고 표현하고 있지만, 학자들과 헌법재판소는 직업을 선택할 자유뿐만 아니라 직업을 수행행사·활동하는 것도 당연히 포함된다고 해석하고 있어. 물론 직업 선택의 자유는 직업을 자유롭게 바꾸는 것과 아무 직업도 가지지 않을 자유까지도 포함하고 있단다. (이 경우는 좀 부러운걸!) 우리 헌법재판소는 직업 선택의 자유가 삶의 보람이자 생활 터전인 직업을 개인이 자유롭게 선택하게 하여 다양한 인격의 발현과 행복 추구에 이바지하는 것으로, 기본적 인권이라고 이해하고 있어.

2020년 고용노동부에서 작성한 〈한국직업사전〉에 따르면 청소년들에게 요즘 가장 인기 있는 직업인 미디어콘텐츠창작자유튜버를 포함하여, 우리나라에 직업의 수는 무려 16,891개나 된단다. 직업 선택의 자유를 행사하여 선택 가능한 직업의 숫자가 무척이나 많아 보이지? 그러나 직업을 선택하거나 선택한 직업을 수행하는 데는 많은 제한이 가해지고 있단다. 예를 들어 의사나 약사, 변호사처럼 전문성이 요구되는 직업을 능력이나 전문지식이 없는데도 마음대로 직업으로 선택할 수는 없는 거겠지? 이처럼 특정 학력 또는 경력을 요구하거나, 개인적인 능력을 평가하여 일정 기준을 넘어야 자격을

- 직업 선택의 자유는 삶의 보람이자 생활의 터전인 직업을 각 개인에게 창의와 자유의사에 따라 선택하게 하는 것이다.

- 이로써 다양한 인격의 발현, 행복 추구에 이바지한다.

- 직업 선택의 자유는 기본적 인권으로 우리 헌법이 지향하는 자유주의적 경제·사회질서의 본질적 요소가 된다.

- 직업의 자유를 최대한 보장하는 것이 헌법의 기본 정신이다.

부여하는 것도 직업 선택의 자유를 제한한다고 할 수 있을 거야.

이와 같은 형태의 면허제, 자격인증제 등을 두고 있는 직업은 꽤 많단다. 이런 형태의 제한을 주관적, 즉 개인적 능력에 의한 제한이라고 할 수 있어. 그런데 그마저도 특정 조건을 충족하지 못하면, 즉 객관적 조건에 의해서 아예 선택할 수 없는 경우도 있단다. 특정 계층의 보호와 같은 공익적 목적을 위해서 제한하는 경우인데, 예를 들어 시각장애인이 아닌 사람은 아예 안마사가 될 수 없단다. 이와 같은 객관적 제한은 매우 엄격한 심사기준을 통과해야 인정될 수 있어. 시각장애인만 안마사가 될 수 있도록 제한하는 것은 비시각장애인에 대한 직업 선택의 자유 침해라는 결정을 받기도 하였지만,[113] 헌법재판소의 2008년 이후 결정에서는 비시각장애인에 대한 차별이나 직업선택의 자유제한이 아니라고 보았어.[114]

---

113 헌법재판소 2006. 5. 25. 선고 2003헌마715
114 헌법재판소 2008.10.30. 선고 2006헌마1098 등

이처럼 직업 선택과 행사에 대한 많은 제한과 더불어 치열한 우리 사회의 경쟁을 생각하면 어느 대기업의 광고 카피처럼 "네 꿈을 펼쳐라"라는 이야기를 네게 쉽사리 꺼내기는 힘들구나. 또한 직업에는 귀천이 없다고 하지만 많은 사람들이 선호하는 직업은 그 직업을 선택할 수 있는 것만으로도, 일생일대의 꿈을 이루는 것처럼 되어버린 것도 부정할 수 없어. 하지만 네가 누구인지, 너의 소명이 무엇인지, 어떤 가치가 너를 움직이게 하는지를 깨닫고 너의 열정이 꿈틀거리는 일을 선택한다면 그것이 헌법재판소에서 말하는 인격의 발현과 행복 추구를 위한 직업 선택이 되지 않을까?

① 중세의 봉건적 질서 속에서는 개인에게 거주 이전의 자유나 직업 선택의 자유가 인정되지 않았어. 즉, 태어난 곳에서 살고 좋든 싫든 부모의 직업을 물려받아야 했지. ② 그러던 것에서 신분제도 철폐, 경제의 발전 등에 따라 거주이전의 자유와 직업 선택의 자유가 경제적 기본권의 하나로 성립되었어. ③ 거주이전의 자유는 국내에서의 거주이전과 해외로의 거주이전의 자유로 나눌 수 있고 특히 외국인의 경우 입국의 자유가 문제돼. ④ 외국인의 입국의 자유는 인정될 수 없고 그 결과 병역기피를 위해 외국 국적을 취득한 경우 입국을 제한하더라도 거주이전의 자유 침해라고 할 수 없어. ⑤ 직업의 자유는 크게 직업 선택의 자유와 직업 수행의 자유로 이루어져 있어. ⑥ 직업 선택의 자유나 수행의 자유는 공익 등을 위해 여러 제한이 가해지는데 대표적 예로 전문적 지식을 요구하는 경우 자격을 취득해야만 수행할 수 있도록 하는 것을 들 수 있어.

29 "누구에게나 비밀은 있다"
- 사생활의 자유권

아빠 강력범죄나 아동학대 등으로 사회적으로 물의를 일으킨 범죄자들이 뉴스에
나올 때면 마스크와 모자를 써서 얼굴을 공개하지 않고 예외적인 경우만 공
개하고 있어. 이때 범죄자의 신상을 공개하라는 국민들의 요구가 빗발치기
도 하고 적극적으로 신상 정보를 알아내어 유포하는 경우까지 있단다.

딸 그런 범죄자들은 다시 범죄를 저지를지도 모르니 사람들이 주의할 수 있게
이름, 얼굴, 사는 곳 같은 신상정보를 공개하는 게 필요하지 않아요?

중세나 근대를 배경으로 한 사극이나 영화 등을 보면 죄수들을
공개적으로 처벌하거나 처형하는 것을 쉽게 볼 수 있어. 범죄자에
대한 처벌 장면을 공개함으로써 다른 사람에게도 범죄에 대한 경각
심을 주고 통치자 입장에서는 국민들에게 위하[115] 효과를 주기 위한
의도라고 이해돼. 뿐만 아니라 남들이 잘 볼 수 있게 범죄자의 이마
나 볼에 낙인을 찍는 등의 방법으로 평생에 걸쳐서 범죄자임을 공표
하는 처벌을 하기도 했어.

그렇다면 17세기 미국 식민지 시대를 배경으로 하는 소설《주홍
글씨》의 한 장면을 통해 과거 처벌이 어떻게 이루어졌는지 살펴보

---

115 힘으로 으르고 협박하는 것을 말해.

도록 하자. 뉴잉글랜드 어느 형무소 가까운 곳에 있는 교수대를 많은 인파가 둘러싸고 있단다. 교수대 위에는 소설의 주인공 헤스터 프린이 어린아이를 품고 서 있는데, 옷깃에는 잘 보이게 주홍색 A자를 달고 있어. 간통죄를 저지른 헤스턴 프린에게 내려진 처벌은 세 시간 동안 교수대 위에 서 있어야 하고 이후로는 범죄자의 표시인 주홍색 A자를 평생 가슴에 달고 살아야 한다는 것이었어. 처벌이 징역이나 벌금을 내는 것이 아니고 사람들에게 공개적인 창피를 당하고 죄인이라는 표지를 평생 달게 하여 수모와 배척을 받는 것 자체였던 거야.

반면, 대부분의 현대 국가에서는 이와 같은 공개처벌을 하고 있지 않아.[116] 또한 예외적인 경우만 범죄자의 신상을 공개하고 있지. 특히 우리나라는 범죄자의 신상정보를 철저히 보호하는 편이라는 생각이 들어. 강력범죄나 아동학대 등 사회적 물의를 일으킨 사람들의 신상 공개도 소극적이어서 많은 국민들이 수사기관을 성토하기도 해. 그럼 과거와 현대에서 처벌 방법의 차이를 만든 것은 무엇일까? 미셸 푸코와 같은 철학자는 잔인한 처벌방식은 국민들의 반발심만 불러일으켜서 보다 더 교묘한 처벌방식으로 바꾸었다고 주장하고 있어. 그동안 비공개였던 재판은 공개로 전환하여 공정해 보이도록 하고 공개하던 처벌 장면은 비공개로 전환했지만 대규모 감금 시설과 감시, 규율로 더욱 확실한 통제장치를 만들어냈다고 보았어. 물론 이런 관점도 의미 있기는 하지만, 처벌 방식의 변화는 일차적

---

116 이슬람권 국가나, 북한 등과 같은 국가는 예외적으로 공개처벌을 유지하고 있단다.

으로는 역시 여러 기본권의 성장과 과거 잔혹했던 형사 제도에 대한 반성이 깃들어 있는 것이라고 생각해.

인도네시아 아체주의 공개 태형(때리는 형벌) 장면 ⓒ 연합뉴스

범죄자 혹은 피의자[117]의 정보나 신상 공개와 관련된 기본권은 인격권과 함께 이 장에서 이야기할 개인정보자기결정권을 들 수 있어. 개인정보자기결정권은 넓게는 사생활의 자유권에 속해 있지. 이와 관련된 헌법 규정을 살펴보도록 하자.

■ 헌법 제16조 ■
모든 국민은 주거의 자유를 침해받지 아니한다. 주거에 대한

---

117 범죄 혐의로 수사 중인 사람을 말해.

압수나 수색을 할 때에는 검사의 신청에 의하여 법관이 발부한
영장을 제시하여야 한다.

■ **헌법 제17조** ■
모든 국민은 사생활의 비밀과 자유를 침해받지 아니한다.

■ **헌법 제18조** ■
모든 국민은 통신의 비밀을 침해받지 아니한다.

사람은 누구나 사적인 삶을 살아가고 있단다. 사람은 주거공간을
가지고, 각자가 추구하는 삶의 고유한 방식과 살아가면서 생겨나는
여러 이야기정보를 가지고, 다른 사람들과 의사나 정보를 교환하며
살아가고 있지. 즉, 누구라도 사적인 영역이 있고 그런 사적인 영역
을 공개당하거나 침해당해서는 안 될 비밀이 있는 것이지. 그런데
가장 편안하게 지낼 수 있는 주거영역에 불쑥 국가권력이나 다른 힘
센 사람이 들어와서 감시하고 간섭하면 편히 지낼 수 없는 것은 당
연할 거야. 또, 자기와 관련된 정보나 이야기를 낱낱이 들춰내고 공
개한다면, 다른 사람과 의사나 정보를 교환하는데 누군가 엿듣고 있
다면 안정된 삶을 살아가지 못할 거야. 앞의 헌법의 규정들은 바로
이런 사생활 영역의 비밀과 자유를 보장하기 위한 기본권이란다.

주거의 자유헌법 제16조는 사람의 주거에서의 활동행동과 주거의 상
태정보 등에 대한 비밀이 침해되지 않을 권리를 의미해. 사람이 생활
을 하는 공간은 그곳이 어디든 그 사람의 개인적 공간이 된단다. 따
라서 사람이 머무는 공간은 굳이 집이 아니더라도 사무실이나, 자동

차, 천막, 임시로 체류하는 호텔의 객실도 될 수 있으니까 헌법 제16조에서 말하는 주거로 이해할 수 있단다. 주거의 자유를 보장하기 위해서 형법에서는 주거침입죄를 두어 다른 사람의 주거에 함부로 들어간 경우 처벌하고 있어.

헌법 제17조의 사생활의 비밀은 대체로 사람의 개인적인^{사적인} 활동·정보 등을 공개당하지 않을 권리를, 사생활의 자유는 사람이 자유롭게 사생활 영역을 만들어갈 수 있는 것으로 이해할 수 있어. 나아가 사생활이 보호되려면 자신의 정보가 마구 공개되어서는 안 되겠지? 그래서 사생활의 비밀과 자유에서 중요한 권리 중 하나가 개인정보자기결정권 또는 자기정보통제권이라 부르는 권리란다.

앞서 이야기한 헤스터 프린이나 얼굴에 낙인이 찍힌 범죄자들은 본인이 범죄자라는 사실을 숨길 수 없고, 스스로 공개하며 평생 살아야 해. 하지만 개인정보자기결정권을 고려하면 예외적인 경우를 제외하고는 범죄사실에 대한 공표나 신상공개는 허용될 수 없는 거야. 여기서 예외적인 경우란 수사단계에서 강력범죄·성폭력범죄의 유력한 피의자를 공익을 위해 공개하거나 법원의 판결에 의해 공개하는 경우야. 이런 신상공개 제도가 개인정보자기결정권을 심각하게 침해한다는 주장도 있지만, 헌법재판소는 공익적 필요에 따라 성범죄자의 신상을 공개하는 제도에 대해서 개인정보자기결정권을 침해하지 않는다고 판단했어.

헌법 제18조는 통신의 자유를 정하고 있어. 통신이란 편지나 유선전화, 휴대전화, 팩스, 무선통신, 전자메일 등 사람들이 의사나 정보를 전달하는 수단을 말해. 따라서 통신의 자유는 의사나 정보를 전달하는 과정에서 국가나 제3자가 이를 알 수 없게 비밀을 유지할 권리를 의미해. 통신의 자유를 보장하기 위해서 우리는 통신비밀보호법을 두고 있고, 형법에 비밀침해죄나 정보통신망법에서 해킹 등을 처벌하는 규정을 두고 있단다.

그런데 어떤 경우에나 통신의 자유를 제한할 수 없는 것은 아니야. 간첩이 우리나라의 군사기밀을 빼낸다든지, 범죄단체가 범죄를 실행한다든지 하는 경우에 손 놓고 있을 수만은 없겠지? 예외적으로 국가의 안전을 지키거나 중대범죄에 대처하기 위해서 통신을 감청[118]할 수 있도록 법률이 허용하고 있단다.

---

118 통신 내용을 몰래 엿듣는 것을 말해.

그러나 우리는 과거 독재정권 시절에 보안사령부나 기무부대 등에서 국가안전보장을 이유로 반정부 인사나 민주화 운동자에 대한 대대적인 감청을 한 적이 있어. 국가가 교묘하게 많은 국민들을 잠재적 위험분자로 보고 감시한 것이지. 이젠 대한민국이 그런 괴물의 모습에서 상당히 벗어났다고 할 수 있어. 대신에 국가는 국민의 불만을 단속하기 위해 몰래 감청할 것이 아니라, 국민의 불만을 공개적으로 경청할 수 있어야 한다고 생각해. 또한 국가가 국민의 감시자가 되지 못하도록 국민이 깨어있어서 오히려 국가에 대한 감시자가 되면 좋겠어.

① 사생활의 영역을 보호하는 자유권은 주거의 자유, 사생활의 비밀과 자유, 통신의 자유가 있어. ② 주거의 자유는 주거에서의 활동과 주거의 상태를 침해받지 않을 권리야. ③ 과거에는 범죄인에 대한 처벌과 범죄사실을 공개하는 것을 당연하게 생각했어. 이를 통해서 범죄에 대한 경각심을 주거나 국민들에게 공포정치를 할 수 있다고 생각했던 것이지. ④ 그러나 현대에 들어서는 이런 공개처벌이나 범죄인에 대한 신상공개는 매우 제한적으로 이루어지고 있어. 개인정보자기결정권 등에 비추어봤을 때 범죄자 신상정보나 범죄기록을 공공연하게 배포하거나 공개하는 것은 원칙적으로 금지돼. ⑤ 다만 강력범죄나 성범죄 등에서 공공의 이익을 위해서는 제한적으로 공개할 수 있도록 하고 있고 헌법재판소도 이를 합헌으로 봤어. ⑥ 통신의 자유는 다른 사람과의 의사교환이나 정보전달 과정이 침해받지 않을 권리를 의미해.

"그래도 지구는 돈다"
- 양심(사상)의 자유, 학문과 예술의 자유

아빠 천동설이 진리라고 믿었던 중세 유럽에서, 갈릴레이 갈릴레오는 지동설을 주장하다가 종교재판을 받게 돼. 재판정에서 그는 어쩔 수 없이 지동설이 틀렸다고 고백하고 풀려나지만, 남몰래 "그래도 지구는 돈다"라는 유명한 말을 남겼다고 해. 그가 이 말을 한 적이 없다는 주장도 있지만 인간이 가지는 내밀한 정신적 자유야말로 인간을 인간답게 만드는 기본 조건이라고 생각해.

딸 무서운 종교재판도 각 사람의 내면에 있는 사상과 진리는 어찌하지 못했나 보네요.

사람을 더욱 사람답게 할 수 있는 것은 무엇일까? 그것은 옳고 그름을 구별할줄 아는 신념과 정신적 가치를 추구할 수 있는 의지에 있을 거야. 어떤 사람에게는 자신이 가진 양심, 신념, 신앙이 자신의 존재와 동일한 무게를 가지고 있기도 해. 즉, 양심에 따라서 불이익을 감수하고 병역을 거부한다든지 죽음을 무릅쓰고 신앙을 지키는 것을 보면 자신이 추구하는 정신적 가치가 자기 삶의 무게만큼이나 무겁다는 생각을 한다.

이와 관련 있는 것으로 실화를 바탕으로 제작된 〈핵소 고지〉라는 영화를 소개할게. 주인공인 데스몬드 도스는 폭력적인 아버지를 닮고 싶지 않은 마음과 신앙의 영향으로 비폭력주의자가 돼. 그는 2차

영화 〈핵소 고지〉 스틸 ⓒ Paul Currie, Terry Benedict, Bruce Davey, William D. Johnson, Bill Mechanic, Brian Oliver, David Permut, Steve Longi, Barbara Gibbs

세계대전이 한창이던 때 의무병이 되기 위해 육군에 자진 입대하는데, 총을 들 수 없다는 본인의 신념에 따라 꼭 받아야 하는 총기 훈련을 거부했단다. 지휘관과 동료 그 누구하나 자신의 편을 들어주지 않고 견디기 힘든 집단 괴롭힘을 당하지만 그는 신념을 굽히지 않아. 한 번만 총을 잡으면 될 일이고 그렇게 가벼운 타협 한 번쯤은 해도 괜찮을 것 같은데, 그는 이렇게 이야기 해. "내 신념에 충실하지 못한다면, 그런 내 자신과 어떻게 살아갈 수 있는가?" 우여곡절 끝에 도스는 오키나와 전투에 총기를 들지 않고 의무병으로 참전을 허락받게 된단다. 도스는 전황이 불리해져 아군이 모두 후퇴해버린 핵소 고지에 홀로 남아 죽음도 불사하는 의지와 신념으로 수십 명의 부상병을 죽음에서 구해내.

처음 이 영화를 보면서 과연 저 신념이 무엇이기에 한 치의 여지를 두지 않는지 답답하기도 했단다. 하지만 역시 다른 사람을 구하기로 마음먹은 그의 신념에 따라 본인의 죽음마저 무릅쓰는 장면에서는 숙연해졌단다. 그가 지닌 신념의 무게가 자신의 목숨의 무게와 같다는 것을 느꼈어. 무엇보다 강한 그의 신념이야말로 자신의 목숨을 아끼지 않은 채, 치료받지 못하고 죽을뻔한 수십 명의 동료를 살릴 수 있게 한 원동력이었으니까.

이처럼 정신적 자유의 엄중한 가치를 인식하고 보장하기 위해 우리 헌법은 다양한 규정을 두고 있단다. 종교의 자유와 언론·출판·집회·결사의 자유는 따로 살펴보도록 하고 이번 장에서는 양심의 자유와 학문의 자유를 먼저 살펴보기로 하자.

■ 헌법 제19조 ■
모든 국민은 양심의 자유를 가진다.

■ 헌법 제22조 ■
① 모든 국민은 학문과 예술의 자유를 가진다.
② 저작자·발명가·과학기술자와 예술가의 권리는 법률로써
　보호한다.

헌법재판소에 따르면 양심이란 옳고 그름을 판단함에 있어 어떤 행동을 하지 않고는 자신의 인격이 허물어지고 말 것이라는 강력하고 진지한 마음의 소리라고 이야기 할 수 있어. 헌법 제19조 양심의 자유는 양심을 만들어가는 자유와 이렇게 형성된 양심을 표현하거나 표현하지 않을 자유를 의미해. 그리고 양심을 행동으로 실현할

자유까지도 포함하고 있단다.

양심의 자유와 관련하여 우리나라에서 오랜 세월에 걸친 논쟁거리는 바로 양심적 병역거부야. 영화 〈핵소 고지〉의 주인공 도스처럼 총을 드는 것을 거부하는 경우[119]인데, 우리나라에서는 '여호와의 증인'이라는 종교를 가진 사람들이 양심적 병역거부자 중 대다수를 차지한단다. 여기서 한 가지 짚고 넘어가야 할 것은 양심이란 개인이 자기 스스로 만들고 이루어낸 것이란다. 그래서 양심적 병역거부자에 대해서 혹자는 "그럼 나는 양심이 없어서 군대를 갔냐?"라고 비난하지만 이 비난은 잘못된 거야. 여기서 양심적 병역거부는 그 사람의 양심에 따른 것이고 내 양심과 다를 수 있는 거야. 즉, 양심적 병역거부가 아빠처럼 군복무 수행을 자랑스럽게 생각하는 대다수 사람들의 양심을 비양심적으로 만드는 건 아니야. 양심이 누구에게나 같은 기준을 가진, 절대적이며 보편적 도덕 가치를 가진 지닌 것은 아니라는 것이지.[120]

최근까지 양심적 병역거부자는 병역법에 따라서 입영 기피자로 처벌해오고 있었어. 그러나 최근 들어, 헌법재판소는 양심적 병역거부자에 대해서 병역 이외에 대체하여 복무할 수 있는 제도를 두지 않은 것은 양심의 자유를 침해한다고 판단했단다. 이에 따라 정부는 관련 법령과 제도를 정비하였고, 2020년 10월 26일부터 양심적 병역거부자들이 교정시설에서 36개월 동안 업무할 수 있도록 하고 있어.

---

119 병역의무 이행 자체를 거부하여 입대를 하지 않는 경우와 군복무는 이행하지만 살상 등을 하는 총을 드는 행위를 하지 않겠다는 경우로 나누어볼 수 있어.

120 국방부는 이와 같은 논란을 최소화하려고 양심적 병역거부를 종교적 신앙 등에 따른 병역거부로 명칭을 변경하겠다고 공식 발표했어.

쉽게 읽는 헌법재판소
2018.6.28. 2011헌바379 등 결정

- 병역의 종류를 정하고 있는 조항(현역, 예비역, 보충역, 제1국민역, 제2국민역)은 모두 군사훈련을 받아야 가능하고 양심적 병역거부자에게 병역을 부과할 경우 양심과 충돌을 일으킨다.

- 양심적 병역거부자의 숫자는 매우 적은 수준이고, 처벌한다고 해서 병역을 지게 할 수 없고 교도소에 수감할 수 있을 뿐이다.

- 대체복무제라는 대안이 있는데도 불구하고 병역의무만을 규정한 것은 기본권 제한에서 침해를 최소화하라는 원칙과 어긋난다.

- 대체복무제를 도입하더라도 공익은 충분히 달성할 수 있는데 반하여 양심적 병역거부자들은 최소 1년 6월 이상의 징역형과 유무형의 불이익이 발생한다.

- 양심적 병역거부자들을 처벌해서 교도소에 가두는 것보다 공익 관련 업무에 종사하도록 하는 것이 넓은 의미의 안보와 공익실현에 더 유익하다. 따라서 병역의무만 규정한 병역종류조항은 추구하는 공익보다 침해되는 기본권과 균형을 맞추어야 하나 침해되는 기본권이 더 커서 균형을 상실하였다.

다음으로 정신적 자유권 중에서 또 다른 중요한 것으로 학문과 예술의 자유를 들 수 있어. 학문이 종전의 질서나 진리라고 믿는 것들과 충돌할 때 혹은 권력자의 어두운 그림자를 가리킬 때 학문의 자유가 종종 억압되곤 했단다. 예를 들어, 갈릴레오 갈릴레이는 당시 지배적인 세계관인 천동설에 반하는 지동설을 주장했다는 이유로 죽을뻔했으니까. 예술 역시 당시의 세계관을 받들어주는 역할을 강요받기도 했고, 권력자를 불편하게 한다는 이유로 금지되기도 했다는 얘기는 앞서 문화국가 원리에서 함께 살펴보았었지.

이와 같은 경험을 반영하여 헌법 제22조는 학문과 예술의 자유를 규정하고 있단다. 학문이란 진리를 탐구하는 행위를 말하는데 학문의 자유는 연구를 자유롭게 할 수 있는 자유를 의미해. 여기엔 학문적 성과를 표현하거나 가르치는 자유, 학술발표회와 같이 학문적 집회나 결사를 할 수 있는 자유도 포함돼. 더 나아가서는 대학의 자유도 헌법 제22조를 근거로 두고 있다고 해. 예술의 자유도 자유롭게 창작활동을 하고, 예술작품을 자유롭게 표현하는 것과 예술적인 집회나 결사를 하는 것까지 포함하고 있단다. 참, 학문이나 예술의 자유는 학자나 예술가에게만 인정되는 권리는 아니고 모든 사람들에게 인정되는 권리란다.

① 헌법재판소는 옳고 그름을 판단함에 어떤 행동을 하지 않고는 자신의 인격이 허물어지고 말 것이라는 강력하고 진지한 마음의 소리를 양심이라고 이해하고 있어. ② 양심의 자유는 우리나라에서 양심적 병역거부라는 문제로 오래전부터 쟁점이었단다. ③ 여기서 양심적 병역거부는 자신의 양심에 따른 병역거부를 의미하고 군복무를 수행하거나 군복무 수행을 지지하는 대다수 사람들을 비양심적으로 만드는 것은 아니야. ④ 2018년 헌법재판소는 군사훈련을 받아야 수행가능한 병역의 종류만을 규정하는 것은 양심의 자유에 대한 침해에 해당한다고 판단했어. ⑤ 학문과 예술의 자유는 자유로운 학문연구, 예술창작을 일차적으로 보호하고 있어. 그리고 학문과 예술의 자유로운 표현과 이를 실현하기 위한 집회·결사의 지유까지도 포함하는 개념이야.

태우지 못할 백조
- 종교의 자유

아빠   체코 프라하 구시가지 광장 한가운데 동상이 있는데 그 동상의 주인공은 종교개혁가 얀 후스야. 그는 이단으로 몰려 화형을 당했어. 그는 죽기 전에 다음과 같은 이야기를 남겼단다.

> "오늘 당신들은 한 마리의 거위를 태우지만, 당신들이 태우지 못할 백조 한 마리가 나타날 것이다."

딸   보이지도 않는 신을 믿지만, 죽음을 감수할 만큼 신앙의 힘은 대단하네요.

이번에도 17세기, 천주교를 극심하게 박해했던 일본 에도막부 시대를 배경으로 하는 영화 〈사일런스〉를 통해 종교의 자유에 대한 이야기를 시작해보자.

로드리게스 신부와 가르페 신부는 일본에서 사라진 스승 페레이라 신부를 찾고 복음을 전하기 위해 위험하기 그지없는 일본으로 떠나게 돼. 그곳에서 만난 일본의 천주교 신자들은 매우 비참한 생활을 하고 있었지. 그들은 겨우 목숨을 부지할 정도로 가난할 뿐만 아니라 에도막부의 극심한 천주교 탄압정책에 따라 드러내놓고 종교활동조차 할 수 없었어. 신앙을 지키기 위해서는 목숨도 내놓아야 했던 거야. 종종 나타나는 다이묘영주의 부하들은 그들에게 십자가 밟기, 십자가에 침 뱉기 등을 시키면서 이를 못하는 천주교 신자들을 색출[121]하여 가두고 잔인하게 죽이고 있었단다. 이런 끔찍한 고난의 순간에 로드리게스 신부가 믿는 신은 아무런 답도, 구원의 손길도 내밀어주지 않고 있었지. 로드리게스 신부는 기치치로라는 신자의 배신으로 다이묘 이노우에게 붙잡히는데, 자기가 배교하지 않으면 다른 일본인 천주교 신자를 고문하고 죽이는 것에 결국 굴복하여 배교하게 돼. 오랜 시간이 지나 일본에서 노년의 생을 마감하게 된 로드리게스는 불교식으로 장례를 치르는데, 큰 통 속에 입관되어 가지런히 모아진 그의 손에 작은 십자가가 들려 있었단다. 겉으로는 오랜 세월 배교한 척 살아왔지만 그 내심에 있는 신앙의 불씨는 신의 침묵과 권력자의 탄압에도 여전히 간직해왔던 것이지.

이번에는 실존했던 역사적 인물에 대해서 이야기해볼까? 체코 프라하 구시가지의 광장 한가운데 한 사람의 동상이 있는데 그 동상의 주인공은 얀 후스야. 어떤 인물이기에 체코의 수도인 프라하 한복판에 그의 동상이 있을까? 그는 마틴 루터의 종교개혁보다 무려 100년 전 활동한 종교개혁가로 이단으로 몰려 화형을 당했는데, 죽기 전에 다음과 같이 이야기 했어.

"오늘 당신들은 한 마리의 거위를 태우지만, 당신들이 태우지 못할 백조 한 마리가 나타날 것이다."

---

121 샅샅이 뒤져서 찾아내는 것을 말해.

프라하 광장의 얀 후스 동상 ⓒ 위키피디아

여기서 거위는 후스 자신을 의미해. 후스라는 자기 이름이 체코어로 거위를 뜻했기에 이를 빗댄 것이지. 그 예언처럼 약 100년 뒤 그의 정신은 유유히 흘러 불태울 수 없는 종교개혁이라는 백조가 태어난단다.

이 이야기들에서 쉽게 알 수 있듯이 주류 종교가 아닌 다른 종교를 믿는 것은 어느 시대, 어느 지역에서나 쉽게 용납되지 못했어. 그래서인지 신앙을 지키며 순교하는 경우를 적지 않게 볼 수 있고, 우리나라도 곳곳에 천주교나 개신교 신자들의 순교의 역사가 남아 있는 곳이 많단다. 어쩌면 아무것도 아닌 것처럼 보이기도 하고, 눈에 보이지도 않지만 신념, 양심, 신앙과 같은 것들은 사람의 속을 채워나가는 실존 그 자체인지도 몰라. 신앙을 위해 죽음까지 불사하는 것을 보면 더욱 그런 생각을 하게 된단다. 그럼, 신앙을 위해 순교했던 사람들이 그토록 갈망했을 종교의 자유를 우리 헌법은 어떻게 규정하고 있는지 살펴보자.

■ 헌법 제20조 ■

① 모든 국민은 종교의 자유를 가진다.

② 국교는 인정되지 아니하며, 종교와 정치는 분리된다.

다른 기본권도 그렇지만 종교의 자유는 그중에서도 특히 앞에서 본 것처럼 수많은 사람들의 죽음과 피흘림의 대가로 얻어진 값진 권리라는 생각이 드는구나. 서양은 종교 개혁으로 근대의 문이 열렸고 근대는 치열한 종교 전쟁으로 얼룩졌단다. 카톨릭구교과 개신교신교 간에 치열한 다툼이 각국에서 벌어졌는데, 독일의 30년 전쟁, 프랑스의 위그노¹²² 전쟁, 네덜란드 독립전쟁이 대표적이야. 서로 죽고 죽이는 전쟁 끝에 어느 정도의 관용이 자리 잡긴 했지만 자신이 속한 지역의 영주가 선택한 신앙에 따라야 하는 등 완전한 종교의 자유는 인정되지 못했어. 그러다 종교의 자유는 18세기 말이 되어서야 본격적인 인권으로 인정되기에 이르렀어.

종교의 자유에서 핵심은 신앙의 자유라고 할 수 있어. 특정한 신앙을 선택하여 가질 수도 있고, 신앙을 가지지 않을 자유도 있는 것이지. 신앙을 바꾸거나 포기하는 것도 포함함은 물론이야.

또한 신앙을 실천실행하는 자유도 신앙의 자유의 한 내용인데, 여기에는 신앙을 고백할 자유도 신앙을 고백하지 않을 자유도 포함돼.

---

122 프랑스의 칼뱅파 개신교 신자를 부르는 말이야.

예를 들어 영화 〈사일런스〉에서처럼 천주교 신자를 가려내기 위해서 십자가 밟기 등을 시키는 것도 당연히 금지되는 것이고, 입사지원서나 인사기록카드 등에 종교를 작성하는 란을 두는 것도 허용될 수 없어. 그리고 종교의 자유는 종교집회나 결사의 자유를 가지고 종교전파·종교교육을 할 자유를 갖는 것도 보장하고 있어.

현재 대한민국에서 종교의 자유는 과거 극심했던 천주교 탄압의 역사에 비추어 보면 대체적으로 잘 보장되고 있는 있다고 생각해. 이제는 종교의 자유를 어떻게 행사하여야 할지를 보다 더 고민해야 할 것 같아. 예를 들어 전염병의 대유행 상황에서 예배나 종교적 집회를 금지할 수 있는데, 종교 탄압이라고 할 수 있을까? 전쟁 내전, 테러 등의 위험성 때문에 여행제한 국가로 지정된 나라로 선교활동을 하기 위해 출국하는 것을 금지한다면 종교의 자유 침해일까? 혹은 법학전문대학원을 가기 위해서 치러야 하는 법학적성시험이나 과거 사법시험, 교사 선발을 위한 임용시험을 일요일에 실시하는 것을 종교의 자유 침해라고 할 수 있을까?

앞서 소개한 영화 〈사일런스〉에서 로드리게스 신부는 다른 일본인 신자들이 자신 때문에 고문당하고 죽임당하는 것 때문에 괴로워하며, 그들을 구하기 위해 배교까지 했단다. 결국, 그가 성물을 밟아야 하는 배교의 순간, "밟거라. 너의 고통을 이해한다. 너희의 고통을 나누기 위해 이곳에 왔노라. 그 고통을 위해 십자가를 들었다"라는 신의 음성이 들린단다. 신만이 알겠지만, 그가 과연 신앙을 버린 것이었을까? 그를 쉽사리 비난할 수는 없을 것 같아. 또한 전염병이 대유행하는 상황에서 이웃에 해를 끼치지 않기 위해 모이는 예배를 중단하는 것이 오히려 삶으로 예배하는 것이 되지 않을까? 과연 기독교의 하나님이 이웃과 사회에 해악을 끼치는 모습의 예배를 요구하는 신은 아니라고 생각해. 마찬가지로 대다수 응시자의 편의, 시험장소의 준비 등 여러 사정을 고려하여 최적인 일요일에 시험을 실시하는데, 시험 당일 하루의 예배나 종교 활동을 포기할 수 없어서 종교의 자유를 침해한다고 주장하는 것은 온당한 것이 아니라는 생각이 들어. 아빠는 종교를 가진 사람들이 이웃을 사랑하고 배려하는, 보다 성숙하고 겸허한 모습으로 참된 종교의 자유를 누렸으면 좋겠어.

헌법의 관점에서 이상의 쟁점을 살펴보면, 일요일 시험실시는 종교 활동의 하루 희생을 요구하지만 추구하는 공익은 훨씬 크다고 할 수 있어. 위험국가에 대한 출국 제한도 극소수의 국가에 한정하여 선교활동이 제한될 따름이고 이는 출국을 금지함에 따라 발생하는 것이지 종교의 자유가 바로 침해된다고 보기 어려워. 헌법재판소도 해외의 위험한 지역으로 출국을 금하는 것이 종교의 자유를 침해하지 않는다고 하고,[123] 사법시험이나 법학적성시험을 일요일에 실시하는 것 역시 종교의 자유가 침해되지 않는다고 보았어.[124]

① 종교적 박해는 세계 곳곳에서 많은 나라의 역사 가운데서 비교적 흔한 일이었어. ② 종교의 자유는 처음에는 제한적으로 인정되다가 18세기 말에 이르러서야 보편적 인권으로 인정되기에 이르렀

---

123 헌법재판소 2008. 6. 26. 선고 2007헌마1366
124 헌법재판소 2001. 9. 27. 선고 2000헌마159, 헌법재판소 2010. 4. 29. 선고 2009헌마399

어. ③ 종교의 자유는 어떤 신앙을 가질 것인지, 신앙을 가지지 않을 것인지를 포함하여 신앙을 변경하거나 버릴 자유를 모두 포함해. ④ 종교의 자유는 종교를 실천할 자유를 포함하는데 신앙을 고백하거나 고백하지 않을 자유, 종교적 집회나 결사의 자유, 선교의 자유, 종교 교육의 자유를 모두 포함하고 있어. ⑤ 우리 헌법재판소는 위험 국가에 대한 출국 제한이 종교의 자유를 침해하지 않는다고 하였고, 일요일에 법학적성시험이나 사법시험을 실시하더라도 종교의 자유를 침해하지 않는다고 보았어.

"임금님 귀는 당나귀 귀"
– 언론·출판·집회·결사의 자유

32

아빠   신라의 48대 왕인 경문왕의 귀는 나귀 귀처럼 길었다는 이야기가 전해지고
있어. 경문왕은 왕관에 귀를 숨겨서 그 사실을 아무도 모르게 했는데, 왕관
을 만드는 복두장만이 그 사실을 알고 있었대. 권력자인 왕의 약점을 함부
로 말할 수 없던 복두장은 끙끙 앓다가 죽기 전에 아무도 없는 대나무 밭에
들어가 "우리 임금님 귀는 당나귀 귀다"라고 외쳤대.

딸   하고 싶은 말을 평생 못하고 살았으니 정말 답답했겠어요.

　　독재자들이 가장 싫어하는 것은 무엇일까? 그건 바로 다양한 목
소리, 그중에서도 자신과 자신이 만들어낸 체제를 비판하는 목소리
일 거야. 정의롭고 당당한 외침이야말로 불의한 정권에게는 신발 안
의 돌멩이 같은 존재일 테니까. 그리고 그 외침이 큰 목소리가 되면
자신들을 그 자리에서 쫓아내기까지 할 수 있기 때문에 독재정권은
국민들의 입을 막을 수 있는 방법을 항상 고민했었단다. 독재정권과
방송·언론의 장악과 통제, 검열[125]은 항상 짝처럼 붙어다니곤 했어.
또한 여러 사람이 뭉쳐서 소리를 내지 못하도록 집회나 결사를 막는
것도 필사적이었지. 따라서 어떤 사람들은 한 사회의 언론·출판·

---

125 사전에 내용을 확인하여 보도·발표 등을 막거나 내용을 수정하여 발표하도록 하는 행위야.

집회·결사의 자유가 얼마나 보장되는지를 보면 그 정권의 권위주의의 척도를 가늠해볼 수 있다고 해. 예컨대 북한은 언론·출판·집회·결사의 자유가 없다시피 하는데 이것만 보아도 북한은 독재정권이라 할 수 있어. 이와 같은 측면 때문에 언론·출판·집회·결사의 자유를 정치생활영역에 있어서 자유라고 부르기도 한다.

　언론·출판·집회·결사의 힘이 인류의 역사 가운데 얼마나 큰 영향력을 발휘했는지는 조금만 살펴봐도 알 수 있어. 예를 들어 종교개혁의 첫 시작은 마틴 루터가 비텐베르크의 교회 정문에 붙인 95개조 반박문 한 장에서 시작되었단다. 교회의 문에 붙인 반박문은 불과 한 장에 불과했지만 쿠텐베르크에 의해 막 개발된 인쇄술에 힘입어 수만 부씩 인쇄되어 루터의 주장이 퍼져나갔고 종교개혁의 거센 함성이 유럽을 뒤덮었단다. 또한 프랑스 혁명은 평민 대표제3신분들이 베르사유 궁전 안의 테니스 코트에 모여, 그들이 국민의 대표로서 목소리를 내기 시작하자 거대한 물결이 되어 프랑스를 새로운 나라로 변혁하는 힘이 되었단다. 혁명이 바로 언론·출판·집회·결사로부터 시작된 것이지. 가까이는 2016년 국정농단 사건도 한 언론사의 집요한 추적 끝에 박근혜-최순실의 관계를 밝혀서 온 국민이 알게 되었단다. 언론의 폭로를 시작으로 매일 밤 촛불을 든 시민들이 우리나라 주요 도시의 광장을 밝혔어. 촛불혁명 또는 촛불항쟁이라 부르는 이 사건으로 우리는 오래 쌓여왔던 폐단을 갈아엎고 더 성숙한 민주주의로 한걸음 더 나아갈 수 있었단다. 언론사의 역할과 집회, 결사의 자유가 없었다면 불가능한 일이었을 거야.

95개조 반박문이 붙어있는 비텐베르크 교회 ⓒ Shutterstock

자, 그럼 우리 헌법에서 표현의 자유라 부르는 언론·출판·집회·
결사의 자유를 어떻게 보장하고 있는지 한번 살펴보자.

■ 헌법 제21조 ■

① 모든 국민은 언론·출판의 자유와 집회·결사의 자유를 가
진다.

② 언론·출판에 대한 허가나 검열과 집회·결사에 대한 허가
는 인정되지 아니한다.

③ 통신·방송의 시설기준과 신문의 기능을 보장하기 위하여
필요한 사항은 법률로 정한다.

④ 언론·출판은 타인의 명예나 권리 또는 공중도덕이나 사회
윤리를 침해하여서는 아니된다. 언론·출판이 타인의 명예
나 권리를 침해한 때에는 피해자는 이에 대한 피해의 배상
을 청구할 수 있다.

언론·출판은 엄격하게 구분하지 않고 함께 이야기하는 것이 보통인데 자유롭게 의사를 표현하고 전파할 수 있는 자유를 의미해. 의사표현이나 전파의 방법은 말, 글, 그림, 사진, 조각, 음악, 영화, 방송, 퍼포먼스, 상징적인 표현을[126] 하는 것도 모두 포함돼.

헌법 제20조 제2항은 명시적으로 언론·출판에 대한 허가나 검열을 할 수 없음을 선언하고 있어. 독재정권은 앞서 이야기한 것처럼 언론·출판이 가진 힘을 두려워하여 언론·출판에 대한 허가나 검열을 일상화[127]했어. 여기서 검열이란 언론·출판의 내용을 미리 심사하여 정권에게 불편하거나 마음에 들지 않는 내용은 표현하거나 발표하지 못하도록 원천적으로 막는 것이야. 그리고 나아가 내용을 입맛에 맞게 수정하는 것으로 이해할 수 있어. 허가나 검열의 대표적인 예로 전두환 정권 때의 보도지침을 들 수 있는데, 정부가 언론보도의 가이드라인을 주고 이를 어긴 경우 권력기관에서 언론인들을 협박하거나 구타와 고문까지 있었다고 해. 결국 언론에 대한 허가나 검열은 언론의 자유를 극도로 위축시키는 것이 되므로 헌법에서는 이를 명시적으로 금지하고 있어.

오늘날 여론형성에 매우 중요한 역할을 하는 신문사, 방송사, 인터넷 언론사 등도 언론·출판의 자유를 누리는 주체가 될 수 있어. 다만, 언론·출판의 자유는 다른 한편으로는 위험한 무기가 될 수 있는데, 특정인에 대한 명예의 훼손이나 모욕 등이 쉽게 이루어질 수 있다는 점이야. 이런 점을 우려해서 제4항에서는 당연한 이야기지만

---

126 예를 들어 세월호 사태에 대하여 노란 리본을 착용하는 것 같은 것이지.
127 날마다 늘 있는 일로 함을 뜻해.

타인의 명예나 권리 또는 공중도덕이나 사회윤리의 침해가 금지됨을 재확인하고 있어. 우리 형법에서도 언론에서 표현한 내용이 명예훼손이 성립하지 않으려면 공익을 위해 진실한 사실에 부합하여야됨을 규정하고 있어.

한편 헌법 제21조에 명시되지는 않았지만, 현대사회에서 무척이나 중요한 권리가 도출되는데 바로 알권리야. 알권리는 정보를 자유롭게 알 수 있는 권리 혹은 정보에 접근·수집·처리할 수 있는 권리를 말해. 헌법재판소에 따르면 의견을 자기 스스로 만들어갈 때에는 이런저런 정보를 충분히 수집할 수 있어야 하므로 표현의 자유에 당연히 포함된다고 보고 있어.

집회·결사의 자유는 단체로 행사하는 표현의 자유라고 보면 될 것 같아. 우선 집회는 여러 사람이 같은 목적을 가지고 잠시 모인 것이라고 이해할 수 있어. 여기서 여러 사람이라고 하면 두 명 이상인지

쉽게 읽는 헌법재판소
2018.6.28. 2011헌바379 등 결정

- 헌법 제21조에 언론출판의 자유 즉 표현의 자유를 규정하고 있는데, 이 자유는 사상 또는 의견의 자유로운 표명(발표의 자유)과 그것을 전파할 자유(전달의 자유)를 의미한다.

- 개인이 인간으로서의 존엄과 가치를 유지하고 행복을 추구하며 국민주권을 실현하는 데 필수불가결한 것으로 가장 중요한 기본권의 하나이다.

- 자유로운 의사의 형성은 충분한 정보에의 접근이 보장됨으로써 비로소 가능한 것이며, 정보에의 접근·수집·처리의 자유, 즉 '알 권리'는 표현의 자유에 당연히 포함되는 것으로 보아야 한다.

세 명 이상인지에 대해서는 학자들마다 의견이 갈린단다. 여러 사람들이 함께 의사표현을 하며 주장하는 바를 다른 사람에게도 영향을 주려는 시위나 움직이는 집회라 할 수 있는 행진도 집회에 포함돼. 단, 이런 경우는 집회로 인해 공공질서나 다른 사람의 권리가 침해될 가능성이 높기 때문에 장소나 시간에 대한 제한이 비교적 많이 가해진단다. 하지만 옥외^{개방된 장소} 야간집회를 금지하는 것은 헌법불합치로 판단했어.[128] 또한 국회의사당,[129] 각 법원,[130] 국무총리공관[131]으로부터 100미터 이내에 모든 시위를 금지한 것도 헌법불합치 결정을 내렸단다. 집회가 각 기관의 공정한 업무수행에 영향을 주는지 가리지 않고 모든 집회를 금지한 것이 과도하다고 본 것이지. 의견을 생생하게 표출할 수 있는 사회가 건강한 사회임을 고려할 때 헌법재판소의 판단은 환영할 만한 일이라고 생각해.

한편, 우리나라 민주주의의 역사야말로 앞서 살펴본 언론·출판·집회·결사의 자유를 통해 이룩된 역사가 아닐까? 우리 민족에게는 국난 때마다 들불처럼 일어난 의병, 일제 강점기의 3·1운동, 6·10 만세운동, 광주학생운동 등 역사과 함께 유유히 흘러온 자유와 민주주의 정신이 각인된[132] DNA가 있는 것 같아. 그 DNA가 4·19혁명, 부마항쟁, 5·18 광주민주화운동, 6월항쟁, 2016년 촛불항쟁까지, 거센 바람에도 꺼지지 않는 불꽃으로 유유히 전해져왔다는 생각이

---

128 헌법재판소 2009. 9. 24. 선고 2008헌가25
129 헌법재판소 2018. 5. 31. 선고 2013헌바322
130 헌법재판소 2018. 7. 26. 선고 2018헌바137
131 헌법재판소 2018. 6. 28. 선고 2015헌가28
132 새겨 넣어 깊이 기억된다는 뜻이야.

들어. 떠오르는 시 한편으로 이번 이야기를 마무리해보자.

1979년 10월 16일 마침내 불꽃은 치솟았다.
우리들의 불꽃은 바람에 펄럭이는 깃발 되어
거리와 골목, 교정과 광장에서 민중의 손에 들려
노동자와 농어민, 도시 빈민과 진보적 지식인, 학생들의 손에서
거대한 불꽃으로 불기둥 되어 하늘을 찌르며 타올랐다.
우리들의 죽음을 무릅쓴 항쟁은
자유와 민주주의와 민족 통일, 자주와 평화를 위한
꺼지지 않는 영원한 불꽃이어야 한다.
우리들은 우리들의 투쟁을 결코 잊어선 안 된다.
역사의 현장
민중의 절대한 힘을 하나하나 찾아내
역사의 기록으로 남겨야 한다.
민주 투사 만세.

　　　　　　　- 故 임수생 시 〈거대한 불꽃, 부마민주항쟁〉 중에서

① 언론·출판·집회·결사의 자유는 정치생활 영역의 자유권이라 부를 정도로 한 나라의 민주화 정도를 측정할 수 있는 수단이 되기도 해. ② 인류의 많은 혁명과 개혁, 발전에 커다란 기여를 한 것이 바로 표현의 자유라 부르는 언론·출판·집회·결사의 자유야. 우리나라야 말로 언론·출판·집회·결사의 자유가 얼마나 소중한지 잘 알려줄 수 있는 산증인이라고 생각해 ③ 언론·출판은 자유롭게 의

견을 형성하고 전파할 수 있는 자유야. ④ 알권리도 언론·출판의 자유에 근거를 두고 있고 공공의 이익과 개인의 권리를 잘 조율해야 하는 권리라고 할 수 있어. ⑤ 집회·결사의 자유는 여러 사람이 같은 목적을 가지고 집단으로 행사하는 표현의 자유라고 이해할 수 있어.

33 석기시대부터 내려온 권리 - 재산권

아빠 톨스토이의 단편소설 《사람에겐 얼마만큼의 땅이 필요한가》의 주인공 바흠은 자신의 땅을 경작하는 꿈을 가지고 있었어. 그러던 차에 바시키르인들의 땅에 가서 1,000루블을 내면 하루 동안 자기가 걸어서 돌아온 땅을 모두 가질 수 있다는 이야기를 들었어. 단 해지기 전에 돌아오지 못하면 아무 땅도 가질 수 없다는 조건이었지. 바흠은 그렇게 땅을 얻기 위해 길을 떠났는데, 갈수록 좋은 땅이 나와 돌아오지 못하다 해질녘에 겨우 뛰어서 돌아왔지만 너무 무리한 나머지 그 자리에서 죽고 말았단다.

딸 땅이 꼭 필요했던 바흠이 불쌍하기도 하고, 너무 욕심을 부린 것 때문에 허망하게 죽은 것도 안타깝네요.

사람은 누구나 옷이나 식량, 집, 여러 도구 등 생존에 필요한 기본적인 물건들을 소유하게 돼. 이런 관점에서 보면 소유의 역사는 곧 인류의 역사만큼이나 오래된 것이 아닐까 싶구나. 예를 들어 역사가 기록되기 이전인 선사시대의 무덤에서 부장품[133]이 나오는 것만 봐도 사유재산의 개념이 아주 오래전부터 있었던 것 같아. 인류 최초의 성문법이라는 함무라비법전이나 우리나라 고조선의 8조법 등을 보면 도둑질을 엄하게 처벌하고 있어. 이는 개인의 재산소유를 존중

---

133 죽은 사람을 묻을 때 무덤에 함께 묻어주는 물건을 말해.

하고, 남의 재산을 훔치는 것을 중대한 범죄로 보고 있음을 의미해. 즉, 재산권은 석기시대부터 내려온 권리라고 할 수 있지.

아마도 사람 사이에 계급이 나누어지고 빈부의 격차가 발생하면서 재산권은 더욱 중요한 권리로 자리 잡게 되었을 거고, 자본주의가 발전하면서 재산권의 의미는 특히 강조되기 시작했어. 근대적 소유권은 신이 내린 불가침의 권리로서 보호되었고, 근대 민법의 3대 원칙 중 하나인 소유권 절대의 원칙으로 자리 잡기에 이르렀단다. 소유권 절대의 원칙은 자기 재산은 국가나 남의 간섭 없이 자기 마음대로 사용하고 처분할 수 있다는 원칙이야. 또 사람의 이성과 자율성에 대한 지대한 신뢰를 바탕으로 사람 간의 계약은 합리적으로 체결되며 국가에 의한 간섭과 조정은 불가하다는 생각 역시 굳건하게 자리 잡게 되었어.

하지만 자신의 소유권의 행사가 다른 사람에게 피해를 주거나 공익과 부딪히는 경우까지 인정해주는 것이 옳을까? 그리고 계약 체결의 당사자가 항상 대등한 위치에서 합리적으로만 계약을 체결하게 될까?

근대 법제도에서 소유권 절대의 원칙과 계약 자유의 원칙은 자본주의 발전의 동력이 되었지만, 한편으로는 심각한 빈부격차와 불평등을 만들어냈어. 그러자 여러 사람들이 재산이 갖는 사회적 책임과 기능을 강조하기 시작했단다. 그 극단에 있는 주장을 펼친 사람들은 마르크스와 엥겔스로 사유재산을 부정하는 공산주의를 주장하기도 했어. 그러나 마르크스와 엥겔스의 주장에 따라 공산혁명이 성공한 구소련 등의 국가는 공산주의 사회를 건설했지만 약 70여 년 간의 공산체제가 낳은 것은 참담한 실패였단다. 따라서 현대 극히 일부 국가를 제외하면, 이제 사유재산제를 부정하는 나라는 없다고 할 수 있어. 다만, 재산권을 어느 정도로 공익을 위해 제약할 것인지 혹은 어느 정도로 개인에게 강력한 권리로 인정해 줄 것인지는 각 나라마다 혹은 시대마다 많은 차이를 보이고 있단다.

그럼, 우리 헌법은 재산권에 대해서 어떤 자세를 취하고 있는지 살펴보자.

■ 헌법 제23조 ■
① 모든 국민의 재산권은 보장된다. 그 내용과 한계는 법률로 정한다.
② 재산권의 행사는 공공복리에 적합하도록 하여야 한다.

먼저 제1항 첫 번째 문장은 재산권 보장을 선언하고 있어. 여기서 재산권은 소유권뿐만 아니라 재산으로 가치가 있는 모든 권리를 포함하고 있는 것으로 풀이돼. 소유권, 임금을 달라고 할 권리, 주식회사의 주주로서의 권리, 회원권, 상속권 등은 물론이고 광업권, 어업권, 수렵권, 지식재산권 등을 아우르는 권리라고 할 수 있어. 재산권의 내용과 한계는 민법이나 상법과 같은 여러 법률의 규정에 의해서 좀 더 구체적으로 정하도록 헌법이 법률에 맡겨두고 있단다.

제2항에서는 재산권 행사가 공공복리에 적합할 것을 요구하고 있는데, 조금 어려운 말로 바꾸어서 '재산권의 사회적 구속성'이라고 표현되기도 해. 즉, 재산권이 과거 권리자가 무엇을 하던 문제 삼지 않던 것에서 변화하여 다른 이웃과 사회에게 피해를 주는 방식의

재산권 행사는 제한되고 공공성을 반영하여 재산권이 행사되어야 한다는 의미야.

우리나라에서는 특히 토지와 관련된 재산권 행사에서 사회적 구속성이 보다 뚜렷하게 나타나고 있어. 우리나라는 국토가 좁고 약 70%가 산악지대라서 국토를 골고루 활용하는 것이 어렵고, 산업발전 과정에서 서울을 중심으로 한 수도권 및 몇몇 대도시 집중현상이 심하게 나타났기 때문이야. 수요는 많은데 토지는 제한되어 있으니 부동산, 즉 집값이 가파르게 오르게 되었고, 여기에 투기 혹은 투자 수요까지 가세하여 부동산 가격이 합리적인 수준 이상으로 많이 상승하게 되었단다. 이런 상황에서 토지는 부족하더라도 더 만들어낼 수도 없는 제한된 특성을 가지고 있기에, 사회적 구속성을 더 강하게 인정한 '토지공개념'이 여러 법률에서 도입되었단다.

그러나 야심차게 도입한 여러 법률은 헌법재판소에서 사유재산 제도를 침해한다고 판단하여 대부분 좌초[134]되고 말았단다. 즉, 놀고 있는 토지가 가격이 상승하면 세금을 걷는다거나[135] 토지를 개발하면서 발생하는 이익에 세금을 부과한다든지[136] 200평 이상 주택용 토지를 보유하면 부담금을 부과[137]하는 법률이 헌법재판소에서 위헌 또는 헌법불합치 판결을 받았어.

하지만 톨스토이가 던진 '사람에겐 얼마만큼의 땅이 필요한가?'라는 질문은 여전히 우리에게 유효해. 소설 속 주인공 바흠은 땅을

---

134 암초에 걸려 움직이지 못하는 것을 말해.
135 헌법재판소 1994. 7. 29. 선고 92헌바49
136 헌법재판소 1998. 6. 25. 선고 95헌바35등
137 헌법재판소 1999. 5. 29. 선고 94헌바37등

가지지 못하고 소작[138]으로 겨우겨우 살아가고 있었어. 그런 사람에게 자기 땅이 생긴다고 하니 기회를 꼭 잡고 싶었겠지? 그는 최선을 다해 걷고 뛰었지만, 계속 눈앞에 펼쳐진 더 좋은 기회를 놓지 못해 결국 목숨을 잃고 말았어.

땅을 가지기 위해 뛰는 바흠 ©Plastov Arkady(Музей: The Leo Tolstoy Museum, Moscow)

우리나라의 상황도 비슷하지 않을까? 월세나 전세를 살다가 자기 집 마련이 꿈이 되고, 자기 집을 마련하더라도 좀 더 큰 집, 좀 더 좋은 위치, 좀 더 좋은 투자가치를 따지다 평생 집에 얽매여 사는 게 우리나라 사람들의 평균적인 삶이 아닐까 해. 우리나라의 기형적으로 높게 형성된 집값과 수시로 불어오는 부동산 투기 광풍은 극히 일부만 승자가 되고 절대 다수의 국민은 괴로운 삶으로 몰아넣고 있는 것만 같아. 이것이 우리에겐 얼마만큼의 땅이 필요한지 근본적인 고

---

138 남의 땅을 빌려 농사짓고 산출된 곡식의 일부를 땅주인에게 바치는 거야.

민이 필요한 이유야. 대한민국에서는 부동산을 통한 재산권의 증식만이 정답인 것처럼 이야기하곤 하지만 이제는 모두가 함께 지속가능한 삶의 방식을 가지고 더불어 살아갈 수 있도록 재산권을 재정의하는 것이 필요하다고 생각해.

① 재산권은 인류가 살아가면서 필요한 물건을 소유하면서부터 생긴 권리로 인류의 역사만큼 오래된 권리라고 할 수 있어. ② 그러나 근대로 접어들면서 재산권이 신이 내린 천부인권으로 인정되고 절대적·불가침의 권리로 이해되었단다. ③ 이와 같은 재산권 존중은 자본주의 발전에도 기여하였지만, 반대로 여러 심각한 문제도 함께 가져왔어. ④ 그 결과 재산권이 절대적, 무제한적 권리가 아니라 공공복리에 적합하게 행사하도록 사회적 구속성 개념이 반영되었어. ⑤ 특히 우리나라는 국토가 좁고 활용할 수 있는 국토면적이 좁아 토지의 사회적 구속성이 더 강조되고 있어.

34 국민의, 국민에 의한, 국민을 위한 나라로 가는 길 - 정치적 기본권(참정권)

딸 　아빠. 교육감은 우리 같은 학생에게 중요한 영향을 미치는 분인데, 교육감만이라도 우리가 직접 뽑을 수 있도록 투표권을 줘야 하는 거 아니에요?

아빠 　흐음, 학생들이 스스로 교육정책에 영향을 주는 주권자로서 행동하겠다는 건데... 꽤 설득력 있는 주장인걸.

　　미국의 남북전쟁의 최대 격전지 게티스버그에서 전투가 벌어진 지 약 4개월 뒤인 1863년 11월, 격전지에 조성된 국립묘지의 봉헌식에 링컨 대통령이 참석하여 역사에 길이 남을 연설을 했단다. 당시 긴 연설이 당연한 것처럼 여겨지던 때에 불과 2분 정도에 불과한 이례적으로 짧은 연설이었지만, "국민의, 국민에 의한, 국민을 위한 정부는 지상에서 소멸하지 않아야 한다는 위대한 사명에 우리 스스로를 바쳐야 한다"라는 오래도록 회자되는 명언을 남겼어.

　　그런데 남북전쟁이 북부의 승리고 끝나고 남부의 흑인 노예들은 국민의, 국민에 의한, 국민을 위한 정부를 가지게 되었을까? 아니, 전혀 그렇지 못했어. 북군이 남부에서 철수하자 남부의 주정부들은 흑인들의 권리를 박탈하기 시작했어. 제일 먼저 박탈된 흑인들의 권리가 무엇이었을까? 그건 바로 참정권이었어. 예를 들어 미시시피주는 문맹검사제를 도입하여 통과한 사람들에게만 투표권을 부여했는데, 흑인들에게는 말도 안 되는 문제를 내거나 라틴어를 읽고 해석하는 문제를 내는 등의 방법으로 탈락시켰어. 반면 백인들에게는 고양이의 철자를 묻는 등 아주 쉬운 문제를 내서 거저 통과시켜주는 식이었지.

그렇다면 왜 미국 남부의 여러 주는 흑인의 참정권 박탈을 먼저 시작했을까? 아빠는 참정권이 바로 자신들의 목소리를 내고, 자신들의 입장을 대변하며, 자신들의 권리를 정치라는 마당에서 실현하는 힘을 가지고 있기 때문이라는 생각이 들어. 즉, 흑인들이 참정권을 가지고 있다면 앞으로 시행될 차별적 조치들을 반대하고 저항하는 목소리와 힘이 될 수 있었을 거야. 이렇게 흑인들의 참정권이 박탈되었기에 이후 흑인을 분리하고 차별하는 법안도 아무런 반대나 저항 없이 쉽게 통과될 수 있었어. 결국 흑인들은 미국인이었지만 미국인의 권리가 없는 사람이었고, 주권자이나 주권을 행사할 수 없는 사람이었지. 행사할 수 없는 껍데기 밖에 없는 주권을 가진 그들의 소리를 아무도 의미 있고 엄중하게 듣지 않았단다.

미국은 앞에서 이야기했던 마틴 루터 킹 목사를 중심으로 한 치열한 민권운동의 결과로 흑인에게도 참정권이 주어졌어. 흑인들이 참정권을 보편적으로 인정받기까지 힘들었던 것처럼 보통선거의 원칙이 수립되기까지는, 즉 참정권이 모든 사람들에게 공평하게 주어지는 데까지는 다른 권리들 보다 유독 상당한 기간이 필요했고 많은 진통이 있었단다.

워싱턴 행진 1963, 마틴 루터 킹과 민권운동의 리더들 ⓒ 연합뉴스

예를 들어, 혁명을 통해 수차례 민주적인 정부를 수립했던 프랑스도 1848년 2월 혁명 이전까지는 전체 국민 중 약 0.7%의 사람, 즉 남성 중에서 부르주아[139]에게만 참정권을 주었어. 그러던 것이 2월 혁명의 결과로 성인 남성 모두에게 참정권을 주었단다. 그런데 여기서 알 수 있듯이 흑인들만큼이나 참정권에 있어서 오랫동안 차별받아온 사람들이 있었는데 바로 세계 인구의 절반인 여성들이었어. 놀랍게도 민주주의가 성숙한 나라에서도 여성 참정권이 인정된 것은 그리 오래되지 않았단다. 프랑스는 20세기가 절반 가까이나 지난 1944년, 미국의 미시시피주와 같은 일부 주는 1984년,[140] 리히텐슈

---

139 원래는 성 안에 사는 부유한 사람을 뜻하지만 여기서는 26세 이상 남자 중에서 200프랑을 납세한 부자만 해당됐어.
140 다만, 연방참정권은 1919년에 인정되었어.

타인도 1984년에서야 여성 참정권을 인정했어. 이슬람권 국가들은 훨씬 보수적이어서 사우디아라비아 같은 나라는 2015년에서야 여성의 참정권을 인정하였단다.

　그럼 우리나라는 어떻게 참정권을 보장해왔을까? 우리나라는 1948년 헌법 제정 때 보통선거제를 도입하여 재산 차이나 남녀를 이유로 한 차별을 두지 않았어. 그런데 우리나라 참정권도 우여곡절이 없었던 것은 아니었어. 즉, 독재정권은 자신들의 집권을 위해 대통령을 선출할 수 있는 선거권을 수차례 박탈하였단다. 제7차 헌법 개정1972년으로 대통령을 국민이 직접 뽑지 못하고 통일주체국민회의에서 대통령을 선출하는 것으로 변경하였어.[141] 마찬가지로 제8차 헌법 개정은 선거인단에 의한 대통령 선출을 규정하기에 이르렀어. 제7차 개정은 박정희의 대통령 연임을, 제8차 개정은 전두환의 대통령 선임을 염두에 두고 국민의 직접 참정권을 박탈한 것으로 이해돼. 국민들이 이 땅의 진정한 주인으로서 스스로 대표자를 선택할 수 없도록 만들어버린 것이지. 앞서 이야기한 것처럼 6월 항쟁으로 이루어진 헌법 제9차 개정을 통해 다시금 대통령을 우리 손으로 직접 뽑을 수 있게 되었단다.

　이렇듯 참정권이 모두의 권리로 인정받기까지 기득권 계층의 억압과 저항이 컸던 것은 참정권이 국민에게 주인의 자리를 되찾아주는 권리라는 점 때문이었을 거야. 독재자나 일부 계층만이 오롯이

141　국민들이 통일주체국민회의의 대의원을 선출할 수 있었지만 당시 정권을 지지하는 사람들만 출마가 가능한 구조였어. 결국 대통령 선출은 단독후보 추천에 거의 100%에 가까운 찬성득표를 던지는 전혀 민주적이지 않은 결과를 보여줬단다.

주인 행세를 하다가 이제 그 자리를 내어주거나 나눠야 하니 큰 위협이 되었던 것이겠지. 이런 점에서 참정권은 국민의, 국민에 의한, 국민을 위한 나라로 만들어가는 권리라는 생각이 드는구나.

우리 헌법의 참정권 관련 규정을 살펴보도록 하자.

■ 헌법 제24조 ■

모든 국민은 법률이 정하는 바에 의하여 선거권을 가진다.

■ 헌법 제25조 ■

모든 국민은 법률이 정하는 바에 의하여 공무담임권을 가진다.

이 외에도 헌법 제72조중요 정책에 대한 국민투표와 제130조헌법 개정안 국민투표에 따라 국민투표권도 중요한 참정권 중 하나라고 할 수 있는데 여기서는 우선 선거권과 공무담임권에 대해서 이야기 해보기로 하자.

헌법 제24조는 우리나라의 주권자인 국민이 선거를 통해 주권을 행사하도록 선거권을 보장하고 있어. 구체적으로는 대통령 선거, 국회의원 선거, 지방의회 의원 선거, 지방자치단체장 선거, 교육감 선거에 대해서 선거권을 행사할 수 있단다. 선거는 보통·평등·직접·비밀 선거의 원칙을 준수해야 해. 즉, 일정 연령에 도달한 경우 누구에게나 투표권을 주어야 하고보통선거, 동등하게 누구나 1표씩 행사하여야 하고평등선거, 선거권을 가진 사람이 다른 사람을 통하지 않고 직접 행사하여야 하며직접선거, 누구 혹은 어느 정당에 투표했는지 아무도 모르게 비밀이 보장되어야비밀선거 해.

그런데 너와 같이 18세가 안 된 어린이나 청소년들은 선거권을 행사하지 못하잖아? 그럼 부당한 것일까? 네 입장에선 아쉬울지 모르겠지만, 헌법재판소에서는 선거권을 침해하는 것은 아니라고 해. 우리나라 현실상 19세 미만[142]의 미성년자는 일정한 수준의 정치적 판단능력이 충분히 갖추어지지 않았기 때문에 선거권을 부여하지 않더라도 침해는 아니라고 보았어.[143] 반면, 수형자나 재외국민에게 일률적으로 투표권을 제한하는 규정들이 있었는데 해당 규정들은 헌법재판소에서 위헌 및 헌법불합치 결정을 받았단다.[144]

헌법 제25조는 투표권을 행사하는 것을 넘어서서 직접 공직에 취임하거나 담당할 수 있는 공무담임권을 보장하고 있어. 즉, 지방의회 의원이나 국회의원에 출마한다든지, 공무원 시험에 응시하여 공직을 수행할 수 있는 권리인 것이지. 과거에는 공무담임권은 특권계층만 향유할 수 있는 권리였단다. 서양의 많은 나라에서는 귀족만 장교가 될 수 있었고, 과거 우리나라의 관직은 사실상 양반이 독점하고 있었던 것을 예로 들 수 있어. 신분상 차별이 철폐된 지금은 국민 모두가 공직으로 진출할 수 있는 것으로 변화된 것이지.

헌법재판소에서는 헌법 제25조의 해석과 관련하여 공무담임권을 입법부, 집행부, 사법부는 물론 지방자치단체 등 국가, 공공단체의 구성원으로서 그 직무를 담당할 수 있는 권리라고 이야기 하고 있어. 나아가 공직 취임 기회를 자의적으로 빼앗거나 공무원이 이미된 사람을 그 자리에서 부당하게 내쫓는 것까지 공무담임권으로 보

---

142 당시는 선거를 19세 이상부터 할 수 있었어.
143 헌법재판소 2013. 7. 25. 선고 2012헌마174
144 헌법재판소 2014. 1. 28. 선고 2012헌마409, 2007. 6. 28. 선고 2004헌마644등

호하고 있다고 해.[145]

    그럼, 선거권의 의미를 조금 더 깊이 생각해보자. 로또는 아주 작은 종이 한 장이지만 당첨되면 수억에서 수십 억이 주어진단다. 선거권도 어쩌면 작은 종이 한 장의 권리에 불과할 수 있어. 하지만 그 투표용지 한 장이 로또처럼 우리가 이 땅의 당당한 주인이라는 사실을 일깨워주기에는 충분한 가치를 가지고 있다고 생각한단다. 일제강점기 때 주권을 잃고 선거 참여를 꿈꿀 수조차 없었고 우리가 주권자라는 사실을 깨닫지 못했던 때를 생각하면 한 장의 작은 종이지만 그 가치가 얼마나 큰지 모르겠구나. 독재정권 아래에서의 대통령 선거권이 없던 때도 마찬가지고. 비록 내가 기표하는 한 장의 투표용지로 세상이 당장 바뀌지는 않을 테지만 우리가 보다 나은 세상을 위해서 꾸준히 우리의 주권을 행사한다면 그 선택들이 쌓여 우리를 보다 더 이 나라의 주인답게 해주지 않을까?

    ① 참정권은 다른 권리보다 더 긴 시간과 많은 사람들의 투쟁을 통해서 성취된 권리라고 할 수 있어. ② 외국의 사례를 보면 가난한 사람이나 흑인, 여성의 투표권은 부여되지 않았고 점진적으로 참정권의 향유 주체가 확대되어 왔단다. ③ 참정권은 국민이 한 나라의 주인으로서 행사하는 소중한 권리이고 이 때문에 기득권 세력이나 독재세력과 참정권을 확대하는 데 많은 갈등을 빚었다고 생각해. ④ 참정권에는 선거에 참여하여 국민들이 자신들의 대표자를 선출할 수 있는 선거권이 대표적이야. ⑤ 또한 국민들이 스스로 국정의 운영자가 될 수 있도록 공무담임권 역시 보장되고 있어.

---

145 헌법재판소 2003. 10. 30. 선고 2002헌마684등

내 권리를 지켜라
- 청원권, 재판청구권

아빠 　영화에서도 종종 등장하는데, 과거 유럽이나 미국에서는 갈등이 생기거나 증거가 부족한 재판에서 잘잘못을 가리기 위해 결투로 해결하는 경우가 많았단다.

딸 　아니 그럼, 검술이 뛰어난 사람이 결투에서 유리할텐데 싸움을 잘 하는 사람이 옳다는 건가요?

　알렉상드르 뒤마의 《삼총사》는 꽤 오래전 쓰여진 소설이지만 아직까지도 영화와 뮤지컬 등으로 만들어지는 등 많은 사랑을 받아온 작품이란다. 아마도 개성 넘치는 등장인물들의 매력과 기사도의 낭만, 로맨스와 액션까지 골고루 잘 버무린 소설이기 때문일 거야. 소설은 시골의 몰락한 귀족의 아들 달타냥이 총사[146]가 되려고 파리로 상경하는 것으로 시작해. 파리로 오자마자 달타냥은 사소한 시비로 아토스, 포르토스, 아라미스와 차례로 결투를 신청한단다. 결투 장소에서 순차적으로 만난 그들은 재상 리슐리외의 친위대에 맞서 한 편이 되면서 왕을 위해 활약을 펼치는 게 소설 《삼총사》의 주요 내용이야.

146　프랑스 왕궁근위대의 군인을 말해.

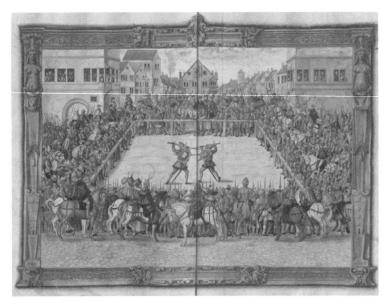

아우크스부르크의 결투재판 그림, 1409년 ⓒ 위키피디아

《삼총사》에서는 결투가 흥미진진한 볼거리로 그려지지만 실제 결투는 갈등이 생기거나 고소 등을 당했을 때 누가 옳은지 가리기 위해서 칼이나 총을 가지고 싸워서 누군가 죽어야 끝나곤 했어. 즉, 결투를 통해서 이기는 사람이 옳다는 것을 증명하거나 명예를 회복하는 수단이었다고 할 수 있지. 삼총사뿐만 아니라 많은 소설과 영화에서는 결투를 통해 악당이 주인공에 의해 죽음으로써 결국은 정의가 실현되는 것으로 그려지지.

하지만 소설과 영화 속에서 정의 구현의 수단으로 종종 그려지는 결투가 과연 실제 현실에서도 정의 구현의 수단이었을까? 또는 권리를 침해당한 사람에 대한 적절한 구제수단이라고 할 수 있었을까? 이 질문에는 비교적 쉽게 아니라고 답할 수 있을 거야. 비슷한 맥락에서 중세 유럽에서 페데[147]라고 하는 침해받은 권리를 피해자 스스로 회복복수할 권리를 부여한 것도 정당한 권리회복 수단이라고 보기는 힘들어.

이처럼 사람들이 스스로 분쟁을 해결할 수 없고 스스로 분쟁을 해결하는 것이 정당하지 않다면, 다른 사람과 분쟁이 생겼을 때 누가 옳은지 판단해줄 사람이 필요하게 돼민사소송. 혹은 국가나 공무원이 내 권리를 침해했을 때도 제3자의 공정한 판단에 기대어 피해의 회복을 기대할 수 있어야 하고행정소송, 형사 범죄를 저지른 경우에도 범죄에 상응하는 수준의 처벌을 정해야 해형사소송. 결국 궁극적인 기본권 보장을 위해서는 국가권력이나 힘이 센 사람으로부터 영향을 받지 않는 법원과 법관에 의한 공정한 재판을 받을 권리가 필수적으로 보장되어야 한단다. 재판을 구할 수 없다면 권리가 침해되더라도 그 구제를 받을 길이 막막하여, 권리가 없는 것이나 마찬가지가 될 테니까.

재판청구권을 비롯하여 국가에 억울함을 호소하거나 피해의 보상을 청구할 수 있는 권리를 청구권적 기본권, 혹은 절차적 기본권이라고 부른단다. 먼저, 청원권과 재판청구권에 대한 헌법의 규정을 살펴보자.

■ 헌법 제26조 ■

① 모든 국민은 법률이 정하는 바에 의하여 국가기관에 문서로 청원할 권리를 가진다.

② 국가는 청원에 대하여 심사할 의무를 진다.

---

147 페데(Fehde)는 침해받은 권리 회복을 위해 스스로 하는 합법적 실력행사를 뜻해.

■ 헌법 제27조 ■

① 모든 국민은 헌법과 법률이 정한 법관에 의하여 법률에 의한 재판을 받을 권리를 가진다.

② 군인 또는 군무원이 아닌 국민은 대한민국의 영역 안에서는 중대한 군사상 기밀·초병·초소·유독음식물공급·포로·군용물에 관한 죄 중 법률이 정한 경우와 비상계엄이 선포된 경우를 제외하고는 군사법원의 재판을 받지 아니한다.

③ 모든 국민은 신속한 재판을 받을 권리를 가진다. 형사피고인은 상당한 이유가 없는 한 지체 없이 공개재판을 받을 권리를 가진다.

④ 형사피고인은 유죄의 판결이 확정될 때까지는 무죄로 추정된다.

⑤ 형사피해자는 법률이 정하는 바에 의하여 당해 사건의 재판절차에서 진술할 수 있다.

헌법 제26조는 청원할 권리를 규정하고 있어. 청원권을 보다 상세화하기 위하여 청원법이 제정되어 있는데, 국가기관·지방자치단체 및 소속기관을 포함하여 행정권한을 가지고 있는 법인·단체·개인에게도 청원할 수 있어. 피해의 구제나 공무원의 위법·부당한 행위의 시정·징계요구, 법률 등의 제정과 폐지, 공공의 제도나 시설 운영 등도 청원할 수 있단다.

최근에는 정부와 국민 간의 소통창구가 많이 생겨난 것 같아. 민원사무에 관한 법률에 근거하여 만들어진 '국민신문고'를 통해 인터넷으로 쉽게 요구나 제안을 할 수 있게 되었어. 또한 청와대 홈페이지의 '국민청원'은 사회 곳곳의 억울한 일이나 뜨거운 이슈들을 쉴 새 없이 담아내고 있단다. 이런 다양한 창구들을 통해 국민의 마음이 생생하게 정부로 전달되고 또한 억울한 눈물을 흘리는 사람들의 눈에서 눈물이 그치길 기대해본단다.

헌법 제27조는 헌법과 법률에서 정하는 자격과 절차에 따라서 임명된 법관에 의해서 법률에 따른 재판받을 권리를 정하고 있어. 또한 법관의 자의에 따른 판단이 아니라 법률에 의한 재판을 받을 수 있도록 하고 있는데, 여기서 법은 헌법에 위반되지 않는 법률이란다. 앞서 국가폭력을 이야기하면서 국가가 재판도 거치지 않고 많은 국민들을 학살했다고 이야기 했었지? 진짜로 잘못을 저질렀는지, 잘못했다면 얼마나 그 죄가 큰지 재판으로 확정해야 함은 당연한 것이고, 재판도 없이 학살한 것은 변명할 여지없는 불법이고 범죄행위야.

그리고 군인, 군무원이 아닌 국민은 군사에 관한 일부 범죄와 비상계엄이 선포된 경우를 제외하고는 군사법원의 재판을 받지 않아. 그런데 과거 군사독재정권 아래에서 민간인에 대한 군사재판이 가혹하고 불공정하게 이루어졌던 경우가 많았단다. 하지만 민간인에 대한 재판은 예외 없이 일반 법원에서 재판하는 것이 옳다는 생각이 드는구나.

한편, 재판이 길게 진행된다면 당사자들은 결론이 날 때까지 무척이나 괴롭겠지? 그래서 제27조 제3항은 신속한 재판을 받을 권리를 규정하고 있어. 하지만 현실은 그렇지 않은 경우가 많단다. 3심제로 진행되는 재판은 수년씩 걸리는 게 보통이고 재판에서 청구를 받아들이거나 무죄를 선고받더라도 당사자들은 재판이 진행되는 그 자체로써 고통 받는 경우가 허다하단다. 사건이 적체되어 있는 법원의 탓으로만 돌릴 수 없지만 어쩔 수 없으니 법원이 국민들에게 이런 현실을 당연하게 받아들이라고 당당히 이야기할 권리도 없는 것 같아. 특히나 형사재판의 과정에서 더 고통 받을 수 있는 피고인[148]은 지체 없이 공개재판을 받을 권리가 있어.

형사피고인은 유죄 판결이 확정될 때까지는 무죄라고 보아야 해 제27조 제4항. 당연한 것이 판결 선고에 의해서만 죄가 확정되고 재판 과정에서는 아직 죄가 확정되지 않았는데 이를 유죄를 보는 것 자체가 논리적으로 성립하지 않겠지? 그리고 논리적 결과를 떠나서 혐의를 받는 것만으로도 고문과 강압수사가 가해지던 과거의 경험에 대한 반성으로써 무죄추정의 원칙은 더욱 의미가 있어.

제27조 제5항은 형사사건의 피해자는 법률의 정하는 바에 따라서 재판에서 진술할 수 있도록 권리를 보장하고 있어. 사실 형사재판에서 당사자는 기소와 공소 유지를 담당하는 검사와 피고인이야. 그렇다 보니 피해자는 형사재판에서 소외되는 경우가 많고, 억울함을 하소연할 기회조차 없는 경우가 많단다. 헌법은 그런 피해자를 배려하여 입장을 호소할 수 있는 기회를 부여하고 있어.

이젠 우리나라가 재판도 없이 즉결 처분을 하는 것과 같이 재판청구권을 침해하는 일은 거의 없다고 생각해. 그러나 사법신뢰도가 OECD 국가 중 최하위권을 맴도는 현실에서 법원이 권위의식을 내려놓고 사람들의 마음을 보듬는 친근한 존재가 되어줬으면 좋겠다는 바람을 가져본단다. 아빠는 회사에서 하는 일의 성격상 재판에

---

148 기소당한 범죄혐의자로 형사재판이 진행중인 사람을 말해.

자주 출석하거나 참관하는데, 호통을 치는 판사나 다그치는 판사를 만나는 것이 그렇게 어려운 일은 아니란다. 분쟁의 한가운데서 판단을 내린다는 것이 쉬운 일이 아니라는 점도 이해가 가지만 그 분쟁에서 괴로워하는 사람을 좀 들여다 봐주면 좋겠다고 생각해.

이런 관점에서 기억에 떠오르는 판결문이 하나 있구나. 2013년 판결인데, 1977년에 박정희 정권을 비판하는 인쇄물을 배포했다가 징역 1년 6개월을 선고받은 사람의 재심 사건이었어. 해당 재판부는 무죄를 선고하고 판결문의 맨 끝에 다음과 같이 첨언하였단다.

"아울러 과거 권위주의 정권하에서 사법부가 인권의 마지막 보루로서의 역할을 제대로 수행하지 못함으로 인하여 큰 고통을 당한 피고인에게 사법부의 일원으로서 깊이 사과드리고 이 사건의 재심 판결이 피고인에게 조금이나마 위로가 되고 명예를 회복할 수 있는 계기가 되기를 진심으로 기원합니다."

원래 판결문은 평어로 써왔어. 하지만 이 판결문은 이례적으로 경어를 씀과 동시에 사과와 위로의 말을 건네고 있단다. 권위를 내세우는 사법부보다 이렇게 사람을 품을 수 있는 사법부가 국민들로부터 더 존경받고 신뢰받게 될 것은 자명한 이치가 아닐까. 재판청구권을 통해 사법부가 인권의 마지막 보루로서, 때론 거친 폭풍처럼 몰아치는 인간사의 소용돌이에서 안전한 항구처럼 곁을 내어주기 희망해본단다.

① 과거는 사법질서가 제대로 확립되지 않고 법치주의가 정착되

지 않은 상황에서 결투와 같은 사적 해결 방법을 동원하곤 했어. ②
하지만 사적 해결은 권리자의 진정한 권리구제 방법 혹은 정의에 합
치하는 해결법이라고는 할 수 없어. ③ 청원권이나 재판청구권은 권
리를 보호하기 위한 권리로서 청구권적 기본권 혹은 절차적 기본권
으로 불린단다. ④ 청원권은 대표적으로 국가기관 등에 피해구제,
공무원의 위법행위에 대한 징계 등을 요구할 수 있는 권리야. ⑤ 재
판청구권은 법관이 법률에 따라서 재판을 받을 수 있는 권리란다.
특별한 경우를 제외하고는 군사재판을 받지 않고, 신속하게 재판을
받을 권리를 포함하고 있어. ⑥ 그리고 무죄추정의 원칙에 따라 피
고인에 대한 형사재판이 유죄로 확정될 때까지는 무죄라고 인정돼.

국가가 칼이 될 때
- 국가배상청구권과 손실보상청구권

아빠 살면서 고의든 실수든 남에게 피해를 줄 수 있어. 피해가 크지 않다면 사과
로 마무리할 수 있겠지만, 피해가 크다면 사과뿐만 아니라 배상도 해야겠지.
그럼 국가가 고의나 실수로 국민들에게 피해를 끼치면 어떻게 해야 할까?

딸 일반 국민이든 국가든 마찬가지로 사과가 기본이고, 손해가 있다면 손해를
보상해야 하지 않을까요?

국가가 칼이 될 때가 있단다. 국가가 여러 활동·작용을 하면서 실
수과실로 혹은 의도적고의으로 법을 위반하여 국민들에게 피해를 주
는 경우가 종종 발생한단다. 앞서 여러 번 이야기했던 국가폭력의
경우에는 국가가 고의로 국민들에게 피해를 입힌 경우라고 할 수 있
지. 최근에 민주화가 많이 이루어진 이후에는 국가가 고의로 국민에
게 피해를 입히는 경우보다는 과실로 국민에게 피해를 주는 경우가
훨씬 더 많은 것 같아. 예컨대, 2014년 4월 16일 인천에서 제주도로
가던 세월호가 진도 인근 바다를 지나다 침몰하면서 많은 사람들이
사망한 대형 사고가 발생했단다. 너도 여러 번 들어본 적이 있는 세
월호사건이란다. 사고 현장에 출동한 해양 경찰은 세월호에 탑승하
고 있던 승객들의 퇴선[149] 조치 등을 충실히 하여 구조에 최선을 다

했어야 하는데 그렇게 못했어. 법원은 해경의 이와 같은 실수가 있다고 판단하여 국가의 책임을 인정하는 판결을 내렸단다.[150]

이렇게 국가가 잘못된 칼을 휘둘러서 국민을 다치게 한 것과 달리 의사가 환자의 수술을 위해 칼을 대듯이, 국가가 공익을 위해 국민의 희생을 요구할 때도 있단다. 예를 들어 도로나 철도를 건설할 때 도로나 철도가 들어설 땅이 국가 소유의 땅이면 문제가 없겠지만 국민이 소유한 땅에 지으려면 그 땅의 소유를 국가로 가져와야 하겠지? 땅 주인들은 손실이 발생하겠지만 땅 주인들이 받는 손실보다 다수의 사람이 얻을 수 있는 이익이 더 크기 때문에 국가에서 강제적으로 땅을 수용하는 것이란다.

이처럼 국가가 칼이 되어 국민들에게 손해나 손실을 가져왔을 때, 국가는 어떻게 해야 할까? 당연히 그 피해의 회복을 해줘야겠지? 우리 헌법의 규정을 살펴보자.

■ 헌법 제29조 ■

① 공무원의 직무상 불법행위로 손해를 받은 국민은 법률이 정하는 바에 의하여 국가 또는 공공단체에 정당한 배상을 청구할 수 있다. 이 경우 공무원 자신의 책임은 면제되지 아니한다.

② 군인·군무원·경찰공무원 기타 법률이 정하는 자가 전투·훈련 등 직무집행과 관련하여 받은 손해에 대하여는 법률이 정하는 보상 외에 국가 또는 공공단체에 공무원의 직무상 불법행위로 인한 배상은 청구할 수 없다.

---

149 배가 위험에 처하거나 항해를 할 수 없을 때 배를 포기하고 나오는 행동을 말해.
150 다만 2심 소송이 계속 중이어서 아직 판결이 확정되지는 않았어.

■ 헌법 제23조 ■

③ 공공필요에 의한 재산권의 수용·사용 또는 제한 및 그에 대
한 보상은 법률로써 하되, 정당한 보상을 지급하여야 한다.

헌법 제29조 제1항은 손해의 배상을 구할 권리를, 헌법 제23조 제
3항은 손실의 보상을 구할 권리를 규정하고 있다고 이해돼. 이름이
비슷한데, 두 개의 권리는 어떻게 다를까? 둘 다 국가의 활동에 의해
서 발생한 피해를 회복시켜준다는 점에서는 같아. 국가배상청구권
은 국가가 일부러 혹은 실수로 법을 위반해서 국민에게 피해를 준
때 발생하게 돼. 여기서 국민이 받은 피해는 재산에 대한 피해뿐만
아니라 생명·신체 등에 대한 피해도 포함하고 있어. 이에 비해 손실
보상청구권은 다수 사람공공의 필요에 의하여 법에 따라서 재산에
침해가 발생할 때 성립하게 돼.

손해배상청구권은 공무원이 직무를 수행하면서 불법행위가 있
다면 그 손해에 대한 배상을 요구하는 권리야. 국가가 인간처럼 팔
다리가 있는 생물이 아니기 때문에 공무원을 통해서 직무수행을 하
게 되는데 국가의 행동과 공무원의 행동을 같게 봐주는 거야. 여기
서 공무원은 우리가 일반적으로 알고 있는 공무원뿐만 아니라 공적
인 업무를 수행하는 모든 사람을 의미해. 또 직무를 수행하면서 법
령을 위반해야 하는데, 실제 직무를 수행하는 것이 아니었더라도 국
민들에게 직무집행으로 비춰지는 행동까지도 직무집행에 포함하
고 있어.[151] 그리고 일부러 그랬든 실수로 그랬든 법을 위반해서 손

---

151 대법원 2005.1.14. 선고 2004다26805 등

해를 끼치면 국가가 국민에게 배상할 책임이 발생한단다.

그런데 헌법 제29조 제2항은 헌법조항으로 받아들이기 힘든 내용을 담고 있단다. 군인·군무원 등은 전투나 훈련에서 받은 손해에 대해서는 법에서 정한 보상금 외엔 국가가 아무리 잘못했더라도 국가배상청구를 할 수 없다고 규정하고 있어. 문제는 법에서 정한 보상금이 현재에는 많이 상향되기는 했지만 터무니없이 적었던 데에 있어. 군인이 전투나 훈련을 하다가 죽거나 다쳤는데 아주 적은 액수의 보상금만 받는 데 그치고, 국가가 잘못했더라도 배상을 구하지 못하도록 막아 놓은 셈이지. 사실 이 조항은 박정희 정권 때 베트남전에 파병된 많은 군인들이 아군의 실수에 의해서 죽거나 다쳐서 배상액이 늘어나자 국가의 재정 부담을 줄이고자 아예 헌법 규정으로 우겨넣은 결과물이야. 다음번 헌법 개정에서 반드시 개정해야 한다고 많은 사람들이 입을 모으는 조항 중 하나란다.

손실보상청구권은 공공이 꼭 필요로 한 경우에 한해서, 법률에 따라서 재산을 수용·사용 또는 제한을 할 때 그 손실의 보상을 국가에 요구할 수 있는 권리야. 즉, 재산권자에게 특별한 희생이 발생했을 때 손실보상청구권이 생긴다고 해. 여기서 특별한 희생이란 일반 국민에게 고르게 부여된 부담이 아니라 특정 국민에게만 선별적으로 더 부과된 부담으로 재산권이 없어지거나 제대로 사용할 수 없게 되는 걸 의미한단다. 앞서 이야기한 도로를 내거나 공공건물을 짓기 위해서 해당 지역의 토지를 수용하는 경우가 대표적이라고 할 수 있지.

아빠는 길고 긴 독재와 산업화의 그늘을 지나오면서 국가가 국민들에게 무서운 칼날을 휘둘렀던 적이 많았다고 생각해. 우리나라는 정부 수립 이후 극도로 혼란한 시기와 6·25전쟁 그리고 독재정권기를 거치면서 국가폭력이 일상화된 깊은 골짜기를 지나왔어. 또 산업화 과정에서 개발의 논리에 매몰되어 공용수용의 칼날을 무분별하게 남용[152]하기도 했어. 그렇게 깊게 베인 상처가 아직도 채 아물지 않아 우리 사회에 갈등과 대립의 뿌리가 되고 있는 게 아닐까 싶어.

그렇다면 국가가 어떤 자세를 취해야 할까? 국가가 피해를 입은 국민에게 돈으로 배상하는 것은 우리 헌법에서 정한 가장 기본이야. 하지만 돈으로 상처가 다 치유되는 것은 아니라고 봐. 2차 세계대전 이후 독일은 막대한 돈을 마련하여 자신들의 범죄 행위에 대한 배상금을 지급해왔어. 하지만 그것은 시작에 불과했단다. 독일은 곳곳에 역사를 기억하도록 기념관을 만들고 계속하여 과거 범죄를 반성해왔던 거야. 특히 인상적인 장면은 1970년 폴란드 바르샤바를 방문한 서독의 총리 브란트가 비가 오는 날씨 속에서도 유대인 추념비 앞에 무릎을 꿇고 사죄한 장면이었어. 그의 행동에 대해 일부 독일 사람들은 맹렬한 비판을 가하기도 했지만, 그의 진정한 사과로 2차 세계대전의 앙금[153]이 가시지 않았던 폴란드와 서독은 화해의 길로 함께 걸어갈 수 있었단다.

브란트의 꿇은 무릎에서 화해가 시작되었듯이 우리나라도 이와 유사한 뜻깊은 광경을 소개해보려고 해. 광주5·18민주화운동을 잔인한 국가폭력으로 진압한 세력들이 속해 있던 당은 민주정의당^{민정}

---

152 권한을 본 목적을 넘어서서 함부로 사용함
153 마음속에 개운치 않은 감정을 뜻해.

당이었는데 그 당의 후신[154]이 미래통합당[155]이란다. 미래통합당의 김종인 대표는 2020년 8월 19일에 광주 5·18 민주묘지를 방문해서 무릎을 꿇고 울먹이며 사죄를 했단다. 그의 행동에 대해 진정성을 의심하는 목소리도 많지만 아빠는 한 번도 제대로 사죄한 적이 없던 5·18의 가해세력에 뿌리를 둔 정당에서 처음으로 사죄의 목소리가 나왔다는 것이 의미가 있다고 생각해. 그의 사과로부터 치유의 첫 발걸음이 내디뎌지길 희망해본단다. 당장은 아무런 변화도 없겠지만 작은 몸짓 하나하나가 모여 결국은 역사의 큰 물줄기를 바꿔 놓을 테니까.[156]

5·18 묘지에서 무릎을 꿇은 미래통합당 김종인 비상대책위원장 ⓒ 연합뉴스

154 단체의 이름·형태가 변화되어 뒤에 나타난 것을 말해.
155 지금은 '국민의 힘'이란 이름으로 당명을 바꿨어.
156 실제 김종인 대표의 사죄 이후 2021.3.17.에는 최초로 5·18 당시 광주로 투입된 한 공수부대원이 자신의 총격에 의해 사망한 희생자의 유족을 직접 만나 사과하는 일이 이루어지기도 했단다.

① 국가는 강력한 공권력을 가지고 있고 그 힘을 잘못 사용하거나 또는 공공의 이익을 위해서 사용해야 할 때가 있단다. ② 국가가 힘을 잘못 사용하여 국민들에게 피해를 준 경우, 피해를 입은 국민은 국가에 대해 국가배상청구권을 가지게 돼. ③ 국가가 공공의 이익을 위하여 국민의 재산권을 침해할 때에는 손실보상의무를 부담하게 돼. 이때 국민이 갖는 권리를 손실보상청구권이라고 한단다. ④ 이때 손해나 손실의 보상은 금전돈으로 하게 되는데 피해나 손해가 없었던 것처럼 완전하게 보상해야 해. ⑤ 또한 국가는 자기 손에 쥐어진 칼이 함부로 국민을 향하지 않도록 항상 겸손해야 된다고 생각해.

37 지켜주지 못해 미안해
- 형사보상청구권과 범죄피해자구조청구권

아빠 백 명의 죄인을 놓치더라도 한 명의 억울한 죄인을 만들지 말라는 말이 있어. 그만큼 형사재판에 있어서 확실한 증거에 따른 재판을 해야 한다는 뜻이겠지.

딸 그런데 진짜 범인 백 명을 놓치면 우리 사회가 너무 무서워질 것 같은데요?

이번에 할 이야기는 범죄와 형사재판 등에 관련된 것인데, 네가 조금은 무서울 수도, 안타깝고 화가 날 수도 있겠다는 생각이 드는구나. 하지만 이것도 우리가 살아가는 세상의 한 부분이고 상처 입은 사람들을 들여다보는 것도 세상을 이해하는 의미 있는 과정이라는 생각이 드는구나.

어쩌면 범죄의 역사는 인류의 역사와 일치하는 것일지도 모르겠어. 성경에 나오는 인류의 조상, 아담이 낳은 첫 아이 카인이 인류의 첫 살인자가 되었으니 말이야. 정도의 차이였을 뿐이지 범죄는 어느 지역이나 어느 시대를 초월하여 인간사의 한 부분을 이루어왔어. 물론 범죄가 없어지면 가장 좋겠지만 그건 이루어질 수 없는 유토피아를 꿈꾸는 것일지도 모르겠다. 범죄가 완전히 없어질 수 없는 것이라면, 어떻게 범죄를 최대한 예방할 것인지, 어떻게 사법절차에서 진범을 정확히 가려낼 것인지, 어떤 방식으로 범죄 피해자들을 도울 것인지가 우리에게 주어진 숙제가 될 거야.

먼저 범죄의 예방에 대한 이야기를 해볼까? 아빠는 일 때문에 법원에 형사사건의 재판 참관을 하게 될 일이 종종 있어. 그래서 보통 사람들보단 조금은 더 가까이서 형사사건을 들여다볼 기회가 있단다. 한번은 아빠가 참관하려고 했던 형사재판 시간보다 조금 일찍 도착하여, 법정에 들어가 앞 사건을 방청하게 되었어. 그 법정에서는 살인죄로 기소된 피고인의 판결이 선고되고 있었단다.

그 사건에서 피고인은 50대 정도로 보였는데 젊었을 적에 이미 배우자를 상대로 하여 한 번 살인을 저질렀단다. 약 15년여 정도 교도소에 수감되었다가 형기가 다 찼는지 아니면 가석방이었는지 모르겠지만 다시 사회로 나와서 이번엔 동거녀를 살해한 것이었어. 아빠는 한 번 살인을 저지른 사람이 그렇게 빨리 다시 사회로 복귀할 수 있다는 것에서 한 번 놀랐고, 전혀 교도소에서 교화되지 않고 두 번째 살인을 스스럼없이 저질렀다는 점에 또 한 번 놀랐어. 첫 번째 살인 때 무기징역을 선고했거나 제대로 교화가 되었다면 두 번째 살인은 막을 수 있었던 것이 아닐까 하는 생각에 안타까웠단다.

그런데 더 놀라운 사실은 아빠가 방청했던 재판이 이례적인 것이 아니었던 거야. 아빠가 방청했던 사건과 너무 비슷해서 헷갈릴 정도의 사건이 뉴스에서 몇 년 뒤 보도되기도 했어. 그리고 2017년 국정감사 때에는 살인죄로 복역한 사람들이 출소 후 다시 살인죄를 범한 통계자료가 공개되었는데 그 결과가 충격적이란다. 통계자료는 살인을 저지른 사람이 출소 후 다시 살인을 저질러 매년 55명꼴2012~

^{2016 평균}로 사람들이 죽었다는 사실을 알려주었어.

이런 결과를 놓고 보면 범죄의 예방과 재범의 방지를 위한 장치들이 정상 작동하고 있는지 의심스러워지기까지 해. 형사정책을 연구하는 학자들에 따르면 무거운 처벌보다는 검거되어 처벌될 가능성을 높이고, 처벌이 신속하게 이루어지도록 하는 것이 범죄 예방에 중요하다고 해. 하지만 우리나라의 처벌 강도가 국민들의 법 감정과 많은 괴리가 있는 것도 사실이야. 음주 감형, 재범자나 누범기간[157]에 저지른 범죄에 대한 관용, 외국과 비교되는 아동 대상 성범죄 형량 등등에 대해서는 국민들의 불만의 목소리가 무척이나 높단다. 전에 인간의 존엄과 가치를 이야기하면서 빵 한 조각을 훔친 장발장에 대한 처벌이 너무 가혹했다는 것과 따스한 인간적 대우가 사람을 변화시킬 수 있다는 것을 이야기했었지? 하지만 어떤 범죄자가 재범가능성이 높은 반면, 교화가능성이 높지 않다면 사회를 보호하기 위해 충분한 기간 동안 격리하는 것도 필요하다고 생각해. 물론 행형[158]기간 동안의 인간적 처우와 교화를 위한 노력 또한 게을리 해서는 안 되겠지만.

그런데 범죄자의 처벌은 어떤 단계로 이루어질까? 범죄가 발생하면 입건 → 검찰·경찰 등에 의한 수사[159] → 검찰의 기소 → 형사재판의 단계로 진행한단다. 최종적으로 형사재판에서 유죄로 확정되면 형을 집행하는데 징역·금고형은 교도소에 수감돼. 그런데 각 단

---

157 형의 집행이 종료되거나 면제된 날로부터 3년 이내의 기간이야.
158 형을 집행하는 것을 말해.
159 입건 수사 과정에서 필요시 체포·구속·압수·수색 등도 함께 진행돼.

계별로 증거에 의해서 진범의 경우만 기소가 되고 처벌이 되어야 하는데 실제로는 그렇지 않은 경우들도 종종 발생하게 돼. 그 이유는 수사기관의 강압에 의해서 허위로 자백하거나 과거 법원이 독재권력으로부터 충분히 독립된 지위와 권한을 갖지 못해 굽어진 판결을 한 경우가 있었기 때문이야. 물론 수사 – 기소 – 재판도 사람이 하는 일이라 완전무결하게 진실을 가려낼 수 없으니 진범이 아닌 사람에게 유죄 판결이 내려질 여지도 있는 게 사실이야.

과거에 이런 잘못된 판결들이 여럿 있었는데, 다행히도 최근에 진실이 밝혀지면서 재심[160]을 통해 정의를 회복한 사건이 꽤 있었어. 대표적인 사건을 하나 들어 볼게.

1986년 9월부터 1991년 4월까지 경기도 화성 일대에서는 여성을 대상으로 한 성폭행과 살인 사건 10건이 연속적으로 발생했어. 당시 경찰력을 총동원했지만 진범은 잡지 못했지. 그런데 사건이 발행하고 30여 년이 흘러 DNA 감식 기술이 발전하면서 2019년에 연쇄 살인사건의 진범이 밝혀졌단다. 그는 1994년 처제를 살인한 후 검거되어 교도소에서 복역 중인 이춘재라는 사람이었어. 이춘재는 화성일대의 10건의 살인사건 이외에도 수원·청주에서 4건의 살인을 더 저질러 총 14건의 살인을 저질렀단다. 그런데 당시 연쇄 살인사건 중 8번째로 확인된 살인사건은 다른 사람이 범인으로 검거되어 무기징역을 선고받았어. 그는 20년 동안 교도소에 수감되었다가 가석방으로 풀려난 상태였지. 그는 수사단계에서 경찰의 고문에 못 이겨 허

---

160 종전 재판의 중대한 잘못, 오류가 있어 다시 재판하는 것을 말해.

무죄를 구형받은 제주4·3 수형인들 ⓒ 연합뉴스

위자백을 한 것인데, 검찰이나 법원조차 그가 고문으로 허위자백을
했다는 주장을 받아들이지 않고 기소하여 무기징역을 선고한 것이
었어. 30여 년 만에 혐의를 벗었지만, 그는 이춘재가 진범으로 밝혀
지기 전까지 살인범으로 몰려서 불명예와 비난을 감수해야 했어. 그
는 죄를 저지르지 않고도 20여 년을 감옥에서 보냈어. 얼마나 억울
하고 수사기관이나 재판부에 대한 원망과 분노가 컸을까? 그의 잃
어버린 인생은 무엇으로 보상을 해야 할까?

　이렇게 억울하게 피해를 본 사람들을 위해서 우리 헌법은 최소한
의 장치를 두고 있단다. 바로 형사보상청구권인데 헌법의 내용을 함
께 읽어보자.

　■ 헌법 제28조 ■

　형사피의자 또는 형사피고인으로서 구금되었던 자가 법률이
　정하는 불기소처분을 받거나 무죄판결을 받은 때에는 법률이
　정하는 바에 의하여 국가에 정당한 보상을 청구할 수 있다.

헌법은 구속된 피의자가 불기소처분을 받으면 보상을 청구할 수 있도록 하고 있어. 피의자란 범죄의 혐의를 받는 사람인데 검찰에서 수사결과 범죄가 있다면 기소를 하고 범죄가 없다고 판단하면 불기소를 하게 돼. 구속되었는데 불기소가 되면 억울하게 갇혀 있었으니 그 기간 동안 피해를 보상해주도록 하는 거야. 그리고 만약 기소가 될 경우 피의자는 피고인으로 지위가 변경되는데, 구속된 피고인이 형사재판의 결과 무죄로 판결을 받을 경우 역시 죄가 없음에도 갇혀있었기 때문에 그 억울함과 피해를 보상해주는 것으로 이해할 수 있어.

헌법의 형사보상청구권을 보장하기 위해 형사보상 및 명예회복에 관한 법률이 제정되어 있어. 원래 법의 명칭은 형사보상법이었는데 2011년에 법 개정을 통해 명예회복에 관한 내용도 추가하면서 현재의 명칭으로 변경됐어. 해당 법에 따르면 보상액은 하루분의 최저임금액을 최저로 하고 최저임금액의 5배를 상한으로 하여 법원에서 정하도록 하고 있어. 앞서 예를 든 연쇄살인사건에서 억울한 옥살이를 한 사람은 최대 25억 정도를 보상받을 수 있는 셈이지.[161] 적지 않은 돈일수도 있지만 20년의 억울한 옥살이와 30여 년 동안 살인범이라는 주홍글씨를 달고 살아야 했던 그에게 충분한 위로와 회복이 될지는 잘 모르겠구나. 그런 의미에서 2011년 법 개정으로 명예회복을 위해 무죄판결문을 법무부 홈페이지에 등재하여 명예회복에 도움을 주도록 포함했는데, 의미 있는 발전이라고 생각해. 이런 조치 이외에도 치유회복 프로그램을 제공하는 등 국가에서 보다

---

161 실제로 법원은 구금일수에 대해 법정 최고액의 보상을 해야 한다고 판단했어.

배려 깊은 조치들을 도입해주면 좋겠구나.

이번에는 형사범죄의 피해자로 된 사람들에 대해 생각해보기로 하자. 범죄자는 남에게 해를 가한 사람으로서 본인이 준 피해를 배상해야 하는 게 당연한 이치겠지? 하지만 범죄자가 누구인지 밝혀지지 않았다든지, 범죄자가 도망쳐서 못 잡았다든지, 범죄자를 잡았지만 범죄자가 돈이 없어서 배상할 능력이 없다면 피해자만 억울하게 되겠지? 또한 범죄 피해가 발생한 것에 국가가 범죄 예방 임무를 충실히 다하지 못한 책임도 일부 있기에 이런 억울한 피해자를 위해서 헌법에 규정을 두고 있단다.

■ 헌법 제30조 ■

타인의 범죄행위로 인하여 생명·신체에 대한 피해를 받은 국민은 법률이 정하는 바에 의하여 국가로부터 구조를 받을 수 있다.

헌법 제30조는 범죄피해자구조청구권을 규정하고 있는데 이는 범죄행위로 생명이나 신체에 대한 피해를 입은 국민이 국가에 여러 가지 형태의 구조를 요청할 수 있는 권리야. 범죄피해자구조청구권은 범죄피해자구조법이 1988년 최초로 제정·시행 되면서 구체화되었어. 당시는 일정 금액의 구조금을 지급하는 것이 전부였는데, 2010년 범죄피해자 보호법을 제정하면서 구조금의 지급뿐만 아니라 상담·의료제공, 법률구조, 취업 관련 지원, 주거지원 등 종합적인 지원 대책을 마련하였단다. 전향적인 발전이라고 생각해.

그럼, 형사보상청구권과 범죄피해자구조청구권의 미묘한 관계에 대해서 생각해보자. 100명의 범죄자를 놓치더라도 1명의 억울한 죄인을 만들지 말라는 유명한 법언이 있단다. 확실한 증거에 의해서 재판을 해야 하고 확실한 증거가 없다면 유죄를 선고할 수 없다는 중요한 정신을 담은 말이야. 꼭 존중되어야 할 원칙이고 잘못된 재판으로 억울한 사람이 없어야 하는 것은 당연해. 하지만 완전무결한 증거를 요구하다 보면 유죄판결을 하는 것이 매우 어려워질거야. 만약 그렇게 풀려난 100명의 범죄자가 우리 주변에서 여전히 범죄를 저지른다면 어떻게 될까? 어쩌면 형사보상청구권과 범죄피해자구조청구권은 반비례 관계에 있는지도 몰라. 미약한 증거에도 유죄를 선고하면 억울하게 진범으로 몰린 사람이 많아져서 형사보상청구권이 행사될 경우가 많이 생겨날 거고 매우 엄격한 증거를 요구하면 범죄자들이 무죄로 풀려나 범죄를 저지르면서 범죄피해자가 늘어나겠지? 어떤 태도를 취하든 국가가 지켜주지 못해서 미안한 일이 생기는 것이지. 아빠는 이렇게 지켜주지 못해서 미안한 일들이 수사기관과 사법부의 신중하지만 현명한 판단으로 줄어들기를 기원해 본단다.

① 범죄는 인류 역사의 시작과 함께 시작했다고 해도 과언이 아닐거야. ② 사법절차는 결국 인간이 만들고 인간이 운영하는 것이기에 한 치의 실수도 없이 운영되기는 불가능해. ③ 사법절차의 운영과정에서 범인이 아님에도 유죄로 판결을 받기도 하는데 그런 억울한 경우를 구제하기 위한 권리가 형사보상청구권이야. ④ 국가는 범죄의 예방과 진압을 할 의무를 지고 있는데 범죄피해자는 그 의무를 완전히 이행하지 못한 국가에게 여러 가지 구조를 국가에 청구할 권리를 가지게 돼.

38
자아의 성장과 성숙한 민주주의로 가는 길
- 교육받을 권리

아빠　우리나라에선 초등학교와 중학교는 의무교육인데, 부모가 학교교육을 신뢰하지 않아 집에서 공부시키는 홈스쿨링을 선택하는 경우도 있어. 우리나라는 홈스쿨링을 하면 과태료가 부과될 수 있고 다른 나라에서는 범죄로 취급되기도 한단다.

딸　아빠, 내가 학교 잘 가주는 걸 고마워해야 되겠네요.

　현재 우리나라에 있는 4년제 대학교는 약 200여 군데나 된단다. 그런데 일본의 식민통치를 받던 시절, 4년제 대학이 몇 개나 있었을까? 단 하나였단다.[162] 당시 이름은 '경성제국대학'이었고 해방 이후에 '서울대학교'로 명칭이 변경되었어. 경성제국대학은 그마저도 일본의 호의로 만들어진 게 아니란다. 당초 일본은 조선인들에게 고등교육은 필요 없으며, 반항하지 않고 시키는 대로 말을 잘 듣게 만드는 것이 최고의 교육이라고 생각했단다. 그런데 1920년에 100여 명의 독립운동가들이 힘을 모아 대학 설립을 위해서 노력하자 이를 봉쇄할 목적으로 경성제국대학을 설립했던거야. 조선의 독립운동가들이 세운 대학에서는 당연히 독립과 자주의 정신을 가르칠테고

162　물론 숭실대학, 경신학교 대학부(현 연세대학교), 이화학당 대학부(현 이화여자대학교) 등이 있었지만 전문학교로 인가를 받아 오늘날 대학으로 보기는 어려워.

식민 통치에 심각한 독이 된다고 판단한 것이었지.

　이처럼 교육은 단순히 지식을 전달하는 것 자체를 뛰어넘어 한 공동체의 사상과 가치관, 윤리의식 등을 공유하는 방법이기도 한 것 같아. 그렇기 때문에 교육은 시간이 걸리지만 사회 변화나 발전으로 가는 도로를 내는 것이라는 생각도 들어. 개인적 차원에서 바라보면 교육은 한 사람의 인격을 형성하고 자율적인 주체로 살아가도록 해 주는 수단이라고 할 수 있을 거야. 또한 이런 개인의 역량이 모여 국가의 역량이 되고 개개인의 정치에 대한 인식과 자세가 집약되어 한 나라의 정치적 수준이 결정된다는 점에서 "교육은 국가 백년지 대계"라는 말에 지나침이 없다는 생각이 드는구나.

　이처럼 교육은 공적 측면과 개인적 측면 모두 중요성을 가지고 있기 때문에 교육은 권리이자 의무로써 헌법에서 규정하고 있단다. 헌법의 규정을 보자.

■ 헌법 제31조 ■

① 모든 국민은 능력에 따라 균등하게 교육을 받을 권리를 가진다.

② 모든 국민은 그 보호하는 자녀에게 적어도 초등교육과 법률이 정하는 교육을 받게 할 의무를 진다.

③ 의무교육은 무상으로 한다.

④ 교육의 자주성·전문성·정치적 중립성 및 대학의 자율성은 법률이 정하는 바에 의하여 보장된다.

⑤ 국가는 평생교육을 진흥하여야 한다.

⑥ 학교교육 및 평생교육을 포함한 교육제도와 그 운영, 교육

재정 및 교원의 지위에 관한 기본적인 사항은 법률로 정한다.

헌법 제31조 제1항은 '능력에 따라', '균등하게' 교육을 받을 권리를 보장하고 있어. 여기서 능력이란 배우거나 수업을 받을 수 있는 수학 능력을 의미한다고 이해돼. 따라서 공개경쟁시험을 치러서 합격한 사람만 입학을 허용하는 것은 능력에 따른 교육으로 정당화될 수 있어. 균등한 교육이란 성별·종교·신념·사회적 신분·경제적 지위·신체적 조건 등을 이유로 차별을 두지 않고 모두에게 균등한 교육기회를 부여한다는 의미란다. 따라서 기회를 균등하게 제공하는 국공립학교 대신에 비싼 학비를 받는 사립학교를 선택한다고 하더라도 균등한 교육과 부딪히는 것은 아니라고 볼 수 있어.

제2항은 초등교육과 법률에 따른 의무교육을 정하고 있는데 교육기본법에서는 6년의 초등교육과 3년의 중등, 즉 중학교 교육을 의무교육으로 하고 있단다. 의무교육과 관련해서 학교를 보내지 않고 집에서 직접 교육을 하는 홈스쿨링이 의무교육에 저촉되지 않는지 의문이 제기돼. 우리나라는 취학의무를 이행하지 않은 경우에 행정상 제재인 과태료 부과 규정을 두고 있고, 일부 독일과 같은 나라의 경우는 홈스쿨링이 범죄로 취급되기도 한단다. 홈스쿨링을 범죄로 취급하는 나라들은 사람이란 다른 사람과 어울려 살아야 하고 학교에서 어울려 사는 삶을 배워나가야 하는데 그 기회를 아이에게서 부모가 박탈한다는 점을 고려했기 때문이야.

사실 우리나라는 홈스쿨링을 엄격하게 금지하지 않고 있고 실제로 과태료를 부과한 사례도 보기 어려워. 교육정책이 어떤 방향으로

가야 할지 다소 모호한 상황이라고 이해돼. 다만, 한 사람의 인격 형성과 발현이 지식의 전달만으로 될 수 없고 다양한 경험과 만남을 통해서 종합적으로 이루어지는데 홈스쿨링이 그런 부분을 잘 채울 수 있을지도 고려하여 정책을 결정하는 것이 필요해 보인단다. 또한 홈스쿨링을 명목으로 하여 자녀를 학교에 보내지 않고 방임하는 등의 문제는 아동 학대의 문제로 접근하는 것도 필요하다고 생각해.

제3항에서는 의무교육을 무상으로 하고 있어. 여기서 무상교육의 범위가 문제되는데, 한때 학교에서 무상으로 학교급식을 전환하면서 논란이 불거졌던 적이 있었어. 무상급식 반대 의견 중 꽤 많은 사람이 지지했던 의견은 고소득층 자녀들에게까지 공짜로 급식을 줄 필요가 없고 그 재원은 꼭 필요한 곳에 선택적으로 배분해야 한다는 의견이었어. 하지만 아빠 생각에는 부유층의 자녀들도 학교에서 점심은 먹어야 하고, 똑같은 점심을 먹는데 누구는 유상으로 누구는 무상으로 줄 필요는 없다고 생각해. 적당한 예인지 모르겠지만 점심을 복지차원에서 주는 회사들도 꽤 많이 있는데 월급을 많이 받는 임원에게 신입사원보다 월급이 훨씬 많으니 점심값을 내게 하지는 않는단다. 이처럼 무상급식은 누구나 누려야 할 권리라는 측면에서 접근하면 좋을듯해. 이미 부유층은 누진세율[163]을 적용받아 더 많은 세금을 내고 있으니까 그 자녀들에게 무상급식을 제공하더라도 비단 불합리한 것만은 아닌 것 같아.

---

163 소득이 많을수록 높은 세율을 적용하여 세금을 부과하는 방식이야.

대구 지역 중학교 무상급식 시행 첫날, 2019.3.4. ⓒ 뉴시스

　우리나라는 과거 가난 때문에 학교를 안 보내거나 여자아이는 교육이 필요 없다고 보아 초등학교도 안 보내고 어린 나이부터 일을 시켰던 시절이 있었어. 지금과는 너무 다른 모습이지? 지금은 오히려 너무 달궈진 교육열 때문에 다양한 사회적 문제들이 발생할 정도니까. 물론 그런 뜨거운 교육열이 우리나라를 빠르게 산업화시기를 거쳐 GDP 세계 10위권으로 진입시킨 한 축이 되었음은 부인하기 어려울 거야. 하지만 뜨거운 교육열 속에서 입시의 성공을 위한 사교육 시장은 활황이지만, 학교 교육은 존재의미가 희미해지고 있는 것은 아닌지 걱정스럽단다. 교육의 본래 목표가 남들과 경쟁해서 이기기 위한 전쟁터로 만들거나 나만 혼자 뒤쳐지면 큰일 날 것처럼 공포를 조장하는 것은 아니었다는 걸 기억하면 좋겠다.

　이런 맥락에서 독일이나 프랑스의 교육제도를 이야기해보고 싶구나. 그 나라들은 대학 입시란 것이 없단다. 고등학교 졸업시험만 합격하면 누구든지 원하는 대학의 원하는 학과를 갈 수 있어. 그렇다고 해서 독일, 프랑스 대학의 수준이 떨어지거나 그 나라들이 선진국 대열에서 낙오될 조짐이 보이는 건 전혀 아니잖아? 또한 독일의 경우 2차 세계대전의 경험으로 인해, 비판적인 사고 자체를 교육의 목표로 삼고 있다고 해. 히틀러와 같은 선동가를 구분하는 방법을 가르치거나, 저항권에 대한 교육을 실시하는 것을 그 예로 들 수 있어. 이런 나라들이야 말로 우리 헌법에서 말하는 존엄한 인간에 합당한 교육을 진정 실천하고 있다는 생각이 들어. 우리나라의 학교 교육도 헌법의 정신에 맞게 사람과 사회를 살리는 교육으로 거듭나길 바라본단다. 또한 학교에서의 교육을 통해 자신의 능력을 개발하고 자아를 발현하는 길을 찾을 수 있기를 바란다. 나아가 학교에서의 배움을 통해 서로를 존중하는 법과 합리적으로 대화하며, 함께 배려하며 사는 그런 성숙한 시민으로 성장해갔으면 해.

① 교육은 개인의 능력 계발, 사회적 가치의 전수, 성숙한 민주적 시민으로의 성장 등을 위해 무척이나 중요한 것이란다. ② 교육이 갖는 의미가 이처럼 다양한 의미를 가지고 있기에 교육은 권리인 동시에 의무로서의 성격을 가지고 있어. ③ 우리 헌법은 능력에 따른 균등하게 교육을 받을 권리를 규정하여 차별 없이 누구에게나 교육의 기회를 제공하도록 보장하고 있어. ④ 초등교육과 중등교육 총 9년은 의무교육으로 되어 있는데 의무교육은 국가에서 무상으로 실시하도록 하고 있단다. ⑤ 교육의 목표가 경쟁을 부추기고 낙오자를 만드는 것이 아니라 존엄한 한 인간으로 성장하고 성숙한 시민으로 살아가는 것이 되어야 할 것이고 우리나라의 교육이 그 목표에 맞게 제자리를 찾아가길 바라.

39 회사는 전쟁터, 회사 밖은 지옥?
- 근로의 권리

아빠   아빠는 직장인들의 치열한 삶과 애환을 그린 〈미생〉이라는 드라마를 참 재미있게 봤어. 주요 등장인물 중 한 명은 오 차장인데 간만에 퇴사한 선배를 만나는 장면이 나와. 그 선배는 오 차장과 술 한 잔을 나누며 "회사가 전쟁터라고? 밀어낼 때까지 회사를 그만두지 마", "밖은 지옥이니까"라고 말해.

딸   그럼 아빠는 오늘 어떤 전쟁을 치르고 왔어요?

　근로의 권리와 노동3권은 치열한 권리란다. 누군가는 노동을 통해 자아를 실현하는 수단이 된다고 하지만 이 말은 생존을 위해 목숨을 담보로 일을 하거나 몸이 망가지면서까지 일을 하는 많은 근로자들에게는 사치스러운 말이 될 수도 있다고 생각해.

　2009년 KBS에서 방송한 〈철 까마귀의 날들〉이란 다큐멘터리를 통해 노동이 생존을 위한 처절한 선택이 되는 현실을 먼저 살펴보자. 방글라데시 치타공에는 더 이상 운항이 불가능한 오래된 선박들이 들어오는데 그곳의 근로자들은 맨몸으로 안전장비도 없이 그 커다란 선박들을 단숨에 해체한난다. 세계에서 폐기되는 선박의 반 이상이 치타공에서 삶을 마감하게 돼. 왜 방글라데시냐고? 그곳은 매우 저렴한 인건비에도 일을 할 사람들이 줄지어 서 있거든. 하지만 그곳은 배들만의 무덤은 아니야. 위험한 작업환경 탓에 한 달에만 여러 명의 근로자가 죽어나간단다. 인터뷰 속의 대사처럼 "갯벌이 붉게 물들 정도로" 다큐멘터리를 보고 나면 극한의 노동환경에서 일하는 그들에게 인간의 존엄이 무엇인지, 무엇 때문에 삶이 저리도 고달파야 하는지 숙연해지게 돼.

〈철 까마귀의 날들〉 스틸 ⓒ 한국방송공사(KBS)

저개발국가나 개발도상국의 근로자들이 처한 근로환경이 최악의 상황인 것은 맞지만 우리나라도 선진국들의 근로조건에 비하면 아직도 갈 길이 멀다고 생각해. 특히 다른 OECD 국가에 비해 장시간 노동의 문제는 개선되긴 했지만 여전히 많은 일터에서 근로자들을 괴롭히고 있어. 그리고 우리나라는 정규직과 비정규직164의 격차가 특히 심각해. 정규직은 계속적으로 정년까지 일을 할 수 있고 근

---

164 이 용어는 법에 따른 구분은 아닌데, 비정규직이라고 하면 보통 1~2년 단위로 고용계약을 체결하여 고용안정성이 불안한 근로자들을 뜻해.

로기준법이나 산업안전보건법과 같은 노동 관련 법규들이 비교적 잘 준수되는 사업장에서 일하지만 비정규직은 그렇지 못한 경우가 많단다. 임금 격차도 상당하고.

하지만 생존을 위해서 이 땅의 많은 근로자들은 그런 괴로움을 감수하고라도, 오늘도 묵묵히 일터로 바쁜 발걸음을 옮기고 있단다. 그와 같이 처절한 노동을 생존을 위한 몸부림이라고 이해할 수 있을 텐데, 그래도 그 몸부림이 인간다울 수 있도록, 그 몸부림을 통해 인간다운 삶을 살아갈 수 있도록 하는 것이 근로의 권리와 노동3권이야. 먼저 근로의 권리에 관한 헌법 규정을 살펴보자.

■ **헌법 제32조** ■

① 모든 국민은 근로의 권리를 가진다. 국가는 사회적·경제적 방법으로 근로자의 고용의 증진과 적정 임금의 보장에 노력하여야 하며, 법률이 정하는 바에 의하여 최저임금제를 시행하여야 한다.

② 모든 국민은 근로의 의무를 진다. 국가는 근로의 의무의 내용과 조건을 민주주의원칙에 따라 법률로 정한다.

③ 근로조건의 기준은 인간의 존엄성을 보장하도록 법률로 정한다.

④ 여자의 근로는 특별한 보호를 받으며, 고용·임금 및 근로조건에 있어서 부당한 차별을 받지 아니한다.

⑤ 연소자의 근로는 특별한 보호를 받는다.

⑥ 국가유공자·상이군경 및 전몰군경의 유가족은 법률이 정하는 바에 의하여 우선적으로 근로의 기회를 부여받는다.

제1항은 근로의 권리를 규정하고 있어. 근로의 권리는 자신의 자유의사와 능력에 따라 취업하여 일할 수 있는 권리를 의미해. 또한 근로의 권리에 근거하여 고용계약의 중단해고을 마음대로 할 수 있는 권리가 제한돼. 즉, 고용주가 단순히 기분이 나쁘다는 이유나 이런저런 비합리적인 이유로 마음대로 해고할 수 있다면 근로자는 하루아침에 일자리를 잃고 생계를 걱정해야 하겠지? 그래서 우리 근로기준법은 정당한 사유가 없으면 해고를 못 하도록 하는 등 해고사유를 엄격하게 규정하고 있어. 법원은 여기서 정당한 사유란 도저히 사회의 통념상 근로관계를 지속할 수 없을 정도를 의미한다고 해. 예를 들어 회사의 돈을 횡령하거나, 무단결근을 반복하는 경우와 같이 도저히 이 사람이랑 같이 일을 못할 정도가 되어야 한다는 것이지.

또한 사적 자치가 강조되던 시절에는 사용자와 근로자가 얼마의 금액으로 임금을 정하여 근로계약을 체결하든 국가가 관여하지 않았어. 하지만 이제는 최저임금법을 두어서 일정 금액 이하로는 근로계약을 체결하지 못하도록 강제하여 최소한의 인간다운 생활을 할 수 있도록 하고 있단다. 이때 최저임금을 얼마로 할지는 최저임금위원회[165]에서 매년 다음 연도 최저임금을 결정하는 방식을 취하고 있어. 그런데 최저임금을 정할 때마다 소득수준을 향상시켜서 경제발전을 추구하고 부의 재분배를 추구해야 한다는 입장과 최저임금 인상을 억제하여 중소기업·소상공인들의 고용부담을 줄이고, 더 많

---

165 사용자위원·근로자위원·공익위원 각 9명씩으로 총 27명으로 구성되어 있어.

은 사람들을 고용하도록 하는 것이 경제의 활성화에 도움이 된다는 입장이 첨예하게 대립하곤 해. 정답은 없지만 아빠는 노동하지 않고 얻는 불로소득보다는 노동의 값어치가 보다 더 존중받는 방향으로 가는 것이 옳다고 생각한단다.[166]

제2항에서는 근로의 의무를 규정하고 있는데, 억지로 일을 해야 할 의무를 부과하고 있는 조항은 아니야. 인간의 존엄과 가치를 생각했을 때 억지로 일을 시키는 강제 근로는 금지가 되기에 근로의 의무가 있다고 해서 일을 하기 싫어하거나 일을 할 수 없는 사람에게 억지로 일하게 할 수는 없겠지.

제3항에 따라서 인간 존엄성을 보장하기 위해 여러 법률이 제정되어 있는데, 근로기준법이 가장 대표적이란다. 과거 근로자들은 매우 긴 시간 노동에 시달려야 했어. 휴식시간이나 휴일도 없이 일해야 하는 경우도 다반사였지. 게다가 조금이라도 실수하면 임금에서 마구 공제해서 임금도 깎이기 일쑤였지. 심지어는 일을 잘 못한다고 때리는 일도 많았단다. 이런 과거의 비인간적인 노동조건을 규제하기 위해 우리 근로기준법은 한 주에 근무시간은 40시간 이내로 하고 하루 8시간 근무할 경우 일주일에 2일의 휴일이 생겨, 하루에 8시간 근무할 때 1시간 이상 휴식시간을 주고, 근무경력에 따라 1년에 15일에서 25일의 유급휴가급여를 받으면서 쉬는 휴가를 주는 내용 등이 규정되어 있어. 마찬가지로 임금전액불 지급원칙을 두어서 임금은 전액 근로자에게

---

166 참고로 2022년의 시간당 최저임금은 9,160원이야. 즉 아르바이트를 한 시간 했을 때 최소한 9,160원을 줘야 하는 것이지. 이를 주 40시간 일하는 전일제 근로로 환산하면 월 급여는 1,914,440원(시급 9,160원 × 월 근무시간 209시간 - 법에서 정하는 주휴수당 포함)이 된단다.

돈으로 지급해야 하고 사용자가 손해발생 등을 이유로 함부로 공제할 수 없도록 하고 있어.

제4항과 제5항은 여성과 연소자에 대한 특별한 보호를 선언하고 있어. 이 역시 과거 역사적 경험에 대한 반성의 산물이란다. 여성들은 임신과 출산 등을 함에 있어서 노동의 강도를 조정해야 할 필요성이 있는데 과거 이런 배려는 전무했어. 남녀 간의 임금 차별도 심했고. 이런 경험에서 임산부와 산후 1년 미만인 여성들은 야간근로 오후 10시~오전 6시 및 휴일근로를 원칙적으로 하지 못하도록 하고 있어. 어린이의 경우도 성장하고 보살핌을 받아야 할 시기에 열악한 노동환경으로 내몰렸던 역사적 경험의 반성으로 15세 미만인 경우 근로자로 일을 할 수 없도록 하고 있어.

사실 다 소개하지 못했지만 근로관계 법령은 비교적 촘촘히 규정되어 있지만 근로조건이 열악한 직장도 적지 않은 게 사실이야. 직장 내 갑질에 대한 기사도 심심치 않게 볼 수 있고. 근로조건이 열악하면 그 회사를 떠나면 그만이라고 생각할 수 있어. 하지만 드라마 〈미생〉에서 명대사로 회자되는 "회사가 전쟁터라고? 회사 밖은 지옥이야"라는 말이 과장되긴 했지만 우리 사회의 현실을 반영하고 있다는 생각이 들어. 근무조건이 좋은 일자리는 제한되어 있고 다들 선호하기에 그런 일자리를 잡기에는 무척이나 힘들고, 노동시장이 유연하지 못해서 이직하여 다른 일자리를 구하는 것도 쉽지 않아. 자영업을 하려 해도 성공확률은 극히 낮고. 결국 회사를 떠나봐야 더 고달프고 삶의 막다른 골목이 기다릴 확률이 높기에 많은 근로자들이 현재의 열악한 근무조건을 감내하며 삶을 이어가는 것은 아닐까 해.

펜실베이니아주 탄광의 어린 광부들 ⓒ Shutterstock

　이런 관점에서 보면 우리나라의 헌법 규범규정과 헌법 현실과의
괴리가 큰 지점이 바로 근로관계라는 생각을 한단다. 그건 아마도
자유권으로 분류되는 기본권은 빈번히 권리를 침해하던 왕이나 귀
족, 독재 권력자 등이 사라진 반면 근로의 권리를 침해하는 사용자
는 여전히 강력한 힘과 능력으로 건재해 있기 때문일 거야. 물론 강
자인 사용자가 모두 나쁘고 약자인 근로자가 무조건 정의로운 존재
는 아니야. 하지만 견제되지 않는 힘은 과도하게 행사될 수 있기에
국가는 근로의 권리 침해 방지를 위해 보다 적극적인 입법과 정책을
추진하고 감독을 강화할 필요가 있어. 요즘에도 종종 직장에서 벌어
진 이해하기 어려운 폭력이나 폭언, 갑질 등의 사건이 언론에서 보
도되곤 하잖아. 일터가 천국일 수는 없겠지만 근로자가 전쟁을 치른
상이군인의 모습이 아니라 최소한 인간의 존엄성을 손상받지 않고

가족들이 있는 집으로 돌아갈 수 있게 해줘야 하지 않을까?

① 열악한 근로조건은 근로자의 목숨과 건강을 앗아갈 수도 있고, 존엄성을 해칠 수도 있지만 근로자들은 생계의 문제 때문에 직장을 그만두거나 근로조건을 스스로 개선하기는 무척 힘들단다. ② 과거 당사자 간에 계약의 자유로만 취급되어 근로계약의 내용은 국가가 간섭하지 않았어. ③ 하지만 근로의 권리가 인정되면서 국가가 근로계약의 최저선을 만들어서 인간존엄의 보장하도록 하고 있어. ④ 이에 따라 근로기준법에서는 근로시간, 휴일, 휴게시간, 휴가 등을 부여하도록 법으로 강제하고 해고도 사용자가 마음대로 하지 못하도록 제한을 가하고 있어. ⑤ 또 최저임금법을 두어서 최소한의 임금 이상을 받을 수 있도록 하고 있기도 하단다. ⑥ 연소자나 여성의 근로에 대한 특별한 보호를 위해 근로시간의 제한, 모성보호에 관한 규정 등을 두고 있단다.

40 '을'이 '갑'과 마주할 권리
- 근로(노동)3권

아빠 이솝우화 중 막대기 다발 이야기 알지? 한 농부가 서로 다투는 세 아들을 걱정하여 막대기를 각각 하나씩 주고 부러뜨리라고 하자 세 아들은 잘 부러뜨렸고 다음에는 막대기 다발을 주었더니 부러뜨리지 못했지. 이를 통해 아들들이 서로 뭉쳐서 돕는 삶을 살게 되었다는 이야기야. 뭉쳐야 사는 이런 단순한 진리가 우리 헌법에도 녹아있단다.

딸 결사의 자유 말고 또 다른 뭉치는 권리가 헌법에 있어요?

　　너무 영화 이야기를 많이 하는 듯하지만, 이번에도 영화 이야기로 시작해보자. 이번에 소개할 영화는 발레리노를 꿈꾸는 소년의 이야기를 담은 〈빌리 엘리어트〉라는 영화야. 빌리 엘리어트는 영국의 북부의 탄광촌에 사는 11살 소년이야. 대부분의 마을 사람들은 탄광에서 일을 하고 있고 그의 아버지와 큰형 역시 탄광에서 일하고 있어. 그 마을은 어렸을 때부터 함께 자라고 함께 일하고 어울리면서 "어느 집에 숟가락이 몇 개있는지" 알 정도로 끈끈한 운명공동체와 같아. 빌리는 아버지의 뜻에 따라 복싱을 배우러 다니지만, 우연히 접한 발레의 매력에 빠져들어 아버지 몰래 발레를 배우게 된단다. 하지만 곧 아버지가 그 사실을 알게 되고 빌리는 자신의 재능과 꿈을 인정하지 못하는 아버지와 갈등한단다.

한편, 그 시기 탄광촌은 당시 영국 수상 마가렛 대처의 석탄 산업 합리화 정책을 추진하는 정부와 심각한 갈등을 빚고 있었단다. 충실한 노조원인 빌리의 아버지와 형도 다른 마을 사람처럼 파업에 참여하고 있었지. 하지만 빌리의 아버지는 왕립 발레학교에 오디션을 보게 된 빌리의 경비 마련을 위해 파업을 포기하고 출근을 하게 돼. 동료들은 "배신자", "파업 파괴자"라고 비난하고 빌리 아버지가 탄 출근버스에 계란 등을 집어던지지. 아버지의 자기희생과 포기에 힘 입어 빌리는 결국 왕립 발레학교에 합격하고 몇 년 뒤 뛰어난 발레리노로 무대에 서게 된단다. 빌리는 꿈을 이뤘지만, 그의 꿈을 이뤄주기 위해 아버지는 형제 같았던 공동체를 배신한 사람으로 무척이나 고단한 삶을 살지 않았을까?

앞 장에서는 사용자와 근로자와의 개별적인 근로관계에서 적용되는 근로의 권리를 이야기했었지? 이번 장에서는 빌리의 아버지처럼 근로자들이 단체로 힘을 합쳐서 행동할 수 있도록 한 근로노동3권에 대해서 이야기해보려고 해.

■ 헌법 제33조 ■
① 근로자는 근로조건의 향상을 위하여 자주적인 단결권·단체교섭권 및 단체행동권을 가진다.
② 공무원인 근로자는 법률이 정하는 자에 한하여 단결권·단체교섭권 및 단체행동권을 가진다.
③ 법률이 정하는 주요 방위산업체에 종사하는 근로자의 단체행동권은 법률이 정하는 바에 의하여 이를 제한하거나 인정하지 아니할 수 있다.

개별 근로자 혼자 힘이 센 사용자를 상대로 해서 동등한 지위에서 협상을 하거나 근로조건을 향상시키는 것은 거의 불가능한 일이야. 여기에 "뭉치면 살고 흩어지면 죽는다"라는 단순한 진리를 적용한 것이 바로 단결권·단체교섭권·단체행동권이란다. 노동3권 혹은 근로3권이라 불리는 권리들이지. 쉽게 말해 '을약자'의 지위에 있는 근로자들이 힘이 센 '갑'과 마주할 수 있는 권리라고 할 수 있어.

당초에 근로자들이 단결하여 함께 행동하면 자신들에게 위협이 된다는 점을 사용자들도 잘 알고 있었단다. 그래서 사용자들의 청원에 의해 근로자의 결합과 단체활동을 막는 법이 제정되기에 이르러. 대표적으로 프랑스에서는 대혁명 후에 주도권을 잡은 부르주아 세력이 르 샤플리에법을 1791년에 제정하여 근로자의 단결과 파업을 영업의 자유를 침해하는 것으로 규정하여 금지하였어. 영국에서도 1799년에 근로자들의 단결을 금지하는 단결금지법이 제정되었단다.

하지만 노동자들의 계속되는 저항과 함께 공산주의 세력이 등장하여 자본주의 체제에 위협이 되자 근로자의 단결을 금지하는 법은 폐지되기에 이르렀어. 일종의 타협이 이루어진 셈이지. 그렇다 하더라도 단체교섭권과 단체행동권이 적극적으로 보장되기에 이른 것은 단결금지법이 폐지되고서도 근 백년 이후의 일이야.

먼저 노동3권 중에서도 가장 밑받침을 이루고 있는 단결권에 대해서 알아보자. 앞서 보았지만 사람들이 뭉치고 단체를 이룰 수 있는 일반적인 권리는 결사의 권리야. 역사적 경험에서 노동자들의 결사는 오히려 금지되고 탄압 받아 왔기에 결사의 자유보다 더 강력하고 국가의 보호를 받는 단결권의 형태로 탄생하게 된 거야. 결사의 자유가 국가로부터 침해를 받지 않을 자유권의 성격을 가지고 있다면 단결권은 국가가 보호·조성해야 하는 적극적인 면도 함께 가지고 있어. 결사의 자유는 모든 국민이 누릴 수 있지만 단결권은 근로자에게 부여된 권리라고 이해할 수 있겠구나.

이렇게 근로자들이 단결권을 행사하여 만든 단체가 바로 노동조합이고 간단히는 노조라고 부른단다. 노조는 사용자의 부당한 간섭을 받아서는 안 되기 때문에 노동조합법에서는 사용자의 부당한 간섭을 부당한 노동행위로 정의하고 부당 노동행위를 할 경우 이를 처벌하는 규정을 두고 있어. 예를 들어 노동조합 가입이나 활동을 이유로 근로자를 해고한다든지, 노동조합의 자율성을 침해하는 정도의 운영비를 원조하는 행위 등을 들 수 있어.

근로자들이 단결하는 것은 그 자체가 목적이 아니고 근로조건근무시간, 임금, 근로환경 등을 유지하거나 개선하는 활동을 위한 것이야. 즉, 근로조건의 유지·개선을 위해서 노동조합에 단체교섭권이 부여되어 있단다. 이는 근로자가 개별적으로 할 수 없는 요구사항을 단체가 나서서 사용자와 협상하고 결정할 수 있는 권리야. 만약 단체교섭을 사용자가 거부하면 처벌을 받게 돼. 이렇게 교섭을 통해 사용자와 노동조합이 일정한 합의에 다다르게 되면 그 약속을 단체협약이란 이름으로 체결한단다. 노동조합법에서는 단체협약에 법률상 힘을 더해주고 있어. 예를 들어 단체협약은 사용자가 근로자들에게 일률적으로 적용하기 위해 만든 취업규칙이나 개별근로자와 체결한 근로계약보다 상위의 효력을 발휘하도록 하고 있단다. 사용자와 근로자가 월급을 200만 원에 근로계약을 맺었더라도 단체협약을 월급

300만 원으로 체결하면 300만 원으로 월급이 상승하는 것이지. 개인이 사용자를 상대로 계약을 체결하는 것보다 노조가 단체협약을 체결하는 것이 훨씬 더 유리한 계약을 이끌어낼 수 있다는 원리를 노동조합법이 받아들인 거야.

그런데 단체교섭을 하더라도 항상 합의가 성립되는 건 아니잖아? 이 경우 노동조합에게 자신들의 주장을 관철시킬 수 있는 강력한 무기를 쥐어주게 되는데 바로 단체행동권이야. 한마디로 근로자들이 뭉쳐서 쟁의행위를 할 수 있는 권리야. 여기에는 파업[167] · 태업[168] · 시위 등이 있어. 정당한 쟁의행위는 민형사상으로 책임을 지지 않아. 반면 사용자는 파업으로 인해서 사업을 운영하지 못하여 발생하는 손해를 감수해야 하지. 결국 사용자는 파업으로 발생하는 손해를 끝까지 감수하여 노조의 요구를 철회시킬 것인지 아니면 노조의 요구를 받아들여 손해 발생을 중단시킬 것인지를 선택하여야 해.

파업과 관련하여 앞서 이야기한 영화 〈빌리엘리어트〉의 배경이 되는 1984년 영국의 상황을 함께 살펴보자. 영화에서 등장했던 탄광노조 파업은 51주의 투쟁 끝에 파업을 철회하면서 정부에 백기를 들었단다. 당시 탄광노조 위원장인 아서 스카길은 막강한 카리스마로 조직을 이끌어 '아서 왕' 또는 '아돌프 스카길'이라는 별명까지 가지고 있는 인물이었어. 하지만 그는 내부적으로 파업 반대의견이 더 높았음에도 투표 절차도 생략하고 불법파업에 들어가는 등 내부 공감을 얻지 못한 상태로 파업을 강행했단다. 정부가 제시한 안도 그

---

167 집단적으로 일을 중단하는 것을 말해.
168 일을 게을리 하여 작업효율을 떨어뜨리는 것이야.

다지 나쁘지 않았음에도 이를 거부한 것이었지. 결국 파업 전에는 약 18만 명에 달했던 광산노동자들이 파업 후에는 4천 명으로 줄었고 탄광노조도 완전히 와해[169] 수순을 밟게 되었어.

영국 탄광노조는 1974년에 보수당 정권을 무너뜨릴 만큼 강력했지만, 파업이 끝난 직후인 1985년에는 해체 수준에 이르렀단다. 불과 10여 년 만에 이렇게 된 이유는 무엇일까? 여러 가지가 있겠지만 가장 큰 이유는 국민들의 지지를 얻지 못했기 때문이라고 생각해. 당시 영국 정부는 국내 석탄 생산가격의 50~70% 가격으로 석탄 수입이 가능했음에도 막대한 세금을 투자하며 석탄광산을 유지하고 있었어. 비교적 좋은 조건의 정부안도 거부한 채, 내부 반대에도 불구하고 광산노조가 파업을 강행하자 국민들은 등을 돌릴 수밖에 없었던 거야. 게다가 파업에서 이탈하는 광부들에게 강제력을 행사하고 경찰과 대치하기 위해 전투부대를 조직하기에 이르러. 그들은 파업 불참 광부와 그 가족까지도 협박하고 폭행했어. 급기야 탄광으로 출근하는 광부를 태운 택시를 공격해서 택시기사가 사망하기도 했단다. 이런 상황에서 노조를 지지할 국민들은 별로 없었겠지?

영국정부의 정책이 옳았는지는 그들의 역사적 평가에 맡겨야겠지만 우리나라도 교훈을 얻어야 할 부분도 있다고 생각해. 우리나라는 '귀족노조'라는 말이 생길 정도로 노동조합에 대한 국민들의 인식이 좋지 않아. 물론 무조건 귀족노조라고 몰아세우는 비난은 정당하지 않다고 생각해. 하지만 노조가 자신들의 자녀를 특혜 채용하도

---

169 산산이 무너지고 흩어진다는 뜻이야.

영국 탄광노조 파업, 1985년 ⓒ 연합뉴스

록 요구하거나 혹은 일정 비율에 해당하는 직원의 채용권을 행사하면서 비리를 저지르고, 툭하면 폭력적인 방식의 시위를 주도한다든지, 노조원들이 낸 조합비를 수억 원씩 횡령하여 노조간부들이 사용한다든지, 건설현장에서 일자리를 차지하려고 노조끼리 서로 폭력행사를 일삼거나 하는 뉴스가 자주 국민들의 입방아에 오르내린단다. 또한 노조 간부들이 권위의식을 가지고 권한을 마음대로 휘두르는 등 비민주적으로 노조를 운영하여 근로자를 위한 노조가 아니라 근로자 위에 군림하는 노조가 되는 경우도 심심치 않게 볼 수 있어.

아빠는 근로자가 갑과 마주하도록 해주는 소중한 근로3권의 행사가 노조의 비상식적·비민주적 활동 때문에 폄훼[170]되지 않기를

---

170 깎아내리고 헐뜯는 것을 말해.

바란단다. 또 노동조합의 필요성과 활동이 민주적이고 설득력이 있어서 국민들의 공감대를 얻고 지지를 얻기를 희망해. 이를 통해 많은 근로자들이 보다 정당하고 정의로운 수고의 대가를 얻을 수 있기를 소망해 본단다.

① 개별 근로자가 사용자를 상대로 할 수 없는 요구를 결사를 만들어 할 수 있도록 한 것이 근로3권이야. ② 처음에는 근로자의 단결권이 불법으로 규정되었다가 점진적으로 합법화되고 국가의 보호를 받는 단계에 이르렀어. ③ 단결권은 근로자들이 뭉쳐서 단체를 조직할 수 있는 권리이고 이렇게 만들어진 단체를 노동조합이라고 해. ④ 노동조합은 사용자와 교섭, 즉 근로조건의 유지·개선을 위해서 협상할 수 있는 헌법상 권리를 가져. ⑤ 나아가 교섭이 결렬될 경우 노동조합은 단체행동권을 행사하여 자신들의 요구를 관철시킬 수 있단다.

41 가난은 나랏님도 구제할 수 없는가?
- 인간다운 생활을 할 권리

아빠   "가난은 나랏님도 구제할 수 없다"는 옛말이 있어. 막강한 권력을 가진 왕도 백성들의 굶주림을 어떻게 해줄 수 없다는 이야기야.

딸   그건 너무 무책임한 이야기 아니에요? 백성들이 굶주려 죽어가고 있다면 왕이 뭐라도 할 수 있는 걸 찾아서 해야 하잖아요.

    2019년 칸 영화제 황금종려상을 받은 영화 〈기생충〉은 오래된 반지하에 사는 기택 가족의 삶과 IT 기업 CEO 박 사장 가족의 삶을 선명하게 비춤으로써 대한민국의 사회적 격차를 신랄하게 비판하는 영화야. 가난한 기택의 네 가족이 사는 반지하 방엔 높은 단 위에 위태롭게 화장실이 위치해 있고, 인터넷이 되지 않아 옆집 와이파이를 힘겹게 잡아서 훔쳐 써야해. 직접적으로 기철과 그 가족이 '삶이 힘들다'는 표현을 하지 않지만 기철 가족의 반지하 집은 그 자체로 그들의 삶이 얼마나 고단한지 대변해주고 있단다.

    영화 〈기생충〉의 이야기가 아니너라도 가난의 비참함과 어려움으로 점철된 이야기는 우리가 억지로 귀를 닫아버리지만 않는다면 언제든지 들을 수 있을 정도로 일상화되어 있단다. 생활고를 견디지 못해서 일가족이 극단적 선택을 한 이야기, 너무 배가 고파서 라면,

영화 〈기생충〉 스틸 ⓒ 과학필림대경영화사

우유, 계란 등을 훔치다가 잡힌 사람들 이야기, 소설 속 이야기지만 네가 무척 슬퍼하며 읽었던 동화 《플란다스의 개》에서 추운 겨울날 얼어 죽은 네로와 파트라슈 이야기까지.

  사람이 살아가는 데 의식주는 가장 기본적으로 필요한 것들이지만, 이처럼 가난은 생존에 기본적인 의식주의 해결마저도 어렵게 해. 가난 때문에 생존이 불가능하다면, 다른 기본권의 보장도 의미가 없을거야. 우리나라 옛말에 "가난은 나랏님도 어찌하지 못한다"라고 했지만, 현대 민주국가에게는 최소한의 물질적인 생활을 보장하여 국민의 생존을 책임져야 할 의무가 있단다. 우리 헌법은 어떻게 규정하고 있는지 살펴보자.

■ 헌법 제34조 ■

① 모든 국민은 인간다운 생활을 할 권리를 가진다.

② 국가는 사회보장·사회복지의 증진에 노력할 의무를 진다.

③ 국가는 여자의 복지와 권익의 향상을 위하여 노력하여야 한다.

④ 국가는 노인과 청소년의 복지향상을 위한 정책을 실시할 의
무를 진다.

⑤ 신체장애자 및 질병·노령, 기타의 사유로 생활능력이 없는
국민은 법률이 정하는 바에 의하여 국가의 보호를 받는다.

⑥ 국가는 재해를 예방하고 그 위험으로부터 국민을 보호하기
위하여 노력하여야 한다.

헌법 제34조는 사회적 기본권의 대표적 조항이란다. 앞서 이야기
했듯이 자유권의 경우는 국가가 나를 자유롭게 놔두라는 '국가로부
터 자유'로 이해가 되었어. 이에 반해 사회적 기본권은 국가가 힘든
나를 내버려두지 말고 도와달라고 청구할 수 있는 권리를 의미해.
자유권의 실현은 국가가 특별히 무엇인가 하지 않으면 되는 일이니
까 비교적 간단해. 그런데 사회적 기본권의 실현은 국가가 무엇을
얼마만큼 해줘야 하는 것이어서 국가의 적극적인 활동을 필요로 해.

사실 국가가 무엇을 얼마만큼 해줘야 할지 결정하는 것은 간단한
문제가 아니야. 예를 들어 하루에 세 끼 식사와 간식까지 먹을 수 있
는 삶이 인간다운 삶인 것인지 하루에 두 끼 식사를 먹을 수만 있어
도 인간다운 삶인지는 헌법이 정확하게 규정해놓은 바가 없단다. 영
화 〈기생충〉에서처럼 곰팡이가 가득한 반지하에서 살면서 인터넷
사용도 못하는 것이 인간다운 삶인지 아닌지도 고민되는 경우야.

또한 사회적 기본권은 국가의 재정 능력에 좌우돼. 국가의 재정이 풍족하다면 보다 사회적 기본권을 폭넓게 뒷받침할 수 있겠지만, 현실은 그렇지 못하단다. 세금으로 충당하는 국가의 재정은 늘 제한된 범위에서만 운영할 수밖에 없는 한계가 있어. 결국 사회적 기본권은 국가의 재정 능력과 국민들의 생활 수준을 고려하여 국가가 어떤 내용으로 어떻게 배려하고 지원을 할 것인지 입법을 해야 구체적으로 그 모습을 드러낼 수 있는 거란다. 이를 두고 구체화입법이라고 해.

헌법 제34조 제1항은 인간다운 생활을 할 권리라고 부르는데, 우리 헌법재판소에 따르면 "인간적인 생존의 최소한을 확보하는 데 있어서 필요한 최소한의 재화를 국가에게 요구할 수 있는 권리"라고 정의하고 있어.[171] 헌법재판소는 뭐가 그리 걱정이 되었는지 '최소한'이라는 단어를 두 번이나 써가면서 강조하고 있단다. 쉽게 말해서 헌법재판소가 말하는 인간다운 생활을 할 권리는 생존에 필요한 가장 기초적인 돈이나 물건을 국가에 요청할 수 있는 권리라고 이해하면 돼.

제34조 제2항~제6항은 제1항의 인간다운 생활을 할 권리를 어떻게 더 잘 보장할 것인지를 알려주고 있어. 그 내용을 세 가지로 묶어서 이해해볼 수 있는데 사회보험, 사회부조, 사회복지가 그것이야.

---

171 헌법재판소 1995. 7. 21. 선고 93헌가14

- '인간다운 생활을 할 권리'는 다른 사회적 기본권에 관한 헌법규범의 이념 목표를 제시하고 있다. 동시에 국민이 인간적 생존에 필요한 최소한의 재화를 국가에게 요구할 수 있는 권리이다.

- 사회보장에 따른 국민의 권리(수급권)는 국가에 적극적으로 줄 것을 요구할 수 있는 것을 내용으로 하기 때문에, 수급권을 부여해줄 것인지와 수급권의 내용 등은 무엇보다도 국가의 경제 수준, 재원 확보의 가능성이라는 요인에 의하여 크게 좌우되게 된다.

- 사회보장권은 받을 수 있는 요건, 받을 사람의 범위, 받을 금액 등 구체적인 사항이 법률에 규정됨으로써 비로소 구체적인 법적 권리로 된다.

사람이 살아가다 보면 아프기도 하고, 사고가 나기도 하고, 일하다가 다치기도 하고, 일자리를 잃기도 해. 이런 상황을 개인의 능력과 책임으로 스스로 부담하고 모두 극복해가야 한다면 막막하고 끔찍한 일이 될 거야. 이런 상황을 대비해서 평상시에 소득이나 수입 중에 일정액을 개인이 부담하도록 하고, 사고나 문제가 발생하면 공적인 보험으로 처리하는 게 바로 사회보험이야. 가장 쉽게 이해할 수 있는 게 바로 의료보험이란다. 병에 걸리거나 다치면 병원에서 치료를 받지? 감기처럼 가벼운 병이야 큰 부담이 되지 않지만 암처럼 큰돈이 드는 병에 걸린다면 돈이 없어서 치료를 받지 못하는 경우가 많이 생길거야. 이런 경우를 대비해서 평상시에는 소득이나 재산을 기준으로 해서 매월 보험료를 내다가 병원치료를 받아야 할 일이 있으면 의료보험에서 병원비의 일부 또는 상당액을 지원받게 된단다. 여전히 많은 논란이 있지만 우리나라의 의료보험제도는 상당히 훌륭하게 구축되어 있다고 생각해. 의료보험 이외에도 재해보험, 고용보험 등의 다양한 제도가 있단다.

다음으로 사회부조^{공공부조}는 생활이 매우 어려운 국민들에게 최저 생활에 필요한 각종 지원을 해주는 것을 말해. 신체의 장애나 나이가 들거나, 질병 등이 있는 경우는 일을 해서 돈을 벌지 못하는데, 국가가 일정한 지원^{현금 또는 현물}을 해서 인간다운 생활을 하도록 돕는 제도야. 국민기초생활보장법이 정하는 각종 생계급여, 주거급여, 의료급여, 교육급여 등이 대표적 예야.

사회복지는 아동, 노인, 장애인, 경제적 약자 등을 위하여 공적인 서비스를 제공하는 것이란다. 예를 들어 양로원, 고아원 등을 운영하여 대상자들이 이용하도록 하거나 지역아동센터를 두어서 여러 필요한 혜택을 지원하는 것으로 이해할 수 있어.

안타깝게도 위와 같은 인간다운 생활의 보장을 위한 여러 제도나 장치에 대해서 종종 포퓰리즘[172]이나 공산주의적 정책이라는 비난을 받곤 한단다. 남아프리카공화국의 흑인인권운동가이자 최초 흑인 대통령을 역임한 넬슨 만델라가 남긴 이야기를 들려줄게. 이를 통해 관점을 조금 바꾸어서 이야기해보자.

"인생의 가장 큰 영광은 결코 넘어지지 않는 데 있는 것이 아니라 넘어질 때마다 일어서는 데 있다."

- 넬슨 만델라

---

[172] 국민들의 인기를 얻고자 집착하는 정치형태나 정책을 말해.

'넘어짐'의 의미가 조금은 다를 수 있지만, 아빠는 인간다운 삶을 살도록 만들어 가는 것이 사회안전망을 만들어가는 것이고 이는 사람이 살다가 넘어지고 쓰러져도 다시 일어서도록 돕는 일이라고 생각해. 결국 인간다운 삶을 보장하는 것은 넘어졌던 많은 사람들이 다시 일어서는 영광스러운 일에 함께하는 것이 아닐까? 영화〈기생충〉에서 기태 가족의 빈한함[173]은 기태 가족의 책임일 수도 있고 지난한 몸부림에도 불구하고 벗어나지 못한 것일 수도 있어. 마찬가지로 박 사장 가족의 부유한 삶은 피눈물 나는 노력과 위대한 성공에 의한 것일 수도 혹은 물려받은 것일 수도 있어. 하지만 박 사장 가족의 삶이 계속 유지되리라는 보장도 없고 기태네 가족이 계속 그렇게 살아야 할 이유도 없어. 모두를 위한 안전망을 조금 더 튼튼히 그리고 촘촘히 만들고 누구라도 인간다운 삶을 살 수 있도록 고민하는 것이 빈자와 부자의 차이가 더 커져가는 대한민국에 주어진 과제가 아닐까 해.

① 사회적 기본권은 국가로부터의 자유를 의미하는 자유권적 기본권과는 달리 국가에 대해 개입과 생존에 필요한 금전이나 물건을 요청할 수 있는 권리야. ② 사회적 기본권의 대표적인 조항이 바로 헌법 제34조 제1항인데, 인간다운 생활을 할 권리를 규정하고 있어. ③ 헌법재판소에 따르면 인간다운 생활을 할 권리는 최소한의 생활을 유지할 수 있도록 국가에 대해 일정한 급부를 요구할 수 있는 권리야. ④ 인간다운 생활을 할 권리를 조금 더 구체화해보면 사회보험, 사회부조, 사회복지제도를 마련하여 운영하는 것이라고 할 수 있단다.

---

173 살림이 가난하여 쓸쓸하다는 뜻이야.

100세 시대를 바라보며
- 환경권과 보건권

딸　오늘 학교에서 텅 빈 지구에서 로봇이 혼자 남아 쓰레기를 치우는 애니메이션을 봤어요. 우리가 이렇게 하다간 진짜 지구는 쓰레기로 가득차서 사람이 살기 어렵게 되지 않을까요?

아빠　오늘 우리가 어떻게 하느냐에 따라 달라지지 않을까? 하지만 오늘 우리가 변화하지 않으면 핑크빛 미래를 기대하기 어려울지 몰라.

　1800년경 전 세계의 평균 기대수명은 26세 정도에 불과했어. 하지만 의학의 발전과 식생활의 개선 등에 힘입어 2020년에는 73세까지 급상승했단다. 우리나라를 비롯하여 선진 각국의 기대수명은 80세 중반을 넘기고 있고 조만간 100세를 평균적으로 살 거라는 전망도 곧잘 나오고 있단다. 하지만 최근에는 단순히 오래 사는 것보다 건강하게 오래 사는 것이 중요하다는 인식도 퍼지고 있어. 그렇다면 건강하게 오래 사는 데 중요한 요소는 무엇일까? 바로 쾌적한 환경과 양질의 의료·보건 서비스가 아닐까?

　먼저 환경권을 정하고 있는 우리 헌법의 규정을 보자.

■ 헌법 제35조 ■

① 모든 국민은 건강하고 쾌적한 환경에서 생활할 권리를 가지
  며, 국가와 국민은 환경보전을 위하여 노력하여야 한다.
② 환경권의 내용과 행사에 관하여는 법률로 정한다.
③ 국가는 주택개발정책 등을 통하여 모든 국민이 쾌적한 주거
  생활을 할 수 있도록 노력하여야 한다.

환경권의 의미를 일반적으로는 공해예방청구권과 공해배제청구권으로 보통 설명한단다. 공해예방청구권은 각종 개발과 건설, 사업 등을 하면서 환경을 파괴하지 않고 공해가 발생하지 않도록 요구할 수 있는 권리라고 할 수 있어. 환경을 훼손하지 않고 있는 그대로 지켜달라는 의미를 가지고 다른 말로는 환경보전청구권이라고도 한단다. 공해배제청구권은 환경을 오염시키거나 공해를 발생시킨 경우 이를 제거할 것을 요구할 수 있는 권리라고 이해돼. 훼손된 환경을 회복시켜줄 것을 청구할 권리라는 측면에서 다른 말로 환경복구청구권이라고도 한단다.

헌법 제35조 제1항은 환경권을 정하고 있을 뿐만 아니라 국가와 국민의 환경보전의무를 함께 언급하고 있어. 국가가 주도적으로 환경 보전과 관련한 여러 정책과 큰 틀을 만들어가야 하겠지만, 국가의 노력만으로는 한계가 있기 때문이야. 전 국민이 환경보전을 위한 노력을 함께 해야 함은 물론이고 지구가 하나로 연결된 터라 전 세계인이 연대하여 부담해야 할 의무가 아닌가 해.

많은 영화나 애니메이션에서 환경이 파괴된 암울한 지구의 미래를 그리고 있는데, 아빠는 특히 영화 〈인터스텔라〉가 기억에 남는구

영화 〈인터스텔라〉 스틸 © Paramount Pictures, Legendary Pictures

나. 2067년 미래, 환경파괴로 지구는 기상이변이 일어나고 황폐화
되어 더 이상 살 수 없는 곳으로 바뀌어간다는 것이 영화의 배경이
야. 결국 주인공들의 사투 끝에 지구와 환경이 유사한 다른 행성을
발견하여 이주해가게 된단다. 우리가 지금과 같이 환경을 대하는 삶
의 방식을 바꾸지 않는다면 영화가 현실이 될 수도 있지 않을까? 그
럼 우리는 어디로 가야 할까? 넓고 넓은 우주를 이동하여 우리가 터
를 잡고 살아갈 수 있는 제2의 지구를 찾을 수는 있을까?

환경권이 갖는 보다 근본적인 의미는 우리의 삶이 지구와 연결되
어 있음을, 그리고 우리의 삶의 방식이 지구를 파괴하는 것이라면
우리 스스로도 함께 파괴되어 간다는 것을 일깨워주기 위한 것이라
는 생각이 들어. 환경권과 환경보호 의무는 동전의 양면과 같아서
우리들의 환경보호 의무가 뒷받침되어야 환경권이 실현될 수 있는
것이 아닐까?

헌법 제35조 제3항은 쾌적한 주거생활을 하도록 국가가 노력해
야 함을 규정하고 있어. 우선 이 내용은 환경권을 규정한 제1항과 제

2항의 내용과는 어울리지 않아. 그리고 단순히 국가가 노력해야 할 의무를 정한 것이지 우리들에게 권리를 부여한 것이 아니라고 해석될 여지도 있어. 그러나 인간다운 생활의 기본이 적절한 주거에서 생활할 수 있어야 하는 것이 뒷받침되어야 하는 점 등을 고려할 때 권리로서, 즉 주거권으로 이해하는 것이 옳다고 생각한단다. 2015년에 주거기본법이 제정되어 주거권을 구체적으로 보장하기 위한 움직임이 시작된 것은 긍정적인 발전이라고 생각해.

한편, 21세기로 접어들면서 전 세계로 퍼져나가는 신종 감염병이 속속 등장하고 있어. 2003년 사스가 그랬고, 2012년 메르스를 거쳐 2019년 신종코로나 바이러스COVID-19까지 말이야. 앞의 두 바이러스보다 훨씬 전파력이 높은 신종코로나 바이러스는 지역 유행을 넘어서 전 세계적으로 엄청난 타격을 주고 있단다. 문제는 이런 바이러스가 대유행할 때에는 사람 간에 전염을 막기 위해서 매우 다양한 기본권들이 제한된단다. 예를 들어 감염자의 동선 등에 관한 개인정보를 수집·공개하거나, 감염자·접촉자를 격리하거나, 마스크를 쓰지 않으면 제재를 가한다든지, 집회를 아예 금지하거나 소규모 집회만 허용한다든지, 종교 활동, 특히 대면 예배를 금지한다든지, 식당, 카페 등의 영업을 중단시키거나 영업시간을 제한한다든지 말이야. 우리나라는 감염병의 예방 및 관리에 관한 법률에서 이상의 기본권 제한조치들을 규정하고 있단다.

이렇게 다양한 기본권을 제한할 수 있는 예외적 상황을 헌법이 꼬집어서 규정해놓지는 않았지만, 아빠는 우리 헌법에서는 국가의 적극적인 보건활동을 정당화할 수 있는 근거 규정을 찾을 수 있다고 생각해. 헌법 제36조를 읽어보자.

■ **헌법 제36조** ■
① 혼인과 가족생활은 개인의 존엄과 양성의 평등을 기초로 성
   립되고 유지되어야 하며, 국가는 이를 보장한다.
② 국가는 모성의 보호를 위하여 노력하여야 한다.
③ 모든 국민은 보건에 관하여 국가의 보호를 받는다.

제3항은 보건권을 규정한 것이야. 보건권은 국가가 국민의 건강
을 침해해서는 안 된다는 측면과 국가가 적극적으로 국민보건을 위
한 정책 수립과 시행을 해야 할 의무를 지는 측면을 함께 가지고 있
단다. 따라서 국민 전체의 보건권의 확보를 위해 국가는 부득이하게
전염병의 확산과 의료체계의 붕괴를 방지하기 위해 적극적인 통제
정책을 펼칠 수 있는 거야.

아마도 이런 질병의 전 세계적인 대유행이 앞으로는 상시화될지
도 모르겠다. 예외적인 상황이 일상이 될 수 있는 것이지. 이는 기본
권에 대한 여러 강력한 제한이 수시로 필요할 수도 있음을 의미하는
거야. 이런 제한이 보건권의 보장이라는 측면에서 어느 정도까지는
정당화될 수는 있겠지만, 다른 제한되는 기본권 간에 조화와 비례를
새롭게 고민해봐야 할 시점에 우리는 서 있단다.

① 환경권은 공해예방청구권과 공해배제청구권으로 통상 설명
돼. ② 공해예방청구권은 환경이 오염되지 않도록 보존과 배려를 요
구할 수 있는 권리이고 공해배제청구권은 발생한 오염과 피해가 회
복될 수 있도록 사후적으로 요구할 수 있는 권리야. ③ 환경권과 함

께 국가와 국민의 환경보호 의무를 규정하고 있는데, 이는 환경보호가 국가와 국민 개개인 모두가 공동으로 노력할 때에 비로소 실현될 수 있기 때문이야. ④ 쾌적한 주거생활을 하도록 규정한 헌법 제35조 제3항은 적절한 주거에서 생활할 '권리'라는 측면을 강조해서 읽으면 좋겠다. ⑤ 전염병이 대유행하는 시기에는 국가가 국민 전체의 건강을 보호하기 위한 강력한 기본권 제한 조치들을 취하게 돼. 이는 보건권에 의해서 어느 정도는 정당화 될 수 있겠지만 이런 예외적인 상황에 대한 심도 있는 논의와 고민이 앞으로 더 필요해 보인단다.

내 이름이 헌법에 없더라도 - 열거되지 않은 기본권

아빠 학교에서 선생님이 출석을 부르는데 실수로 한 친구의 이름을 부르는 걸 빠뜨렸다고 해 보자. 혹은 새로 전학 온 친구는 출석부에 이름이 아직 없어서 선생님이 이름을 못 불렀다고 해보자. 그렇다고 해서 그 친구들이 너희 반 학생들이 아닐까?

딸 아니죠. 그런 경우에도 당연히 우리 반 친구죠.

지금까지 본 것처럼 헌법은 최선을 다해서 기본권을 그 안에 함축적으로 담아내려 노력을 했어. 그런데, 모든 권리를 빠짐없이 담아내는 것이 쉬운 것은 아니야. 먼저 모든 기본권을 다 열거하려면 헌법전이 무척이나 두꺼워야 할 거야. 예를 들어 인도 헌법은 세계에서 가장 긴 헌법으로 알려져 있는데,[174] 기본권에 관한 내용도 무척이나 상세하게 규정하고 있단다. 기본권을 모두 빠짐없이 헌법에 담고 아주 구체적으로 헌법에서 설명해주는 것이 기본권 보장에 도움이 된다면 그렇게 해야 하겠지. 하지만 인도의 상황을 보면 자세한 기본권 규정만큼 기본권이 잘 보장되지는 못하고 있는 것 같아.

---

174 확인해보니 무려 281쪽이야.

결국 기본권 보장은 빠짐없이 상세하게 기록하는 것보다 헌법이 얼마나 힘을 잘 발휘하고 존중되는 것이 중요한지 알려주는 게 아닐까?

한편 시대가 변하면서 우리가 미처 생각하지 못했던 새로운 유형의 기본권들이 등장할 가능성도 있어. 예를 들어 너희 반에 막 전학생이 왔다고 해보자. 아직 출석부나 이런 곳에 이름이 안 올라가 있겠지? 출석부에 이름이 없다고 너희 반 친구가 아닌 건 아니잖아? 물론 출석부야 담임선생님이 금방 고치면 될 일이지만, 헌법은 쉽게 개정할 수 없어서 오랫동안 헌법에 기록이 안 될 수도 있단다. 현재 우리나라 헌법은 87년에 개정된 이후로 30년 넘도록 이런저런 이유로 개정하지 못하고 있는 상황이란다. 그동안 많은 기술의 발달과 사회적 변화를 겪는 와중에 새롭게 인식된 권리는 미처 헌법에 반영하지 못하고 있어.

그렇다면 우리 헌법은 어떻게 길을 제시하고 있을까?

■ 헌법 제37조 ■
① 국민의 자유와 권리는 헌법에 열거되지 아니한 이유로 경시되지 아니한다.

헌법은 기본권으로 명시되지 않았더라도 명시된 기본권과 같은 권리로 인정해주고 있어. 헌법이 비공개 파티처럼 초대된 손님만 받아들이는 속 좁은 주인이 아니라는 거야. 헌법이 모두 다 담지 못한 내용일지라도 또는 최근에 사회의 변화 등에 의해서 새로이 등장하여 기본권의 목록에 없다하더라도 똑같이 기본권으로 인정해주겠다는 것이지. 헌법에 명시되지는 않았지만 인정되는 권리로는 보

통 성명권, 초상권, 명예권, 신체를 훼손당하지 않을 권리, 평화적 생존권, 일반적 행동자유권, 알권리, 개인정보자기결정권, 일조권, 휴식권, 스포츠권, 저항권 등이 이야기되고 있단다.

헌법 제37조 제1항의 규정은 우리에게 겸허한 마음을 가지라고 알려주는 것 같아. 우리가 세상을 다 알지 못하고, 앞으로 일어날 일 역시 알 수 없어. 이와 같이 우리의 한계를 인정한다면, 주어진 세상 만이 전부이고 보이는 세상이 모든 것이라고 단정할 필요는 없는 거야. 열린 마음으로 우리가 몰랐던 것을 받아들이고, 새로운 것을 인정하는 자세가 바로 훌륭한 헌법을 가질 자격이 있는 국민의 태도가 아닐까 해.

① 헌법에 최대한 빠짐없이 상세하게 기록하는 것만이 능사는 아니야. ② 또한 시대의 변화와 새로운 기술의 등장에 의해서 우리가 알지 못했던 것들도 생겨나게 마련이야. ③ 이와 같은 상황을 대비하여 우리 헌법은 폐쇄되고 흠 없이 완결되었다는 입장이 아니라 개방된 입장을 취하고 있단다. ④ 즉, 헌법 제37조 제1항은 열거되지 않은 권리라도 헌법에서 명시한 권리와 같은 권리로 인정하고 있어.

기본권은 절대적 권리일까?
- 기본권의 제한

아빠　참새 잡는 데 대포를 쏘면 어떨까?

딸　　그 작은 참새를 큰 대포알로 맞출 수가 있기는 해요?

　　지금까지는 기본권에 어떤 것들이 있고 각 기본권들이 무슨 의미가 있는지 이야기해 보았어. 그런데 헌법이 기본권을 보장한다고 해서 기본권을 무제한적으로 누릴 수 있는 것일까? 예를 들어 예술의 자유를 행사하여 좁은 길을 막으면서까지 버스킹을 한다든지, 아파트에 사는데 일반적 행동자유권을 행사하여 음악을 크게 틀고 뛰어다녀서 아랫집에 피해를 주는 행동들은 한계가 없이 행사될 수 있을까? 아마도 어렵지 않게 그건 아니라고 답할 수 있을 거야. 인간은 타인과 함께 살아가는 존재이고, 타인과 공존하려면 여러 가지 제약도 감수해야 한단다. 따라서 기본권도 절대적인 권리가 아니고 다른 사람의 권리보호나 공익적 목적을 위해 필요한 경우에는 제한될 수 있단다.

우리 헌법에서는 기본권의 제한을 어떻게 규정하고 있을까? 앞서 살펴보았던 것처럼 헌법에서 직접 기본권을 제한하고 있는 경우가 있단다. 예를 들어 재산권은 공공복리에 맞게 행사하여야 하는 것, 군인 등의 경우에 국가배상청구권을 제한하는 것, 주요 방위산업체에서 일하는 근로자들에게는 단체행동권을 제한하는 것 등이 이에 해당해.

그리고 헌법에서 기본권을 제한할 수 있도록 하지 않더라도 법률에 의해서 모든 기본권을 제한할 수 있도록 규정하고 있는데 이를 두고 일반적 법률유보라고 해. 즉 모든 기본권 조항에 적용할 수 있도록 법률로 하는 기본권 제한의 방법을 정한 것이라 할 수 있지. 헌법의 규정을 함께 보자.

■ 헌법 제37조 ■
② 국민의 모든 자유와 권리는 국가안전보장·질서유지 또는
공공복리를 위하여 필요한 경우에 한하여 법률로써 제한할
수 있으며, 제한하는 경우에도 자유와 권리의 본질적인 내
용을 침해할 수 없다.

먼저 기본권은 세 가지 이유로만 제한이 가능해. 바로 국가의 안전을 보장하기 위해, 질서를 유지하기 위해, 공공복리를 위한 경우야. 어느 정도 납득이 가는 이유들이지? 다만 위의 세 가지 목적으로 제한할 때에도 꼭 필요한 경우에만 제한할 수 있고 방식도 반드시 법률로만 제한할 수 있어. 함부로 권력자가 자기 뜻대로 제한할 수 없도록 한 것이야. 그리고 제한할 경우에도 기본권의 본질적 내용을

침해하는 제한은 금지돼.

여기서 여러 가지 원리가 도출되는데 바로 과잉금지의 원칙과 본질적 내용 침해 금지의 원칙이야. 과잉금지의 원칙은 너무 심하게 제한하지 말고 필요 최소한만큼만 제한하라는 원칙이고, 본질적 내용 침해 금지는 기본권을 제한하고 나면 남는 게 없을 정도로 제한하는 것은 금지된다는 원칙이야.

과잉금지의 원칙은 비례의 원칙이라고도 하는데, 독일에서는 "참새를 잡는 데 대포를 쏘지 말라"는 법언으로 표현하기도 해. 즉, 참새와 같이 아주 작은 새를 잡으려고 대포처럼 육중하고 파괴력이 큰 수단을 동원하지 말라는 것이지. 또 과잉금지의 원칙은 네 가지의 잘게 나누어진 원칙으로 채워지는데 간단히만 설명해볼게.

먼저 기본권을 제한하려는 목적이 정당해야 한다는 원칙이야. 아까 봤던 기본권 제한의 세 가지 목적을 위해서 제한하는 것인지 따져봐야 하는 것이지. 다음으로는 목적 달성을 위해서 적합한 방법을

참새 보고 대포 쏘기
(mit Kanonen auf Spatzen schieβen) ⓒ Shutterstock

선택했는지 따져보는 거야. 제한하려는 목적은 정당한데 목적 달성을 위해서 과연 적합한 방법을 선택했는지 살펴보는 단계라 할 수 있어. 다음 원칙은 침해를 최소화하라는 거야. 50만큼만 제한해도 될 것을 100만큼 제한해서는 안 된다는 의미야. 마지막 원칙으로는 제한으로 얻는 이익이 최소한 제한으로 희생된 것보다는 커야 한다는 것이지. 제한으로 얻을 이익이 50인데 제한으로 받는 희생이 100이라면 이 제한은 잘못된 제한이야. 이상 네 가지 원칙을 따졌을 때 하나의 원칙이라도 갖추지 못한 기본권 제한이 있다면 정당한 기본권 제한으로 인정할 수 없단다.

그럼 기본권 제한의 여러 원칙들이 잘 준수되었는지는 누가 확인해 줄까? 바로 헌법재판소란다. 헌법재판소에서는 기본권을 제한하는 법률이 헌법 원칙들을 잘 지키고 있는지 판단해주는 역할을 하고 있어. 가끔 의아한 경우가 있는데 바로 헌법재판소가 똑같은 사안인데도 판단을 달리하는 경우가 그래.

예를 들어 양심적 병역 거부를 인정하지 않는 병역법에 대해서는 2004년에 두 번에 걸쳐 헌법에 위반되지 않는다고 결정했어. 또한 2011년 선고된 결정에서도 합헌결정을 했고. 그런데 2018년 결정에서는 선례들과 달리 헌법불합치로 판단을 바꾸었단다. 간통죄의 경우도 마찬가지로 5번의 심사 끝에 4번은 합헌, 5번째 심사에서는 위헌으로 결정했어. 낙태죄 위헌판단도 그렇고 헌법재판소가 종전에는 합헌으로 판단했던 것을 위헌으로 판단을 달리하는 경우가 드물지만 발생한단다. 특히 사회적으로 파급력이 큰 이런 사건에서 종종 발생하는 것 같아.

이렇게 결정이 뒤집히는 것, 즉 과거에는 기본권 제한이 정당했는데 최근에 들어서는 기본권 제한이 정당하지 않다고 판단하는 것을 어떻게 받아들여야 할까? 특히 헌법재판소 결정은 사회적으로 큰 영향을 주는데, 헌법재판소가 이와 같이 입장을 바꾸는 것은 헌법재판소에 대한 사회적 신뢰를 해치는 게 될 수도 있어.

아빠도 이 부분에 대해서는 확신이 없지만, 헌법 자체가 고정되어서 변함없는 한 가지 가치만 담고 있는 닫힌 규범이 아니라는 것을 보여주는 것 같아. 시간이 흐르면서 사회적 배경이 바뀌고 사회 구성원들의 생각과 동의하는 내용이 달라지는 것을 헌법이 받아들이기 때문이 아닐까? 그에 따라서 과거에는 괜찮았던 일들이 지금은 괜찮지 않은 일들로 바뀔 수도 있다는 생각이 들어. 하다 못해 과거에는 서울의 지하철 안에서의 흡연도 아무런 문제가 없었던 시절이 있었다고 해. 요즘 같으면 상상도 못할 일이겠지?

① 사람들이 공동체를 이루어 산다는 것은 양보와 조화를 바탕으로 기본권 제한이 필요함을 의미해. ② 기본권의 제한은 국가안전보장, 질서유지, 공공복리를 위해서만 가능해. ③ 그리고 꼭 필요한 경우에, 법률에 의해서 제한을 하되 본질적인 내용을 침해하는 것은 금지돼. ④ 꼭 필요한 경우 기본권을 제한하는 것을 과잉금지의 원칙 또는 비례의 원칙이라고 하는데 네 개의 작은 원칙들로 나누어 볼 수 있어. 목적의 정당성, 방법의 적절성, 침해의 최소성, 법익의 균형성이야. ⑤ 우리 헌법재판소에는 기본권 제한 법률을 위의 원칙을 적용하여 판단하고 있고, 시대의 변화와 우리 국민들의 인식, 합의의 변화에 따라서 그 판단이 달라지기도 한단다.

의무는 무제한으로 부과할 수 있을까?
- 국민의 기본의무

아빠 현재 우리나라의 군 복무 기간은 육군 병사 기준으로 18개월인 반면, 북한의 경우는 10년 정도라고 알려져 있어. 우리나라도 북한처럼 의무복무를 장기간 부여해도 괜찮은 걸까?

딸 아무리 병역의무 이행이 중요하다 하더라도 10년 동안이나 군 복무를 하는 건 개인의 희생을 과도하게 요구하는 것 같아요.

　국가는 많은 사람들의 희생으로 이루어진단다. 지금까지 여러 번 이야기했듯이 가깝게는 수차례의 피를 흘린 민주화 운동을 통해 우리나라는 민주주의가 성숙했고, 일제강점기와 6·25 전쟁을 지나며 수많은 선조들이 피를 흘리고 목숨을 내놓은 값으로 지키고 만들어 온 것이 바로 우리나라란다. 많은 국민들의 특별한 희생으로 오늘 우리나라가 이만큼 성장하고 이 자리에까지 온 것은 부인할 수 없는 사실이야.

　그리고 그런 특별한 시기에 특별한 희생 이외에도 국가를 운영하고 유지하기 위해서는 엄청난 재원과 인적 희생이 필요한데 이를 규정하고 있는 것이 바로 국민의 기본의무란다. 국민의 4대 의무는 납세의 의무, 국방의 의무, 교육의 의무, 근로의 의무야.

　교육의 의무와 근로의 의무는 앞서 보았던 것처럼 권리로서의 성격이 강하고 억지로 강제할 근거는 약해. 결국 중요한 의무는 납세의 의무와 국방의 의무가 남는다고 할 거야. 아참, 근로의 의무와 관련해서는 과거 산업화 시대에는 많이 강조되던 의무인데, 아빠의 아버지 세대, 너에게는 할아버지 세대의 희생 또한 기억해야 할 대목인 것 같구나. 낮은 임금과 장시간의 고된 노동에도 불구하고 성실히 일한 그 세대의 희생이 오늘날 우리나라가 고도성장을 거쳐 1인당 국민소득이 3만 달러 시대의 경제 강국으로 설 수 있게 한 원동력이 되었다고 생각해.

그럼 납세의 의무와 국방의 의무를 우리 헌법이 어떻게 정하고 있는지 살펴보자.

■ 헌법 제38조 ■
모든 국민은 법률이 정하는 바에 의하여 납세의 의무를 진다.

■ 헌법 제39조 ■
① 모든 국민은 법률이 정하는 바에 의하여 국방의 의무를 진다.
② 누구든지 병역의무의 이행으로 인하여 불이익한 처우를 받지 아니한다.

국가의 기본 조직을 운영하고, 치안과 안전을 보장하며, 사회기반시설의 확충 및 사회적 기본권을 보장하기 위한 여러 제도들을 마련하는 등 국가의 역할범위는 무척이나 넓어. 이러한 활동에는 당연히 많은 재정이 필요하게 되는데, 바로 국가의 재정을 확보하기 위하여 국민에게 부과된 의무가 납세의 의무라고 할 수 있어. 또한 우리나라는 남이 지켜줄 수도 지켜주지도 않기에, 우리 스스로가 지켜나가야 해. 돈으로 무기나 장비를 살 수 있겠지만 결국은 우리 국민이 군대의 일원으로 봉사해야만 나라를 지킬 힘을 가질 수 있는 것이지. 따라서 우리의 생존을 확보하기 위해서 군 복무를 핵심으로 하는 국방의 의무 역시 중요한 국민의 의무라고 할 수 있구나.

구한말 망해가는 조선의 현실을 보면 납세와 국방의 의무가 얼마나 중요한지 알 수 있단다. 조선시대는 대체로 세 가지 의무를 백성에게 부과했는데 하나는 토지에 부과한 세금이었어. 요즘처럼 돈으로 세금을 납부하는 것이 아니라 토지에서 소출된[175] 곡식의 일정량을 세금으로 내는 것이었지. 하지만 조선 후기로 접어들자 고을의 수령과 관리들이 정해진 세금보다 훨씬 많이 세금을 걷고 부당하게 자기 것으로 챙기는 행태가 심해졌어. 앞서 공무원 제도에서 보았던 것처럼 관직을 돈으로 샀기 때문에 뇌물로 준 돈 이상을 뽑아내기 위해 과도한 징수를 한 것이었지.

다음으로는 군역인데, 요즘으로 따지면 국방의 의무를 부담하는 거야. 우선 양반은 군역에서 면제가 돼. 군역을 지는 대부분의 사람들이 실제 군 복무를 하는 게 아니라 군 복무를 하는 군인을 고용할 옷감을 내는 의무를 부담하는 것이었어. 그러면 모아진 군포를 가지고 실제 복무할 군인을 모집하는 식이었지. 그런데 그 부담이 너무 과중해서 도망치곤 했는데, 그러면 남은 사람들이 도망간 사람의 몫까

---

175 논밭에서 재배하여 거둬들인 것을 말해.

지 부담해야 했지. 게다가 죽은 사람한테도 군포를 부과하거나 군역을 지는 나이가 지난 노인이나 아직 군역이 부과될 나이가 안 된 어린이에게도 부과하는 등 이루 말할 수 없이 가혹한 의무가 부과되었단다.

마지막으로 환곡인데 원래 환곡제도는 복지제도로 마련된 것이었어. 즉, 전년 가을에 거두어들인 곡식이 봄이면 떨어져서 백성의 생활이 궁핍해지자 곡식을 봄에 빌려준 후 가을에 약간의 이자를 붙여서 돌려받는 제도였지. 그런데 국가재정이 어려워지자 환곡이 복지제도가 아니라 수탈을 위한 수단으로 변질되고 말아. 높은 이율의 이자를 붙여서 돌려받고, 빌리지도 않는 사람한테도 갚으라고 하거나 빌려줄 때 모래가 많이 섞인 곡식을 빌려주는 일도 심심치 않게 일어났다고 해.

사정이 이렇다보니 국가 재정은 갖은 명목의 세금과 높은 세율에도 불구하고 관리들의 부패로 인해 제대로 확보되지도 못해. 마찬가지로 군역이라는 명목하에 백성들의 과중한 부담을 지웠음에도 불구하고 거둬들인 군포가 군대 양성에 사용되지도 못했어. 당연한 결과로 잘 훈련되고 조직화된 군대도 없었고, 나라를 지킬 힘이 없었단다. 백성을 수탈하는 자들이 나라의 근간을 갉아먹으며 결국은 모두가 공멸해가고 있었던 것이지. 이렇게 국가의 근간이 무너져버린 조선은 네가 잘 아는 것처럼 동학농민운동과 같은 내부적인 반발과 외세의 침략 앞에서 속질없이 무너지고 말았단다. 어쩌면 그 당시 조선의 현실을 뜯어보면 외세의 침략이 없었더라도 내부적인 모순 앞에 스스로 무너졌을지도 몰라.

그럼 오늘날 납세의 의무는 어떻게 정해지고 운영되고 있을까?

헌법 제59조에서는 조세의 종목과 세율은 법률로 정하도록 하고 있고 이를 헌법 제38조 납세의 의무와 함께 고려해보면 세금은 법률에 정한 항목과 세율로만 징수할 수 있다는 조세법률주의가 도출돼. 즉, 함부로 세금을 신설하여 부과하거나 국가가 마음대로 세율을 높여서 받는 것은 안 되고 정해진 법률을 통해서만 가능하다는 거야.

그런데 법률에 의해서라면 과도하게 높은 세율을 부과해도 괜찮은 걸까? 앞에서 말한 전정과 군정, 환곡의 삼정이 문란하게 된 구한말처럼 거둬들인 곡식에 대해서 70~80%를 세금으로 부과한다면 그건 괜찮을 걸까? 세율이 얼마가 적당한지는 매우 어렵고 사회적인 이해관계가 첨예한 문제야. 국가가 많은 복지혜택을 주면 그만큼 많은 재원이 필요하니까 세율이 높아야겠지. 예를 들어, 스웨덴 같은 복지국가는 국가가 제공하는 복지혜택이 많다보니 소득세율이 상당히 높은 수준이란다. 최고세율은 52% 정도로 100을 소득으로 벌었다면 개인이 48을 갖고 국가가 52를 갖는 셈이지.

기본적으로 세금을 납부하고 인간다운 생활이 불가능하거나 최소한의 문화생활을 누리지 못하는 수준의 세율은 허용하기 힘들다고 생각해. 그리고 고소득자에게 과도한 누진세율을 적용하여 모든 국민의 소득수준을 동일하게 맞추는 것도 허용할 수 없다고 봐. 조금 다른 이야기지만 우리 헌법재판소는 토지의 가격상승분에 대한 지속적인 세금을 부과하거나 일정 넓이 이상의 택지를 소유할 때 과도한 세율을 부과하여 토지를 세금으로 빼앗는 수준이 된다면 위헌이라고 보고 있어.[176] 쉽게 말해 발생한 이익을 넘어서 원본을 까먹는 수준[177]의 세금은 금지된다고 하는 거지.

다음으로 국방의 의무를 살펴보자. 국방의 의무는 무엇보다 국민이 군인으로 복무를 하는 것이 가장 핵심적인 의무야. 다만 남성의 경우에만 병역법에서 군 복무의무를 규정하고 있고 여성의 경우는 지원자에 한하여 소정의 선발시험·과정을 거쳐 장교나 부사관으로 복무할 수 있도록 하고 있어. 이처럼 남성에게만 징병제를 시행하는 병역법 규정에 대해서 헌법재판소에서는 여러 번에 걸쳐서 합헌결정을 했어.[178] 한편 군 복무를 마친 사람에게는 공무원 시험에서 득점의 3~5%를 가산해 주는 제도가 있었는데 헌법재판소는 헌법 제39조 제2항에 근거를 둔 조치는 아니라고 했어. 그 결과 군제대자 가산점제도는 여성과 군복무를 이행하기 어려운 장애인 등의 평등권·공무담임권을 침해하여 위헌이라고 결정했어.[179]

이 군제대자 가산점 제도의 위헌결정에 대해서는 사회적 논란이 여전히 많은 것도 사실이란다. 병역의무를 이행함으로써 제한되는 기본권은 상당히 많아. 일반적 행동자유권, 거주·이전의 자유, 직업선택의 자유, 근로의 권리 등등. 어떻게 보면 하기 싫은 여러 일도 억지로 해야 하는 강제근로가 군 복무 중에는 허용된단다. 헌법재판소에서는 사실상 군 복무가 특별한 희생이 아니므로 보상할 필요가 없다고 했지만, 아빠는 군 복무가 징벌이 되지 않도록 군인들의 처우를 개선하고 일정 수준의 보상조치는 필요하다는 생각이 드는구나.

---

176 헌법재판소 1994. 7. 29. 선고 92헌바49, 1999. 4. 29. 선고 94헌바37
177 이것을 어려운 말로 원본 잠식이라고 해.
178 헌법재판소 2010. 11. 25. 선고 2006헌마328 등
179 헌법재판소 1999. 12. 23. 선고 98헌마363

6·25 전쟁 중 덕수궁에서 개최된 입대
장병 환송식, 1951년 ⓒ 연합뉴스

그리고 병역의 의무와 관련해서 또 한 가지 고민해볼 문제는 의무복무 기간은 얼마 정도가 적절한 것인지의 문제야. 현재 우리나라의 육군 병사 기준 군 복무 기간은 18개월이란다. 만약 우리와 군사적으로 긴장관계에 있는 북한과 같이 10년씩 군 복무 기간을 정하는 건 과중한 의무부과라고 해석할 수 있을까? 아직 우리나라는 구체적으로 다루어진 바가 없지만, 우리나라의 안보상황, 적정한 병력의 규모, 입대자원의 숫자, 양성기간과 양성비용 등을 고려하여 복무 기간을 설정해야 할 거야. 예를 들어 공군사관학교 출신의 조종사들은 15년의 의무복무를 해야 하는데 조종사 양성에 매우 장기간이 소요되고 막대한 국가예산을 필요로 한다는 점과 의무복무로 인해 제한되는 여러 기본권들이 적절히 균형을 이루고 있는지가 중요하게 고려되어야 할 거야. 국가를 스스로 지킬 수 있는 강력한 국방력을 유지하는 것과 개인의 권리 보장 사이에서 최적화된 지점을 찾을 수 있는 지혜가 필요해 보인단다.

① 헌법에서는 국민의 기본의무를 정하고 있는데, 납세·국방·

교육·근로의 의무를 두고 국민의 4대 의무라고 해. ② 교육이나 근로의 의무는 권리로서의 성격이 더욱 강조되고 의무로서의 성격은 약해. ③ 납세의 의무는 여러 국가 활동을 하는 데 필수적인 재정을 마련하기 위한 것으로 법률에 의해서만 세금의 항목과 세율을 정하여 징수할 수 있어. ④ 국방의 의무는 군 복무를 통해 의무를 이행하는 것이 핵심이며 우리사회에서 항상 뜨거운 이슈로 자리 잡고 있단다. ⑤ 국민의 기본의무는 법률로 정한다 하더라도 무제한적으로 부과할 수는 없고 제한되는 기본권과의 균형, 의무부과의 필요성을 고려하여 결정되어야 할 거야.

선한 사람을 위한 소나타
(Die Sonate vom Guten Menschen)

자, 아빠가 들려주는 헌법 이야기는 여기까지야. 어떤 나라가 좋은 나라인지에 대한 질문으로 시작한 헌법의 이야기를 다시 우리가 꿈꾸어야 할 나라는 어떤 나라인지에 대한 이야기로 마무리해보고 싶구나.

마무리도 영화 이야기로 해보려고 해.

동독의 비밀경찰 비즐러는 동독 최고의 극작가 드라이만과 그의 연인이자 유명 여배우인 크리스타를 감시하는 임무를 받게 돼. 비즐러는 드라이만의 집에 도청장치를 설치하고 동료와 교대로 24시간 감시하는데, 냉혈인간인 것 같던 비즐러는 드라이만과 크리스타의 삶에서 깊은 감동을 받아 달라지게 돼. 이제 비즐러는 드라이만의 도청자이자 감시자에서 보호자로 역할을 바꾼단다. 비즐러는 드라이만이 동독의 자살률에 대해서 서독의 유명잡지에 기사를 투고하려는 것을 알면서도 감시보고서에 적지 않고, 국가보안부에서 드라이만의 집을 수색해서 기사를 쓴 타자기를 찾아내기 직전에 몰래 타자기를 숨겨놔. 비즐러는 드라이만을 위해 지금까지 변함없는 충성을 바쳤던 조직을 배신하고 자신의 신념을 뒤엎는 매우 위험한 선택을 한 거야.

결국 비즐러의 상관은 비즐러가 드라이만을 보호한 것을 알아채고 그를 골방에서 편지 검열을 하는 한지으로 내쫓아 버려. 4년 7개월 후 베를린 장벽이 무너지며 서독과 동독은 통일을 하고, 그로부터 2년 뒤 드라이만은 그제에서야 자신이 동독정부에 의해 철저히 감시당했고, HGW XX/7이라는 감시자가 자신을 보호해준 은인이었음을 알게 돼. 다시 시간이 흘러 드라이만은 소설을 출판하는데, 서점 앞을 지나던 비즐러는 서점 앞을 지나다 드라이만의 포스터를 보게 된다. 비즐러는 서점에 들어가서 드라이만의 소설 '선한 사람을 위한 소나타'를 집어 들고 책장을 넘기다 "HGW XX/7에게 이 책을 바칩니다"라는 문구를 읽게 돼. 비즐러는 그 책을 구입하는데 점원이 포장해줄지 묻자, "나를 위한 책입니다"라고 대답하며 영화는 끝이 나.

이 이야기는 독일 영화 〈타인의 삶〉의 줄거리란다. 버즐러는 국가에 위험한 인물이라 여겼던 타인의 삶을 엿듣고 감시하다 도리어 선한 사람으로 변화되었어. 그의 삶은 마치 수많은 유대인들을 학살하는데 독일의 실무책임자였던 아이히만과 비견돼. 아이히만은 2차 세계대전이 끝나고 숨어 지내다 이스라엘 비밀첩보기관 모사드에 의해 아르헨티나에서 체포되어 예루살렘으로 압송된단다. 예루살렘에서 재판을 받은 아이히만은 자신은 상관의 지시와 법에 따라 일을 했을 뿐 자신은 잘못한 것이 없다고 항변했어. 그의 주장처럼 정말 그는 권력자와 악법의 하수인에 불과했던 걸까? 한나 아렌트

영화 〈타인의 삶〉 스틸 ⓒ ARTE, Bayerischer Rundfunk

라는 철학자는 아이히만의 재판과정을 기록한 책《예루살렘의 아이히만》에서 '악의 평범성'에 대해서 이야기하고 있단다. 악의 평범성이란 특별히 나쁜 사람이어서 악한 행동을 하는 것이 아니라 평범한 사람이라도 주어진 체계나 사상을 당연하게 여기고 받아들여 행하는 것이 악이 될 수 있다는 것을 의미해.

악의 평범성은 비단 독일의 이야기뿐일까? 과거 우리나라의 민주화운동을 하는 사람을 잡아 가두고 고문하던 사람들도 어쩌면 우리의 이웃으로 지내는 평범한 사람이었을지도 몰라. 5·18광주민주화운동을 진압하며 광주 시민을 향해 총을 쏘고 곤봉을 내리치던 군인들도 임무에 충실한 군인들이었을 거야. 6·25전쟁 때 보도연맹에 소속되었던 사람들을 모아놓고 방아쇠를 당기던 군인들도 공산주의자와 싸운다는 사명감으로 방아쇠를 기꺼이 당겼을지 몰라. 제주4·3사건의 군인·경찰·토벌대도 이제 겨우 걸음마를 시작한 대한민국을 혼란과 악의 세력에서 건져낸다는 소명으로 진압에 나섰을 수 있어.

하지만 아이히만의 행동이 정당했다고 평가할 수 없듯이 국가가 괴물로 변할 때, 즉 악이 평범하게 행해질 때 분별하고, 저항할 수 있어야 하는 것이 우리에게 주어진 권리이자 의무라는 생각이 들어. 국가가 악을 행할 때, 그리고 그 악에 동참하고 순응하도록 요구할 때, 버즐러는 오히려 선한 용기로 자신의 삶을 내던졌어. 그 대가로 버즐러는 조직에서 버림받고 쉽지 않은 삶을 살아야 했겠지. 하지만 그의 희생을 통해 드라이만이 체포되지 않고, 자신의 삶을 계속하여 긍정하며 살게 된 것이 버즐러를 포함한 수많은 사람들에게 주어진 보상이 아니었을까? 드라이만이 소설가로서 역량을 발휘해서 좋은 책을 쓰고 그 책이 자신을 기리며 쓴 것이라는 것을 버즐러가 알았을 때 자신의 고단했던 삶 전체가 위로받는 느낌이 들었을 것 같아.

아빠는 다시는 이 땅 위에서 아프고 끔찍한 역사의 그림자가 드리우지 않기를 바란단다. 우리가 보다 나은 민주주의 체제와 보다 사람이 살만한 행복한 나라를 만들기 위해 우리가 '악의 평범성'을 직시하고 선한 사람이 되었으면 좋겠어. 우리 국민들이 버즐러와 같이 생각하고 행동한다면 악의 평범성 자리에 '선의 평범성'이 자리하지 않을까? 또한 선한 국민들이 만들어낸 헌법과 그렇게 만들어진 헌법을 수호하려는 의지야 말로 '선의 평범성'을 이끌어내는 가장 좋은 해답이 아닐까 해.

아빠가 네게 들려준 헌법의 이 이야기들 역시 '선한 사람을 위한 소나타'가 되길 바란단다. 각 사람의 삶은 서로에게 타인의 삶이지만 거기에 그치지 않고 서로에게 선한 영향력을 주고 버즐러가 그러했듯이 서로가 서로를 선한 사람으로서 지켜주는 세상을 꿈꾼단다. 수많은 드라이만과 수많은 버즐러가 이 땅의 당당한 주인으로 헌법을 만들어가고 헌법이 더욱 생생한 목소리로 우리와 함께하기를!

저자 소개

지은이 이득진

1978년 경북 포항에서 태어났다. 한국외국어대학에서 법학을 전공하고 고려대학교 대학원에서 공법(헌법) 전공으로 석사학위를 받았다. 대기업 법무팀에서 3년여를 근무한 뒤, 2011년부터 광주과학기술원에 재직하며 법무 업무와 인권센터 업무를 담당하고 있다.

국가폭력과 독재의 어두운 그림자가 이 땅에 다시 드리우지 않기를 소망하는 대한민국의 주권자 중 한 명이자, 현재의 이념적·지역적 갈등의 깊은 골이 헌법이라는 공동체의 접착제로 메워지기를 바라는 헌법주의자이며, 선한 마음을 가지고 사려 깊은 사람으로 딸과 함께 성장하길 꿈꾸는 아빠이다.

딸에게 들려주는
헌법 이야기
선의 평범성을 꿈꾸며,
아빠가 들려주는 친절한 헌법 이야기

초 판 발 행 2021년 12월 15일
초 판 2 쇄 2022년 10월 14일

저   자 이득진
발 행 인 김기선
발 행 처 GIST PRESS

등 록 번 호 제2013-000021호
주   소 광주광역시 북구 첨단과기로 123(오룡동)
대 표 전 화 062-715-2960
팩 스 번 호 062-715-2069
홈 페 이 지 https://press.gist.ac.kr/
인쇄 및 보급처 도서출판 씨아이알(Tel. 02-2275-8603)

I S B N 979-11-90961-12-7 (43360)
정   가 16,000원